ZHONGGUO
GUDAISHI
FAZHAN JIQI
XUEKE JIANSHE

国古代史发展
其学科建设

刘小明 ⊙ 著

新 华 出 版 社

图书在版编目（CIP）数据

中国古代史发展及其学科建设 / 刘小明著 .
—北京：新华出版社，2021.10
ISBN 978-7-5166-6094-2

Ⅰ . ①中… Ⅱ . ①刘… Ⅲ . ①史学史—研究—中国—
古代 ②史学史—学科建设—研究 Ⅳ . ① K092.2

中国版本图书馆 CIP 数据核字（2021）第 214829 号

中国古代史发展及其学科建设

作　　者：刘小明

责任编辑：蒋小云　　　　　　　　　　封面设计：黄　扬

出版发行：新华出版社
地　　址：北京石景山区京原路 8 号　　邮　　编：100040
网　　址：http://www.xinhuapub.com
经　　销：新华书店
　　　　　新华出版社天猫旗舰店、京东旗舰店及各大网店
购书热线：010-63077122　　　　　中国新闻书店购书热线：010-63072012

照　　排：天　一
印　　刷：河南承创印务有限公司
成品尺寸：170mm×240mm　　1/16
印　　张：13.5　　　　　　　　　字　　数：206 千字
版　　次：2021 年 10 月第一版　　　印　　次：2021 年 10 月第一次印刷
书　　号：ISBN 978-7-5166-6094-2
定　　价：48.00 元

随着历史的不断进步和发展，以及时代的不断更替，人们对历史的研究，有了一定的成果。我国是文明古国，中华文明的发展历程已经经历了五千多年，对中国历史的研究发展，主要是在 20 世纪 80 年代，并且拥有了显著的研究成果。

基于此，笔者撰写《中国古代史发展及其学科建设》一书。全书在内容安排上共设置七章：第一章分析原始社会至夏商周时期的社会情况，内容包括中国历史的开端，母系氏族公社与父系氏族公社，夏、商、西周的建立与衰亡，夏、商、西周的经济与社会生活；第二章围绕春秋战国时期的经济与思想、春秋战国时期的文化与社会生活展开论述；第三章探讨秦汉与三国魏晋时期的社会情况，内容涉及秦朝统一的多民族国家的建立、汉朝中央集权的确立、秦汉文化与社会生活、三国魏晋南北朝的发展；第四章以隋朝、唐朝的建立与经济发展为切入点，探讨隋唐时期的文化与社会生活、北宋的统一及其社会经济发展、南宋与金的对峙时期发展；第五章解读元明清时期的社会情况；第六章以学科建设与学校发展为切入点，剖析中国史学科建设的缘起与发展，内容涉及 70 年来中国古代史的研究、中国史学科建设的发展前景分析；第七章对 70 年来中国古代史学科建设进行反思，内容囊括新时期古代史学科发展的重要推力、保持中国古代史研究的必要张力、新时期中国古代史学科建设的路径。

本书概述了中国自上古时期至晚清这段曲折而漫长的历史，其中论述了各主要朝代或历史阶段的基本社会情况，主要政治、经济制度，重大事件和主要人物，民族关系，重要文化成就以及中外交流等，最后基于中国史学科建设的缘起与发展，反思 70 年来中国古代史学科建设。全书充分体现出系统性、实用性等特点。

笔者在撰写本书的过程中，得到了许多专家学者的帮助和指导，在此表示诚挚的谢意。由于笔者水平有限，加之时间仓促，书中所涉及的内容难免有疏漏之处，希望各位读者多提宝贵意见，以便笔者进一步修改，使之更加完善。

CONTENTS 目 录

第一章 原始社会至夏商周时期的社会情况

第一节 中国历史的开端

元谋人揭开了我国历史的序幕。人类初始时并没有任何形式的社会组织，通常被称为原始群，而血缘家族是人类第一种社会组织形态。

一、由原始群向血缘家族演进

人类的直系祖先一般认为是腊玛古猿和南方古猿。1970年，湖北建始出土过几枚古猿牙齿，可能属于南方古猿。1980年，在我国云南禄丰县石灰坝发现了腊玛古猿化石。

（一）原始群

通常认为腊玛古猿和南方古猿尚处于原始群状态。马克思对原始群有过精辟的论述：他们"过着原始群团的生活，无婚姻之可言，比现在居住在地球上的最落后的野蛮人的水平还低得多。现在的野蛮人已不使用极粗的石器，证明人类离开他们的原始居住地和作为捕鱼者而开始散布到大陆各地以后，他们处于极原始的状态中——这便是原始的蒙昧人"。在我国云南开远、禄丰等地，先后发现的腊玛古猿化石，也证实了这一点。

（二）血缘家族

当古猿完成了向人类的进化后，最早形成的人，人类学称之为直立人。直立人分为早期和晚期两个阶段。直立人形成后，社会形态也由原始群转化为血缘家族。

原始群经过长期的繁衍，为了生计必须分成小集团，这样就脱离杂交状态而形成了血缘家族。摩尔根在《古代社会》一书摘要中指出，血缘家族是人类的第一个社会组织形式。由于在血缘家族内大家共同劳动、共同消费，过着原始共产的生活方式，形成一种共产制公社，所以血缘家族也称为血缘家族公社。

血缘家族产生了人类发展史上第一种家庭形态，即血缘婚姻。这种婚姻关系虽然仍在家族内部进行，但是它排除了不同辈分之间的性关系，只在兄弟姐妹间实行群婚。我国古代神话传说中有伏羲、女娲兄妹为婚产生了人类的故事，用它来解释人类的起源是不科学的，而作为血缘婚姻的折射则是不误。云南纳西族的史诗《创世纪》中说："除了利恩六兄弟，天下再没有男的；除了利恩六姊妹，世上再没有女的。兄弟找不到妻子，找上了自己的姊妹；姊妹找不到丈夫，找上了自己的兄弟。兄弟姊妹成夫妇，兄弟姊妹相匹配。"这也是血缘家族形态的遗痕。

血缘家族公社的人们已经开始制作石器，而当时主要的劳动就是狩猎和捕鱼。这可以在元谋人、蓝田人、北京人等文化遗址中找到证据。

二、血缘家族公社时期的人类化石与文化遗址

（一）元谋人

1965 年，在云南元谋县上那蚌村发现了两枚男性青年的上中门齿化石，经测定，其年龄为距今 170 万年左右，伴随出土的文化遗物有打制石器、带有人工痕迹的动物骨片以及可能为人工用火的遗迹，属旧石器时代初期。被定名为元谋直立人，简称元谋人。与元谋人处在同一地质年代的文化遗址，还有山西芮城的西侯度遗址和河北原阳的小长梁遗址。

（二）蓝田人

1963 年至 1964 年，在陕西蓝田县的陈家窝与公主岭，先后发现了完整的早期人类的头盖骨、下颌骨和牙齿化石。据测定，距今约 100 万年。伴随出土的有砍砸器、刮削器、石球等打制石器，还有虎、豹、大角鹿等动物化石。被定名为蓝田直立人，简称蓝田人。与蓝田人同时代较重要的人类化石和文化遗址，有湖北的郧县猿人和山西芮城的匼河文化遗址。

（三）北京人

北京人发现于北京房山周口店镇龙骨山的洞穴中。从 1927 年开始，考古工作者进行了多次大规模发掘。1929 年 12 月 2 日，裴文中发现第一颗完整的

人类头盖骨化石，可惜这颗头盖骨化石在太平洋战争开始时就已下落不明。中华人民共和国成立后在周口店遗址中，考古工作者陆续发掘出了人类头盖骨、面骨、下颌骨、牙齿和四肢骨等化石。迄今为止，共计涉及男女老幼40个以上的个体。在龙骨洞及周围遗址中还发现大量打制石器、骨角器、灰烬堆积以及动物化石。发现的动物化石表明当时的周口店周围存在与今不同的地理环境，曾经历过冷暖气候的变迁。北京猿人距今约69万年，被定名为北京直立人，简称北京人。与北京人同时代的重要文化遗址，有湖北大冶的石龙头遗址、贵州黔西的观音洞遗址、辽宁营口的金牛山遗址、山西垣曲的南海峪遗址。这些遗址的共同点是石器大量增加，石器质量也有所改进，说明人类的智能渐趋上升，劳动能力提高。

（四）和县人

1980年，在安徽和县龙潭洞发现一个男性青年头盖骨化石，它是迄今我国所发现的古人类头骨化石中最完整的一个，另有牙齿化石五枚。1981年又发现部分头骨化石残片和五枚牙齿化石，同时获得大量石器和成批骨角器，还有烧过的骨头、牙齿和灰烬物质等。和县人距今约30万至40万年。

（五）南京猿人

1993年，南京汤山镇雷公山的葫芦洞内出土了两颗较为完整的古人类头盖骨化石，同时还发现了2000余件古脊椎动物化石。2008年，古人类研究学者用当时国际上最新的测定地质和古生物时代的"TIMS"法测定南京猿人生活在距今50万至60万年之间。

以上人类化石和文化遗址与同期世界其他地区的人类化石和文化遗址相呼应，从人类学角度看，元谋人属于早期直立人，蓝田人到和县人属于晚期直立人。以考古分期，则属于旧石器时代初期或早期。从社会学、历史学角度看，均属血缘家族公社时期。这一系列人类化石和文化遗址的发现不仅证实了马克思社会进化论的科学性和正确性，同时也为我们了解血缘家族的生活和经济活动，提供了直接的资料。

三、血缘家族的生活和经济活动

人类真正的劳动是从制造石器等劳动工具开始的。从元谋人到和县人都已使用石器，而且显示了逐步改进的趋势。大量的动物化石表明狩猎经济已经出现。从元谋人到和县人，用火的遗迹也在逐步增加。这些便是血缘家族的主要生活和经济活动。

（一）制作石器

元谋人使用的石器主要有石片、石核、尖状器、刮削器。与元谋人同时代的西侯度、小长梁遗址出土的石器也主要是这几种，可见早期直立人使用的石器比较简单。蓝田人时开始出现石球、石核。石球、石核都是圆形器具，主要作投掷用，石球形制要比石核大，更加圆而规整。蓝田人文化遗址中出土的石器虽不多，但石器的制作尤其是石球的制作已比较精细。与蓝田人同时代的匼河文化遗址出土的石器器形较大，数量也较多。

北京人使用的石器不但数量多，而且器具类型也在增加。北京人遗址中出土石器数万件。其中石锤、石砧的出现，说明北京人制作石器已使用碰砧法和锤击法。

北京人除了制作石器以外，还以兽骨、兽角为材料制作工具，所以遗址中有大量骨、角器。稍晚的和县人文化遗址中也出土了成批的骨、角器，说明了人们制作工具技术的提高。

（二）采集和捕猎

石器的发明，说明人类已开始征服动物界，因为石器中的石核、石球、尖状器、砍砸器都是用来打击兽类的。石核、石球可以投掷，尖状器和砍砸器用于近身搏斗，刮削器可用来剥刮兽皮。

早期人们的狩猎，从石器分析，可能是先用石核、石球等掷向猎物，一旦击伤或击死，再手持砍砸器或尖状器把猎物击杀。当然也可能与不太凶猛或行动迟缓的动物近身搏斗。民族学调查资料说明，早期的人类可能还用合群追逐、包围呐喊的方法恐吓兽类。这种捕猎活动充分体现了早期人类劳动必须是集体活动的规律。

（三）火的使用和火种的保存

使用火和保存火种也是血缘家庭的主要生活内容。从元谋人遗址中发现的炭粒和北京人居住的洞中厚达 6 米的灰烬，充分证明他们已经会用火，而且懂得在洞穴中保存火种。

知道和学会用火，对人类的发展具有重大的意义。火的使用，使人类开始食用熟食，并扩大了食物的种类，增加了营养成分；食用熟食缩短了咀嚼和消化过程，增强了人类的体质；火给人类带来热量，可使人类克服气候限制，扩大活动范围；火给人以光明，帮助人们探明黑暗的洞穴，从而搬进洞穴居住；火可以驱赶野兽，保护自己；火还可以用来方便地制作石器（把石块烧热后突然冷却，石块就会开裂）等工具……火作为一种生产力，加快了人类发展的步伐。

第二节　母系氏族公社与父系氏族公社

一、母系氏族公社

（一）晚期智人时期氏族制的确立

大概距今 5 万到 1 万年之间，我们的祖先进化到晚期智人（新人）阶段。属于旧石器晚期文化。我国境内发现的晚期智人化石代表有柳江人、资阳人、河套人、峙峪人、山顶洞人和左镇人等，比早期智人化石分布范围更广。从晚期智人开始，人类的进化已在现代人的变异范围之内，与现代人的特征基本一致，进而出现了人种问题。经有关学者研究，山顶洞人、柳江人脸平扁，颧骨明显突出，阔鼻，门齿呈铲形状，这些都是黄种人的特征。

弓箭的发明是这个时期的突出成就。山西朔县峙峪遗址出土石箭头（距今约 2.8 万年）。弓箭的发明增强了人类征服自然的能力，狩猎时可以起到威力强、速度快、射程远的效果。后羿射日的神话，正反映了古人对弓箭的崇拜。

这个阶段的石器，类型有所增加，质量也有所提高，能生产长石片和小长石片。石器一般趋于细小化，意味着复合工具的出现。山顶洞人遗址中石器发现不多，主要是骨角器。如一件磨光鹿角，可能是用作狩猎投掷的矛头。用石头或骨角制成矛头，加在木棒上，制成标枪或长矛，变成复合工具。磨光和钻孔是这个时期突出的工艺成就。

除采集、狩猎外，山顶洞人还学会了捕鱼捞蚌。据山顶洞人遗址发现的一块大草鱼的上眼骨估计，该鱼长达80厘米左右，证明当时已有捕捉大鱼的能力。食鱼可以增加人的体质，扩大人类的生活范围，人们可以沿着河流和海岸散布到各地。

随着生产力的提高，人们的生活水平也有了改善。为了御寒和保护自己的身体，他们学会用兽皮缝制衣服，在辽宁海城小孤山发现距今4万年的有孔骨针。山顶洞人遗址出土的骨针长82毫米，直径3.1～3.3毫米，骨针的钻眼技术相当高超。这里还出土了一些装饰品，用穿孔的兽牙、海蚶壳、石珠、鱼骨等串成项链，有的孔眼涂着红色，则是使用了染色技术，反映当时人们有了审美观念。

晚期智人时期已从血缘家族进入氏族公社阶段。由于制造工具技术的改进和生产力水平的提高，过去那种不稳定的松散的血缘家族已不适应生产力发展的需要，要求能够经常保持经济联系的比较稳定的生产集团和生活单位出现，以便保证生产的持续和技术经验的继承积累，这是氏族制产生的基础。

实行族外群婚是氏族产生的前提。在血缘家族中由于实行内婚制，久而久之，成年男子间为争夺女人的冲突影响了正常的生产活动，人类为了谋生的需要出现了许多生产上的性禁忌（如狩猎、捕鱼期间排除两性关系）。随着生产上的性禁忌或其他性禁忌起作用的时期持续延长，直至占去血缘家族内的全部生活时间，族内婚就完全停止了。血缘家族成为完全的绝对的非性关系集团，一群男子与另一群姐妹互相通婚，这就叫族外婚。上述两个婚姻集团就转化为氏族。氏族起源于一个女祖先，以族外婚为前提，以血缘关系为纽带，是具有特定氏族名号和共同信仰的比较牢固的经济生活的社会单位。氏族为原始社会的发展创造了条件。有了氏族也就有了氏族公社。

氏族制的确立必然是母系。这首先是由女子在生产中的地位所决定的，男子打猎捕鱼，女子采集、管理氏族内务。男子打猎收获没有保证，而女子采集植物，收获较为稳定，因此在社会生活中占有显著地位，从而成为生产的主人。另外族外群婚必然造成"民知其母，不知其父"，况且这种婚姻关系是不稳固的，男子临时居妻方，去过婚姻生活，并不加入女方的氏族，双方没有建立共同的经济生活，各自属于自己的族团，而留在一个氏族内的成员都是同一女祖先的后代，是各代女儿的子孙，同辈之间都是兄弟姊妹，上下辈之间就形成了母子或舅甥的关系。

山顶洞人遗址居住着一个氏族。遗址上室是居住区，适合 10 人左右居息。他们过着穴居生活，"上古穴居而野处"，就是这种生活的反映。下室是埋葬地，埋葬着一个青年妇女、一个中年妇女和一个老年男子。这反映了氏族成员不仅生前生活在一起，死后还要埋葬在一起。

（二）母系氏族公社繁荣阶段的经济活动

氏族制确立后，生产力和生产关系较相适应。大概距今 1 万多年，我国原始社会在黄河流域、长江流域进入繁荣阶段，其繁荣情况反映在星罗棋布的新石器文化遗址中。中华人民共和国成立以来，我国发现的新石器文化遗址已有 7000 多处，其中新石器时代早期文化遗址亦有多处发现。

黄河流域是我国远古文化的摇篮。其中，仰韶文化最为重要，它主要分布于黄河中下游，影响所及北到内蒙古沙漠草原，南达鄂西北江汉平原，西到陇东的洮河上游，东到鲁西南，目前发现遗址 1000 多处，以西安半坡和临潼姜寨遗址最典型。在黄河上游的甘肃地区有马家窑文化，这里出土的彩陶受仰韶文化影响很大。

长江流域也是我国远古文化的发源地之一。其中最重要的有河姆渡文化，在太湖周围有马家浜文化，在长江中游、汉水流域有大溪文化，在广大北方草原、东南沿海，乃至西南高原都发现各氏族公社繁荣阶段的遗址。

这个阶段普遍使用磨光石器，我们把这种石器称为新石器，考古学把这个时代称为新石器时代。有了新石器，才会产生农业，我国原始农业的产生大概已有1万多年的历史。原始农业是从采集经济发展而来，妇女在长期从事采集劳动的过程中，逐渐发现植物果实掉在地上可以发芽、生长、结果，如此往复，经过多次观察实践，最后才去进行有意识的播种试验，学会简单的农业劳动，因此农业的发明权应该属于妇女。我国古代有神农氏发明农业的传说。

目前发现的考古资料反映，当时我国的农业已具有一定的发展程度。这个阶段的许多遗址出土了大量农具，以石器为主，仅半坡遗址就出土700多件，经过磨光或钻孔，有石斧、石锛、石耜、石铲、石刀、石镰等，还有石磨棒、石磨盘等谷物加工工具。河姆渡遗址还有大量骨耜出土。半坡遗址以种粟为主，发现一个地窖里就保存厚达18厘米的腐烂谷粒。河姆渡氏族种植水稻，在其遗址中普遍发现有稻谷、谷壳、稻草等遗存，有的堆积层厚达1米多。在半坡遗址出土的一个陶罐里，还发现装有白菜或芥菜一类的种子，可见当时已种植蔬菜。

耕作方法开始是原始的，处于刀耕火种阶段。男子披荆斩棘，先用石斧砍伐树木，接着用火焚烧，妇女们用石铲等稍加平整土地后就用尖木棒刺土点穴播种，庄稼成熟后用石刀、陶刀收割谷穗。后来发展到耜耕，即用石耜或骨耜来翻土，便于农作物的发芽、生长。当时农业虽有了一定发展，但采集依然是人们的重要生活来源。

原始农业的发生具有划时代的意义。这是"以获取现成的天然产物"到"学会靠人的活动来增加天然产物生产的方法的时期"。人类社会发展是离不开农业的产生和发展的，原始农业为人们的生活提供了可靠的保证，人类由此逐渐定居下来，不断繁衍。同时，原始农业也为发展其他生产提供了条件，如家畜饲养、原始手工业、副业等都是在它的基础上才能得到发展的。我国的古代文明也是从农业经济中开始孕育的。

家畜饲养业是在狩猎经济基础上产生的，弓箭的发明使猎取更多动物成为可能。早在旧石器晚期就出现了石镞，新石器文化遗址出土的石镞更多了，仰韶文化遗址出土的各式各样的箭头，多为骨制，或有石制。狩猎经济的发展使动物有了剩余，为家畜饲养创造了条件。最早驯养的有狗、猪，还有少量的羊、牛、鸡。河姆渡遗址出土有水牛骨头化石，这说明当时渔猎经济仍占相当重要的地位。射击、投掷、追赶围捕、火攻、陷阱等是经常使用的狩猎方法，仰韶文化遗址出土的动物骨骼甚多，有野鹿、獐、狸等。半坡遗址发现许多网坠、鱼钩、鱼叉等，说明半坡人仍把捕鱼作为主要的谋生手段。

原始手工业的发生也是这个阶段的突出成就。当时的手工业以制陶为主，还有编织业、房屋建筑业、玉器制造和象牙雕刻等。江西万年仙人洞遗址出土的陶器，距今约 8000 多年，是我国目前发现的最早陶器。仰韶遗址的陶器种类很多，其中绝大部分为生活用具。饮食器有碗、钵、盆、杯、盂等；水器有小口直腹尖底瓶、小口平底瓶等；炊煮器有罐等；蒸滤器有甑等；储藏器有瓮、缸等。以精美的彩陶为主，采用手制法制陶，小件为捏塑法，大件为泥条盘筑法。陶窑较小，一般烧陶坯仅四五件，温度不到 1000℃，制陶业的发展尚处于早期阶段。

（三）母系氏族公社繁荣阶段的村落结构

在氏族公社繁荣阶段，氏族制度得到充分发展。因为实行族外婚，两个以上的氏族互为通婚集团，于是几个互为通婚的氏族组成部落。之后由于氏族人口的增长，原先的氏族不便于生活和活动，就一分为二，变成两个氏族，这样原先的氏族也就变成了胞族，若干胞族再组成部落。后来由于耜耕农业和畜牧业的发展，过去必须靠全氏族的力量来组织生产，而现在较小的集团也可以进行生产活动。加上人口增殖，氏族内部按血缘亲疏而出现支系，到母系氏族公社晚期，母系氏族内部又分解为若干女儿氏族，逐渐形成母系大家族。每个大家族是以一个共同的女祖先为中心，包括四至五代的母系近亲，一般有几十人，多则超过百人。这样就形成了从母系大家族—氏族公社—部落，直到后来发展成部落联盟。氏族公社的结构，可从这个阶段的村落遗址和墓葬得以反映。

聚族而居是氏族公社的特点。这个时期的村落遗址相当密集，如西安附近沣河中游一段长约 20 千米的河岸上，两岸遥望相对，共建立了 10 多处村落；邻近半坡的浐河和灞河流域，经调查发现了近 30 处仰韶文化遗址。

从遗址的结构看，半坡遗址面积约 5 万平方米，包括居住区、窑场和公共墓地三部分。居住区在聚落的中心，中间分布着许多小房子，有方形和圆形两种，计 46 座。每座小房子供对偶家庭居住用，房子周围分布着窖穴。小房子房门朝着供公共活动用的大房子，大房子占地约 130 平方米。围绕居住区，有一条深宽 5 至 6 米的大壕沟，是抵御猛兽和部落冲突的防卫沟。沟北为公共墓地，东北面是窑场。

再以临潼姜寨遗址为例，面积约 5.5 万平方米，同样包括居住区、窑场和公共墓地。房屋是圆形排列，村落中心为广场，是集会娱乐的场所。广场周围分五个居住群落。每个群落又以一个大型房屋为主体，其附近分布着十几座或二十几座中小型住屋。所有房屋的门向均朝中心广场。居住区周围也挖有两条宽深各约两米的护村壕沟。沟东为公共墓地，西南为窑址。

在甘肃秦安大地湾发现一座距今 5000 年左右的大型房址，保存有主室、东西侧室、后室和房前附属建筑，占地面积约 420 平方米，考古学家称它为"原始殿堂"。

从居住遗址来看，当时的婚姻形态已由族外婚发展为对偶家庭。婚姻的禁忌逐渐增加，通婚的范围不断缩小。一对男女在或长或短时间内保持配偶关系，这叫对偶婚。但这种对偶家庭还很不稳定，不能构成独立的家庭经济，男子夜晚到女方氏族来过婚姻生活，白天仍回到自己的氏族中劳动，子女像以前一样仍然只属于母亲。半坡、姜寨遗址的小房子都是对偶家庭的住地。不过，对偶婚毕竟是一个进步，是从群婚向一夫一妻制过渡的中间环节。

从遗址中还反映出氏族成员过着民主生活。半坡遗址的大房子、姜寨遗址的广场、秦安大地湾的"原始殿堂"都是公共集会的场所。部落酋长的推举和部落内部事务的重要决定都要通过部落会议，这时部落首领还无个人权力。

遗址中还反映了氏族成员间是共同劳动、平均分配产品的平等关系。就以窖穴为例，半坡有 200 多个窖穴分布在房屋周围，有些地方 10 多个地窖集中在一起，形成地窖群，反映当时公社集中储存、平均分配产品的事实。另外，从墓葬中的随葬品来看，数量不多且差距不大，多数是陶器等生活用品，生产工具和装饰品很少，一般有五六件。可见当时没有出现贫富分化。

众多的公共墓地反映当时的人们不仅生前住在一起，而且死后仍不分离，以母系血缘为纽带把每个氏族成员牢固地镞在一起。当时墓葬流行单人葬，且多男女分区葬；还有一种迁徙合葬式，即以一具女性尸体为一次葬，其他男女老少则是迁来的，人数不等，少则二三人，多则数十人。这个时期绝对没有一对成年男女合葬或父子合葬。从葬式来看，当时仍处于以共同的女祖先为中心，母子代代相因的母系氏族阶段，婚姻形态从族外婚向对偶家庭过渡，没有出现一夫一妻制家庭。

二、父系氏族公社与原始社会解体

（一）父系氏族公社的形成过程

大概从 5000 年前开始，黄河流域和长江流域的母系氏族公社过渡到父系氏族公社。这一阶段先有大汶口文化、屈家岭文化和红山文化等，后有龙山文化、齐家文化以及良渚文化等。

由于母系氏族公社晚期生产力的发展，男女在家庭经济中的地位发生了变化。过去，妇女是生产的主要承担者，现在繁重的农业和家畜饲养都由男子负担。男子成了锄耕农业的主人，他们在参加农业劳动的同时又从事畜牧业，在以戈、矛、套绳、弓箭为主要生产工具的畜牧经济中，男子起主要作用。这时生活资料的获得主要成为男子的事情，生产所得的全部产品也都归男子，而妇女被排挤到次要地位，乃至于主要从事烦琐的家务劳动了。

由对偶婚向一夫一妻制的变化是父系氏族公社形成的标志。对偶婚是男子到女方家居住，经过旧传统和新制度的反复较量，逐渐变为女子到男方家居住，把过去属于母系氏族的子女转归到他们的父亲的氏族，最后终于过渡到一夫一妻制。这种婚姻关系要牢固得多，双方不能随意解除婚姻关系。父亲无疑能确认自己亲生的子女了，世系按父系计算，财产按父系继承。这样，母系制变为父系制，原来的母系氏族公社也就变为父系氏族公社。父系氏族公社是由父系血缘组成的社会集团，是同一个男性祖先所生的若干代子孙及其配偶所组成的集团。而后，由于生产的发展、人口的增殖，氏族公社就逐渐分裂为许多血缘关系更近的父系家庭公社，继之被若干一夫一妻制家庭所瓦解，成为冲破氏族制的缺口。

为适应一夫一妻制的需要，居住的情况也发生了变化。这个阶段的遗址出现了一些小房子，比仰韶时期的房屋面积要小。河南淅川下王岗遗址发现一座长达100多米的长形大房基址，共有32个单间，每间都有一个"火塘"。这座长屋可能就是当时父系家庭公社的住宅。

从这个阶段的墓葬看，出现了对男性生殖器陶祖的崇拜。随葬品多数放在男子身边，不但数量多，而且质量好。以大汶口墓地一号墓为例，随葬品计有57件，其中55件包括白陶、玉器都放在男子身边。另外，出现了夫妻（妾）合葬墓，特别是屈肢葬反映了生前男子对女子的奴役。武威皇娘娘台的齐家文化遗址有一座一男二女合葬墓，男子仰卧居中，二女左右侧身屈肢其旁。此外，还出现了父子合葬墓。从这些墓葬的变化可以看出一夫一妻制和父系制的确立情况。

（二）父系氏族公社时期的经济发展

我们的祖先是较早地认识和使用金属工具的人类之一。他们先使用自然铜（红铜），后加少量锡，制成青铜。考古发掘陆续了提供这方面的资料。山东大汶口晚期遗址发现一个骨簪上带有孔雀绿，化验认为是红铜屑。山东胶县三里河、河北唐山大城山等龙山文化遗址都发现了铜器（前者为黄铜锥状器，后者为两块红铜牌）。甘肃的远古文化的冶铜术成就尤为突出。最早的青铜器是1975年在甘肃东乡县林家马家窑文化遗址中出土的一件青铜刀（约公元前3000年左右）。齐家文化遗址发现的铜制品较多。皇娘娘台遗址出土有铜刀、凿、锥、钻头、铜渣；大何庄遗址有铜匕；秦魏家遗址有铜锥、斧、指环、铜饰；青海贵南尕马台25号墓发现一件保存较好的铜镜。这些铜器经鉴定，其质地多数为红铜，也有用青铜或黄铜制作的；有冷锻，也有冶铸。我国早期铜器还不能代替石器，当时主要使用的还是石器工具，不过这为后来青铜制造业的发展奠定了基础。这些发现说明我国原始社会后期已进入金石并用时代。

此阶段的农业有了进一步发展，首先表现为农业工具的改进。这个时期的遗址出土了不少大型磨光石斧、石磷，用于开荒，必然提高效率。石耜和骨耜也普遍增加。考古现场还发现双齿木耒的痕迹。磨光石锄也出土很多，便于翻土播种。大汶口中晚期遗址出土一件鹿角制的鹤嘴锄，可用来松土，打碎土块。

磨光的半月形双孔石刀、石镰、蚌刀比较锋利，能收割秆茎，有助于提高收割效率。显然，这个时期的农业已进入锄耕阶段。

农作物的品种，北方仍以粟为主，南方以水稻为主。经济作物品种增多，良渚文化遗址曾出土了花生、芝麻等种子。吴兴钱山漾遗址发现了丝绢片等丝织品。残绢经纬密度每平方厘米竟达48根。这说明我国早在5000年前就开始养蚕，有了较高水平的丝织业。

农产品的产量有了显著增加，大型窖穴以及盛装粮食的大型陶瓮的出土就充分说明了这一情况。粮食多了，还可以酿酒，大汶口文化遗址出土了一些陶盉、陶杯，都是饮酒器，这也从一个侧面反映农业经济的发展。那时人们开始学会打井，河南汤阴白营遗址发现了深达12米的木结构水井，这些水井除了提供生活用水外，也可能用于小块地的灌溉。

农业经济的发展为家畜饲养的发展提供了条件。这个阶段可以说是马、牛、羊、鸡、犬、猪六畜俱全。北方地区饲养黄牛和马，长江流域饲养水牛、鸭和鹅。饲养牲畜的数量比以前增加了许多，尤以养猪之风最为盛行。在当时的墓葬遗址中，普遍出现了用猪头或猪下颚骨随葬的葬俗。以大汶口遗址为例，用猪头或猪下颚骨随葬的墓，占该墓地墓葬总数的1/3。甘肃秦魏家齐家文化遗址随葬的猪下颚骨，最多者达68块。家畜饲养虽然发展了，但渔猎经济仍然是重要的生活来源，这一时期的许多遗址仍然出土大量箭镞和野生动物骨骼。

在农业发展的基础上，手工业技术也有了提高。除了冶铜术外，制陶技术也有了较大的进步。此时已经普遍使用轮制法来制作陶坯，即由专人转动一个圆盘状的操作台，制陶者利用陶轮急速旋转时的离心力，加上双手的配合，把陶坯做成一定的器形，形状规则，厚薄均匀，既提高了生产效率，又使器形美观精致。陶窑也有不少改进，窑室扩大，火膛加深，火口缩小，温度可烧至1000℃以上，一次可烧制陶坯十余件或数十件之多。典型的龙山黑陶，薄如蛋壳（一般厚0.5～1毫米，个别的仅0.3毫米），厚薄均匀，造型优美，种类很多。大汶口遗址有红陶、彩陶、黑陶、白陶，其中白陶的大量涌现，标志着制陶技术的巨大进步。

玉骨器的制造也非常精美。我国玉器出现很早，在辽宁阜新查海发现距今

8000 年的玉器，红山文化遗址出土了雕琢精致的璧、璜、龙虎等动物造型玉器。良渚文化遗址出土有珠、玦、璜、镯、璧等，特别是玉琮、玉蝉，更是早期制玉工艺中的稀珍之物。其中一大型玉琮高达 23 厘米。大汶口出土了雕刻精致或镶嵌有绿松石的象牙器皿，有筒、梳、琮等 20 余件，有一件透雕象牙筒，周身透雕连续的规则花瓣纹样，精美纤细，而另一件象牙梳有 17 个细密的梳齿，别具匠心。

龙山文化的建筑也有很大进步，房屋多数建筑在地面上，采用土坯砌墙，用石灰涂抹地面和墙壁，房基和墙壁留下了夯筑的痕迹。

（三）原始社会的解体

由于农业、畜牧业以及手工业的发展，产品增加了，先前一个人所生产的东西只能够维持自身的基本生活需要，而这时逐渐出现了一些剩余。在这个基础上，最初的商品交换出现了，开始是物物交换，后来发展为用某些商品来作一般等价物（如猪、玉器等）。从考古遗址发现，远离海滨的内陆用贝壳随葬，不产玉的地区发现玉器，这些都是商品交换的物证。我国古代有"祝融作市"的传说，这反映出原始社会后期，部落内部或部落之间为了交换生活必需品，需要在一定场所进行，于是"市"应运而生。开始市场不固定，交易活动也不经常，一般是"日中为市，交易而退"。

在交换活动中，氏族首领掌握着交换的权力。起初交换的产品属氏族公有，但随着交换活动的频繁和扩大，氏族首领便利用职权，化公为私，将他们经手交换来的东西据为己有。最初的私有是限于个人使用的生活用品和生产工具，然后是畜群，再就是房屋、房屋地、园圃。

私有制的产生反映在这个时期的墓葬中，是普遍出现了随葬品悬殊的现象。如甘肃永靖秦魏家齐家文化墓地发掘的 138 座墓，有随葬品的 125 座，随葬品包括生活用品（陶器）、生产工具、猪下颚骨等。有 46 座墓随葬猪下颚骨，总数达 430 块，随葬数量各墓不等，少的一块，多的达 68 块。再如青海乐都柳湾墓地有 318 座马家窑文化马厂类型墓，随葬品 5 件以下的有 69 座，占 21.7%；6 至 30 件的有 186 座，占 58.5%；30 件以上的有 63 座，占 19.8%，最多者达 95 件。各墓随葬品多寡不一，贵贱有别，显然是他们生前占有财产不等。

随着私有制的出现，贫富分化的加剧，逐步产生了阶级。最能证明这一事实的是考古发掘所提供的资料。从大汶口文化中晚期到龙山文化、齐家文化、良渚文化都发现了大中小三种不同类型的墓葬，都反映了人们生前占有财产的不等以及社会地位的不同。如大汶口文化中晚期有的墓葬有长达 3.4 米、宽达 2.3 米的墓坑。坑内有朱红色的椁，133 座中有 14 个木椁墓。一般随葬品有 30 至 40 件，最富的竟达 180 多件，包括精美的彩陶、黑陶、白陶，磨制精致的石骨生产工具和各种装饰品，其中个别的还有透雕刻花的骨梳和象牙筒。这类墓大概是属于从氏族成员中分化出来拥有特权的部落首领（或部落显贵）的。与这类墓葬成明显对照的是，在同一墓地上有为数不少的墓葬，墓穴狭小，仅能容尸，随葬品屈指可数，甚至空无一物，显然这是属于一般平民的墓。

再以晋南龙山文化陶寺类型墓地遗址为例，这里发掘的 700 余座墓葬中，除有 610 余座小型墓外，还有 80 座中型墓和 9 座大型墓。这三类墓葬有明显的差别。小型墓仅能容下一个尸体，一般无葬具，个别墓穴内仅以植物茎秆编成的帘箔卷尸埋葬，无随葬品，个别的也仅有一两件。中型墓大都使用木棺，有随葬品，随葬成组陶器和玉（石）钺、琮、瑗、头饰、佩饰以及少量彩绘木器。大型墓的情况则相当可观，仅举其中两座为例，皆使用木棺，棺内撒一层朱砂，随葬品很多，多达一二百件，其中最引人注目的是石钺、玉钺和鼍鼓、特磬等，它们都是后来君主或诸侯专用的重器。这类大型墓显然属于拥有很大权力的部落显贵。

与上述情况相反，这个阶段的许多遗址，尤其是甘肃齐家文化遗址都普遍发现殉葬墓。这类墓，往往是男子仰卧棺中，女子侧身屈肢，不见头骨。有关研究者认为这可能是妾奴被杀害后埋进去的。这种男子奴役女子的现象正是人类最初的阶级压迫。邯郸涧沟龙山文化遗址发现了利用废坑和废井埋人的情景，一个直径约 1 米的圆坑中，杂乱地埋着 10 具人骨，排列无次序，有的头骨上有被砍的痕迹。在另一个废井里埋了五层人骨架，男女老幼皆有，放置极不整齐，有的身首异处，有的呈挣扎状。这些被害者的身份可能是战俘，也可能是妾奴和家内奴隶。

第三节 夏、商、西周的建立与衰亡

一、夏朝的建立与巩固

（一）诸夏之族

据史籍记载，在今关中平原、河东盆地和黄河南岸，分布着以黄帝族、炎帝族为主的许多部落，这就是被称为"华夏"或"诸夏"的部落群。黄帝战胜炎帝的传说，反映诸夏部落已联合成比较稳固的部落联盟。诸夏部落继续向东发展，与九夷部落联盟发生冲突。黄帝战胜蚩尤的传说，表明诸夏部落联盟的势力已达到黄河下游一带，并与九夷中一些部落结成更大的联盟。传说中的黄帝、颛顼、帝喾、帝尧、帝舜、帝禹，都是诸夏部落联盟的首领。

禹出自有崇氏，以治水有功被拥戴为"夏后"，成为诸夏最高首领。史载，禹以姒为姓，姒姓部落由夏后氏、有扈氏、有男氏、斟寻氏等 12 个氏族组成。

（二）世袭制取代禅让制

按照军事民主制的传统，部落联盟的首领由部落首领议事会共同推举，这在我国古代传说中称为"禅让"。这种制度，一直到尧、舜时代还实行着，尧老传位于舜，舜老传位于禹，都得到四岳十二牧的同意。但是，史籍中也有"舜囚尧，复偃塞丹朱"的记载，《韩非子·说疑》甚至说："舜逼尧，禹逼舜，汤放桀，武王伐纣，此四王者，人臣弑其君者也。"可见，军事民主制的传统一时还难以打破，尧子丹朱，舜子商均，都未能继承父位，就说明了这一点。

到了禹担任部落联盟首领的时候，情况发生了变化。禹出自势力强大而又有平治水土经验的有崇氏部落，他的父亲鲧是有崇氏部落首领。鲧以治水无功而被舜殛死，舜使禹继鲧治水，禹"卑宫室而尽力乎沟洫"，终以治水之功获得众多部落的支持，顺利取得部落联盟首领的地位。禹建都于有崇氏故地阳城（今河南登封），后迁往阳翟（今河南禹县）。他又通过征伐"三苗"，提高威望，加强权力，在淮水中游的涂山（今安徽蚌埠西）会合夏、夷诸部首领，史称"涂山之会"。禹的这种特殊背景，也是禹子启得以承袭父位的重要原因。《史记·夏本纪》说，夏禹仍按旧制传位于益，但诸侯皆去益而朝启。以此看来，当时许多部落贵族已转而拥护王位世袭制。

但是，禅让制的观念根深蒂固，也有一些部落贵族为维护旧传统而反对启。东方偃姓之族的首领益，就曾与启争夺王位，结果被启杀死。姒姓部落内部有扈氏更起兵反对启，启亲率大军平叛，双方战于甘（今河南洛阳西），有扈氏被启消灭，启最终以武力建立了夏王朝。启在都城阳翟大会众多部落首领，史称"钧台之享"。夏后氏世袭王权被确认，众多部落首领也转化为世袭贵族。

经历了激烈的斗争，世袭制取代禅让制，这是巨大的社会变革，从此，中国历史进入了"家天下"。

（三）太康失国和少康中兴

以夏启为首的王室，政权并不稳固。《墨子·非乐》说启"淫溢康乐"，《楚辞·离骚》说启子太康"娱以自纵"。启死，太康继立，发生了兄弟五人内讧，即所谓的"五观之乱"（"五观"亦作"武观"，一说武观为太康之弟）。夏王室的贪暴，招致夏人的不满和反抗，太康与弟仲康避乱出亡。这时，东夷族有穷氏向西发展势力，其首领羿"因夏民以代夏政"。羿善射恃武，不修民事，也是一个残暴的统治者，他把政事交给伯明氏的成员寒浞管理。寒浞"行媚于内，而施赂于外"，勾结后羿"家众"，杀死后羿，夺其妻室，取得政权。

太康失国后不久死去。仲康子相在帝丘（今河南濮阳南）投靠斟灌、斟寻。寒浞为剪除亲夏的势力，命其子浇灭斟灌、斟寻氏，相被杀。相遗腹子少康投靠有虞氏，有虞氏任他为庖正，妻以二女，封之于纶。少康"有田一成，有众一旅，能布其德，而兆其谋，以收夏众"，积极准备复国。夏遗臣靡趁寒浞父子不得人心，集合斟灌、斟寻余众而立少康。最终，少康灭浞子浇，少康子季杼灭浞子豷，恢复了夏的统治。

少康统治时期，夏政权趋于稳固。

（四）季杼时期的夏王朝

少康死后，子季杼继立。季杼在消灭寒浞残余势力后，为了削弱东夷，兴师征伐，东夷诸部多臣服于夏，接受夏的爵命。古史称赞季杼"复禹之绩……不失旧物"。夏人追怀先王，以为"杼，能帅禹者也，夏后氏报焉"。

夏启时以阳翟为都，太康失国，王室流离于伊洛之间。季杼因用兵东夷，曾建都于原（今河南济源西北）、老邱（今河南陈留北），后来又还都伊洛之间，未再迁徙。

（五）夏王朝的二里头文化

夏王朝的历史仅见于历史文献的记载，尚未得到文物考古的确切证实。为此考古工作者做了大量的努力。考古发现的二里头文化，因其文化内涵、地域分布、文化的序列，以及碳-14测定的年代都与文献中的夏相符，因而不少学者认为二里头文化就是夏文化。

二、夏朝衰亡和商朝建立

（一）夏王室的衰败

季抒传五世六王而至孔甲，从孔甲起，夏转入衰败。孔甲三传而至履癸，即夏桀。《史记·夏本纪》说："桀不务德而武伤百姓，百姓弗堪。"民众咒骂夏桀说："时日曷丧，予及汝皆亡。"

正当夏朝内部矛盾十分尖锐之时，东方地区一些部落也纷纷叛离夏桀。夏桀用武力逼迫东方诸部朝会，招致更大的反叛，即史籍所说："夏桀为仍之会，有缗叛之。"

（二）商的先世

在夏衰败之时，商人的势力逐步发展壮大起来。

商之始祖契，是尧舜之时部落联盟的重要首领之一。契"佐禹治水有功"，被舜"封于商，赐姓子氏"。从契至汤，历十四代，与夏王朝相始终。契孙相土与太康同时，《诗经·商颂·长发》说"相土烈烈，海外有截"，说明相土之时商族势力及于滨海之地。相土三传至冥，冥"勤其官而水死"。冥死，亥继立。亥时商的势力越过河、济。亥子上甲微把商族势力扩展到黄河以北地区，"上甲微，能帅契者也，商人报焉"。上甲微六传至汤。

商先世在发展过程中经常迁徙，故《史记·殷本纪》说："自契至汤八迁。"

汤时商经过长期发展，成为东方最为强大的势力，逐步对夏采取攻势。

（三）商汤灭夏

商汤攻夏，先从翦灭夏的属国开始，正如《孟子·滕文公下》所说："汤始征，自葛载，十一征而无敌于天下。"《诗经·商颂·长发》也歌颂说："武王载斾，有虔秉钺，如火烈烈，则莫我敢曷！苞有三蘖，莫遂莫达，九有有截！韦顾既伐，昆吾、夏桀。"商汤任用贤人伊尹为相，征服诸部落，势力日益壮大，最后与桀决战于鸣条（今河南封丘东），夏桀败逃，死于南巢（今安徽巢湖北岸），夏亡。

商汤还师亳邑（今河南商丘），众多邦国部落前来朝会，史称"景亳之命"。

夏，据《史记·夏本纪》记载，自禹至桀凡十七王十四世；据《史记集解》引《竹书纪年》，传国 471 年。

三、商朝的社会发展

（一）商前期的动荡

汤死，子外丙、仲壬相继即位，权力由伊尹掌管。仲壬死后，伊尹立太甲。史载，太甲因不守成汤典则，被伊尹放于桐宫，三年后太甲悔过，伊尹方还政太甲。"太甲修德，诸侯咸归殷，百姓以宁"，后世称他为太宗。太甲以后，历三王而至帝雍己，出现了"殷道衰，诸侯或不至"的局面。雍己弟太戊继位，立伊陟为相，又重用巫咸"治王家"，商朝统治得以复兴，后世称太戊为中宗。中宗死后，历五世九王（自帝仲丁至阳甲），商一直处于争夺王位的内乱之中，史称"九世之乱"。

（二）盘庚迁殷

商建立后"不常厥邑"，先后五次迁都。

公元前 14 世纪中叶，盘庚即位。他再一次迁都于殷（今河南安阳），并进行了一系列的改革，以"绍复先王之大业"，使"百姓由宁，殷道复兴，诸侯来朝"。商代社会经济和文化进入了一个新的发展时期。

（三）武丁时期的商王朝

盘庚三传至武丁，武丁在位五十九年，即位前曾"旧劳于外，爰暨小人"，知"稼穑之艰难"。他从版筑工匠中举拔傅说为相，又重用贤臣祖己整理内政，促成了国家强盛安定的局面。《史记·殷本纪》说："武丁修政行德，天下咸欢，殷道复兴。"《诗经·商颂·玄鸟》称颂武丁时期的商王国是"邦畿千里，维民所止，肇域彼四海"。

四、商朝衰亡和周朝建立

（一）商后期的社会矛盾与统治危机

商朝，奴隶反抗奴隶主的斗争，平民反对贵族的斗争，奴隶主贵族内部的斗争，贯串始终。在各种社会矛盾中，阶级矛盾是商朝社会的主要矛盾。

奴隶是商朝社会生产的主要承担者，也是奴隶主贵族压迫剥削的主要对象。商朝奴隶名目繁多，众、众庶、众人是农业奴隶；牧人、圉人是畜牧业奴隶；臣、妾、僮、仆、宰、奚，是家内奴隶；还有被称为"百工"的具有专门技艺的手工业奴隶。当时奴隶多有家室。商朝奴隶中很大一部分是从战俘转化而来。战俘奴隶、家内奴隶的地位比一般众庶低，常用来做人祭、人殉。众庶在农闲时还要担负奴隶主贵族的各项役使，如狩猎、随军征伐等。

在殷墟和各地商朝墓葬发掘出来的人祭、人殉遗迹，充分暴露了商朝奴隶制的惨无人道。

奴隶反抗奴隶主的斗争形式，主要是逃亡。"丧众""不丧众"的卜问，常见于甲骨卜辞，这说明奴隶逃亡已使商王和贵族深感忧惧。武丁时，曾发生王室奴隶大规模逃亡的事件。随着商朝的衰落，奴隶零星逃亡和集体逃亡的现象更加严重。

商朝的平民，被称为"小人"。他们是商王和贵族较疏远的宗族成员，占有一小块耕地，必须向国家承担各种义务。他们参加征伐和戍卫，平时受到商王和贵族的压榨。武丁、祖甲以后的商王，"生则逸，不知稼穑之艰难，不闻小人之劳，惟耽乐之从"。商王和贵族的腐化，加深了他们和平民之间的矛盾。小民的向背，关系到商朝的安危。商朝后期，平民反抗暴政的斗争愈演愈烈。

在奴隶和平民反抗斗争的冲击下，统治阶级内部分化加剧。特别是商纣王即位后，任用费仲、恶来、崇侯虎等佞臣，打击微子、箕子、比干等贵族。"放黜师保……因奴正士……昏弃厥遗王父母弟不迪，乃惟四方之多罪逋逃，是崇是长，是信是使"，商统治集团陷入分崩离析。同时商纣也暴虐极侈，为了满足贪欲，他"厚赋税以实鹿台之钱，而盈钜桥之粟。益收狗马奇物，充仞宫室，益广沙丘苑台，多取野兽蜚鸟置其中"，面对奴隶、平民的仇恨反抗和一部分贵族的强烈不满，又滥用刑杀。为了转移国内矛盾，商纣频繁对外用兵。先是攻黎，后征东夷。

（二）周的先世

周之始祖是弃，也是尧舜之时部落联盟的重要首领之一。弃好农耕，尧举为农师，封于邰（今陕西武功西南），号曰后稷，别姓姬氏。夏、商时期，周一直是西方一个重要的邦国。商初，周人在公刘率领下迁于豳（今陕西旬邑），"取砺取锻"，周人的发展进入了一个新的阶段。武丁时期，周人参加了武丁伐鬼方的战争，因功而得封赏。周人在古公亶父时，由豳迁到岐山之南，这里后来被称为周原。古公亶父"贬戎狄之俗，而营筑城郭室屋，而邑别居之，作五官有司"，国家组织得以显著发展。周人因此尊古公亶父为太王。周从此成为一股使商朝不安的强大势力。太王死，子季历继位，先后打败西北诸戎，巩固了周人在渭水中游的统治。

（三）文王兴周

季历死，子昌继立，是为文王。文王"怀保小民"，实行"耕者九一，仕者世禄，关市讥而不征，泽梁无禁，罪人不孥"等政策。同时，又颁布"有亡荒阅"的法令，防止奴隶逃亡，保护奴隶主贵族的利益。他还敬老慈少，礼贤下士，因而得到贵族和平民的支持。隐居民间的吕尚，就是文王招纳的贤才之一。一些殷臣和贤士，如太颠、闳夭、散宜生等相继奔周，成为周的重要辅臣。

在军事上，文王首先进攻西北方的犬戎、昆夷，消灭泾水上游的密、阮、共，然后东向攻打黎（今山西黎城）、于（今河南沁阳西北），灭掉商的与国崇（今陕西鄠邑区），使商失去在渭水流域的一个据点。周人占据渭南，完全控制了关中平原，在沣水西岸建立丰邑（今陕西长安西南），自岐下迁都于此。

文王在位50年，40余国归附于周，许多蛮、夷、戎、狄的部落也来归顺，渐渐对商形成钳制包围之势。

文王死，太子发立，是为武王。

（四）武王伐纣

武王即位后，在沣水东岸建立新都镐京（今陕西西安），积极准备伐商。这时，商的败亡已成定局。文王死后两年，武王"东观兵，至于盟津（今河南孟州）"，会兵孟津的，有八百诸侯，这是一次集中兵力的演习，也是对商朝的试探。又二年，武王发动了灭商的战争。他联合东方庸、蜀、羌、髳、微、卢、彭、濮等方国部落，从孟津渡过黄河，沿河东进，直抵商郊牧野。武王誓师牧野，纣王仓促应战，结果，商兵前徒倒戈，导引周军攻人朝歌。纣王见大势已去，登鹿台自焚而死，商亡。

据《史记·殷本纪》记载，商自汤至纣凡三十一王十七世；据《史记集解》引《竹书纪年》，传国 496 年。

五、西周统治的巩固

（一）武庚之叛和周公东征

商亡后，商贵族仍保留了相当强大的势力。武王在基本控制了商朝中心地区后，回师镐京。回师时，武王封纣子武庚于商都，利用他统治殷遗民。又以弟管叔、蔡叔和霍叔率兵驻守商都周围地区，监视武庚，史称"三监"。周朝建立两年，武王病死，子诵继立，是为成王。成王年幼，由武王弟周公辅政。管叔、蔡叔等怀疑周公有夺位的意图，放出流言，说周公将不利于成王。以武庚为首的旧殷贵族，以为有机可乘，就和管、蔡相勾结，联合东方徐、奄、熊、盈等部落，发动大规模武装叛乱。

面对十分危急的局势，周公"内弭父兄，外抚诸侯"，率军东征，杀武庚、管叔，流蔡叔、霍叔。又经过三年苦战，制服了徐、奄等东夷部落。从此，周人势力伸展到黄河下游和淮河流域，东达滨海之地。

周公东征，是第二次灭商战争。

（二）周初大分封

武王灭纣之后，为巩固对新占领地区的统治，封武庚，设"三监"。武庚、"三监"都是封国。其他如鲁、燕、齐诸国，当时也已初封于今河南地区。

周公东征后，为巩固对广大东方地区的军事占领，重建周朝的统治秩序，在瀍水东岸修建洛邑（今河南洛阳东），迁"殷顽民"于此；又在瀍水西岸修建王城，驻守"成周八师"。周人以镐京为"宗周"，洛邑为"成周"。从丰、镐向东经营河、洛，东西千里，连成一片，王畿的政治、经济和军事力量显著加强，成为控制全国的枢纽。

在兴修洛邑的同时，周统治者又进行第二次大分封。这次分封是对第一次分封的调整，除了对原来的封国重定封地外，又在更加广大的区域分封了许多诸侯。《荀子·儒效》说周公"兼制天下，立七十一国，姬姓独居五十三人"，当时最重要的封国有鲁、卫、晋、齐、宋、燕等。鲁是周公之子伯禽的封国，都奄（今山东曲阜），受封时得"殷民六族"之赐。卫是武王弟康叔的封国，都朝歌（今河南淇县），受封时得"殷民七族"之赐。周公告诉鲁、卫之君，治理殷遗民要"启以商政，疆以周索"。晋是成王弟叔虞的封国，都唐（今山西翼城），受封时得"怀姓九宗"之赐。周公告诫叔虞要"启以夏政，疆以戎索"。齐是太公吕望的封国，都营邱（今山东临淄），周天子授权齐可以讨伐有罪的小国。宋是商贵族微子启的封国，都商丘（今河南商丘），把一部分殷遗民给他治理，是为了表示周人无意毁灭殷族。燕是文王庶子召公的封国，都蓟（今北京），召公留王都，由其子就封。召公曾参与东都洛邑的修建，后来协助周公治国，据说当时王畿"自陕（今河南陕县）以西召公主之，自陕以东周公主之"。

为了加强对南方的控制，周在淮水上游分封了蒋、息等姬姓国；在唐河、白河流域分封了申、吕等姜姓国；在淮河、汉水之间分封了"汉阳诸姬"。在周初分封的诸侯中，也有一些古代部落和小国，如神农之后封于焦（今河南陕州区），黄帝之后封于祝（今山东宁阳西北），尧之后封于蓟，舜之后封于陈（今河南淮阳区），禹之后封于杞（今河南杞县）等。

周定封国，全面建立起新的统治秩序。成王死，康王继位，"成康之际，天下安宁，刑错四十馀（余）年不用"，周朝进入了稳定发展的时期，出现了繁荣强盛的局面。

六、西周的衰亡

（一）统治阶级内部矛盾的加剧

周之社会从昭王、穆王起，各种社会矛盾不断增长。在各种矛盾中，奴隶主贵族内部的分化最为引人注目。由于权力的升降以及与王室亲疏关系的变化，加之一些经济原因，贵族内部出现了兴衰沉浮。

贵族的分化表现在经济上，因分化而争夺耕地和劳动人手。1975 年在陕西岐山县董家村出土的卫盉等一批西周中期的青铜器，其铭文中记载了贵族以财物换取土地，且这些交换是由官府主持的，是合法的。

由于贵族内部的分化现象越来越严重，失势的贵族和处于困境中的士，下降到和平民差不多的地位，成为"国人"的组成部分。西周中期以后，奴隶主贵族内部矛盾的不断加深，动摇了西周的统治基础。

（二）与周边部族冲突的加强

从西周中期起，周王室和周边部落不断发生冲突。周昭王曾三次征荆楚，"丧六师于汉"，在济汉水时"御船至中流……王及祭公俱没于水中而崩"，周从此不能控制南方。周穆王时，西北方犬戎诸部势力强大，常侵扰镐京附近。穆王率兵西征，强徙一部犬戎于太原（今甘肃平凉、镇原一带）。正当穆王西征的时候，淮夷中最强大的徐方联合诸部侵周，穆王回师东向，虽败徐偃王，但损失巨大，从此控制东方的力量大为削弱。

到懿王、夷王时，王室更加衰弱。西北犬戎诸部向渭水中下游推进，成为周的严重威胁。夷王死，厉王继位，一方面要加强防御犬戎，另一方面又要防止楚向北发展，淮夷向西发展。但厉王征淮夷、征楚，多以失败告终。

（三）国人暴动和共和行政

周厉王是一个贪暴的统治者，在外族进逼、统治危机日益严重的情况下，以荣夷公为卿士，垄断山泽之利。大夫芮良夫劝诫厉王："专利作威，佐乱进祸，民将弗堪。"厉王不听，反而使卫巫监谤，"国人莫敢言，道路以目"，厉王以为"能弭谤"，召公规谏厉王说："防民之口，甚于防川，川壅而溃，伤人必多，民亦如之。是故为川者，决之使导，为民者，宣之使言。"厉王仍不听。三年后，国人忍无可忍，发起暴动，袭击厉王，厉王出奔于彘（今山西霍州）。朝政由召穆公、周定公共管，史称"共和行政"。共和元年，即公元前841年，是我国确切纪年的开始。

共和十四年（前828年），厉王死于彘，召、周二公归政太子静（一作靖），是为宣王。

（四）西周灭亡

周宣王在位47年，曾对严允、西戎和荆楚、淮夷频繁用兵，尽管前期取得过一些胜利，但未能从根本上遏制外部的威胁，反而激化了内部的矛盾。特别是宣王三十九年（前789年）伐姜氏之戎，大败于千亩（今山西介休南），尽丧"南国之师"，此举激化了朝野上下的矛盾。晚年的宣王固执己见，"不籍千亩"，放弃了对农业的重视，是导致井田制瓦解的重要原因之一；根据自己的喜好，逼着鲁国废长立幼，这不仅破坏了宗法制下的嫡长子继承制度，而且引起了诸侯的不满。

宣王死，幽王继位。第二年，三川（泾、渭、洛）发生强烈地震，伯阳父惊呼"周将亡矣"，甚至预言周的灭亡"不过十年"。幽王重用"为人佞巧，善谀好利"的虢石父，致使"国人皆怨"。更因宠爱褒姒，废申后和太子宜臼，立褒姒为后，以其子伯服为太子。幽王十一年（前771年），申后之父申侯联合缯侯，引犬戎攻周，杀幽王于骊山（今陕西临潼区附近）之下，西周灭亡。

第四节　夏、商、西周的经济与社会生活

一、夏、商、西周的经济发展

（一）生产力水平的提高和农牧业、手工业的兴盛

1.农具与耕作技术的改进

考察夏、商、西周时期的经济状况，首先必须考察作为生产力要素之一的生产工具，以及当时人们在生产实践中积累的经验和技能。

夏朝农业生产工具还是木、石、骨、蚌之器，主要耕具有耒、耜、耕等。

商朝的耕具主要也是耒、耜，甲骨文"楮"字，就是人踏耒耕地之形。甲骨文常见"犁"字，像牛拽犁之形，表明商朝可能已有牛耕。但由于奴隶主贵族不愿把牛马投入农业生产，人耕仍是主要的。在殷墟王宫附近的遗址曾发现3000多件石镰，大部分是镰坯，一部分有使用过的痕迹。石铲、骨铲、蚌铲、蚌镰，在商朝遗址都有大量发现。

西周的农业生产工具，虽仍以木、石、骨、蚌之器为主，但值得注意的是金属工具的应用逐渐增多，《诗经·周颂·臣工》有"命我众人：痔乃钱镈，奄观铚艾"的诗句，钱是铲，镈是锄，铚、艾是收割工具，它们都是金属器物。

随着农具的改进和农具种类、数量的增加，耕作技术也有进步。传说夏禹"尽力乎沟洫"，已知灌溉对农业的重要。甲骨文中"田"字，表明商朝规划整齐的熟田都有沟渠环绕。周朝更把环绕熟田的沟渠，称作遂、沟、洫、浍、川；而把启土后筑成的道路，称作径、畛、涂、道、路。为了提高耕作的效率，还采取简单协作的方式。商朝盛行"疡田"，即三人协力，三耜共耕。周朝盛行"耦耕"，为一人在前用耒起土，一人在后面碎土平地。原始农业抛荒休耕的方法，殷周时期继续采用。在抛荒的同时，也开垦新田。周人对于开垦新田和轮休熟田，形成了成熟的方法。开垦新田，一般经过三年时间，"田一岁曰菑，二岁曰新，三岁曰畲"。轮休熟田，有所谓"不易之田""一易之田""再易之田"的区别。轮休，有利于恢复地力，也有利于充分利用耕地。加强中耕和施肥，也是西周农业进步的显著特点。

2. 铸铜与制陶技术的进步

夏、商、西周时期，手工业门类增多，各门类技术进步。其中，尤以铸铜和制陶技术最能反映当时的工艺制作水平和时代特点。

早在龙山文化时代，人们已会冶炼红铜，打造出体形较小的工具和装饰品。传说禹铸九鼎，夏启命人在昆吾铸鼎。在二里头文化遗址出土的器物中有爵、刀、镞、铃之类的青铜器，还发现了铸铜作坊的遗迹。这些情况说明，夏人已进入青铜时代。

商朝的青铜工艺技术达到相当纯熟的程度。根据对殷墟出土的后母戊大方鼎的化学分析，青铜合金比例为：铜84.77%，锡11.64%，铅2.79%。冶炼所用器皿，商前期是大口陶尊，后期是陶质炼锅。燃料用炭，冶炼温度在1000℃以上。青铜器均用陶范铸成。一些大型器物，多先分铸部件，然后合铸。商朝青铜器主要是礼器和用具，也有大量的青铜工具和武器。铜器作坊大多分布在王都和贵族的都邑。

周初，青铜手工业一度衰落，康王以后，才逐渐显示出自己独特的风格。西周青铜手工业遍布王畿和各诸侯国。铸器向实用方面发展，出现了不少新器物。

青铜冶铸对于铁的使用起着推动作用。铁的发现与使用大约是在商朝，商人已用陨铁制作铁刃铜钺、铜戈。周人追颂祖先也有"取砺取锻"的诗句。西周时期，人们还只会使用锻铁，不懂得人工铸铁。

制陶是比铸铜更古老的手工业，二里头文化遗址出土的陶器，从其纹饰、器形分析，有龙山文化的因素，又类似商朝陶器，不少陶器口沿上刻画着类似文字的符号。商朝陶器大量是灰陶，也有红陶和黑陶，但这些陶器质地较差，能代表商朝陶器制作水平的是釉陶和白陶。釉陶不易吸收水分，涂一层石灰釉，是后世青瓷釉的前身。白陶用高岭土烧造而成，表面细腻，模仿青铜器形制和纹饰，是和青铜器同样贵重的器物。西周釉陶数量和器物类型明显增多，各地都有发现，釉色有姜黄绿色和灰青色，烧造温度高，胎质紧密，接近瓷器水平。

3. 农牧业与手工业的兴盛

夏、商、西周时期，产品种类增加，生产规模扩大，这是农牧业和手工业发展兴盛的标志。农作物中谷物名称，见于卜辞的有禾、黍、稷、麦、稻等。《诗经》中记载的谷物有黍、稷、稻、粱、菽、麦等。在同一谷物中，又分不同品种，如秬、秠是黍的两种良种，穈、芑是稷的两种良种，麦有来（小麦）、牟（大麦）之别。另外，还有桑、麻、瓜、果之类。种桑养蚕、抠麻绩麻是当时重要的生产活动。夏、商饮酒之风盛行，这也从一个侧面说明了谷物产量的提高。

商朝畜牧业地位比较重要，牛、马、羊、鸡、犬、豕"六畜"，主要供食用、作祭祀牺牲。商人每次祭祀用牲多至成百上千，没有较大规模的畜牧业是不可能的。商朝畜牧业已采用栏养和牧养相结合的方式，栏养所用饲料要消耗一些谷物和作物根茎，因而也反映了农业的发展。当时还驯养鹿、象，古籍有"商人服象，为虐于东夷"的记载。渔猎和采集在商朝仍有一定的地位。西周时期，农业已发展成为具有决定性的产业，畜牧业的地位明显下降，逐渐从属于农业。由于军事和贵族生活的需要，周人重视养马。

在手工业方面，除了最能反映工艺制作水平和时代特点的青铜铸造业和制陶业外，商周时期的骨器、玉雕、漆器、舟车、建筑、纺织等制造业，都有长足的发展。

商朝牙雕、玉雕工艺具有极高水平，表现了惊人的技巧和创造力。商贵族佩带玉饰，以显示自己尊贵的身份。玉石还用来做青铜器的部件，起装饰作用。玉器不仅是装饰品，而且也是礼器。

舟车制造是一项综合性的手工业，包括木、金、漆、皮革工的协作和配合，《考工记》说："一器而工聚焉者，车为多。"传说夏朝的奚仲善于造车，做了"车正"，被封于薛。商朝车多采用华丽的青铜部件和佩饰。西周车型精巧，种类增加。按使用者的身份，车的形制、装饰、驾数，有严格的等级区别。

农业定居生活和都邑的出现，推动了建筑技术的发展。河南偃师二里头遗址，在一万平方米的范围内，有断断续续的夯土基址，并发现柱洞和柱基，说明那时已能建造较大的房屋。有传说"鲧作城郭"，说明夏朝已有相当规模的都邑。商朝王室和贵族的都邑规模更大，而且有一定的布局。商朝宫室宗庙建筑使用木架结构，在夯土台基上有柱础，竖立木柱，支持梁架，覆盖草顶。柱础有石质的，也有用铜浇铸的。这种建筑方法，奠定了我国传统建筑的基本格式。西周时期出现了瓦，岐周宗庙遗址发现带瓦钉或瓦环的绳纹瓦，后来又有了板瓦和筒瓦。

我国种植桑麻，织造绢帛麻布，历史悠久，素称发达。仅就《尚书·禹贡》所列各地物产看，几乎都有织物出产。商朝麻织、丝织的情况，可从出土的铜器、陶器黏附的丝及麻织品的痕迹，得到一些了解。《诗经》中有关桑麻纺织的记载，随处可见。当时各地都能生产精美的丝织品，绢帛被用作贵族的礼物和犒赏之物，麻织更普遍，陕西泾阳周初墓葬中发现的麻布，组织紧密，反映了当时麻织的技术水平。

（二）井田制与"工商食官"

1. 井田制

在原始社会，土地为氏族部落共有，随着父系大家族的出现，家族耕作的独立性越来越强，因而产生了定期分配土地给各父系大家庭的制度。井田制就是从原始社会后期土地分配制度发展而来的。

井田是经过疆理规划的耕地，甲骨文的"疆"字表明这些方块田经过弓尺丈量，有疆界之分。田字，表明田边有水，有沟渠环绕。

商朝，井田主要在贵族之间分配，分配数量是按其等级区分的。称为"小人"的平民也分得一小块井田。贵族强迫奴隶在井田上耕作，并驱使他们开垦新地。在甲骨卜辞中，留下了不少商王和贵族派遣家臣监督奴隶耕作的记录。商朝的农业奴隶被称为"众人"。

西周土地制度承袭商朝而有发展，随着宗法分封制的确立，形成了比商朝更完备的井田制。周天子以天下宗主的身份作为全国土地和人民的最高主宰，把土地连同土地上的人民分封给诸侯。诸侯在自己的封国内，聚族立宗，分封卿大夫。卿大夫在自己的封地内，同样分封宗亲为士。这样，周天子的卿士，诸侯和封国内的卿大夫、士，成为封地的实际占有者，他们世代相承，役使奴隶耕种，形成大小不等、层层相属、比较稳定的奴隶制经济单位。诸侯和诸侯以下各级贵族的封地，包括耕地和荒地，耕地经过疆理规划，称为井田或公田。公田有贡纳义务，在诸侯就是向王室缴纳贡物，承担镇守疆土、捍卫王权的责任；在卿大夫就是向公室（诸侯）缴纳贡税。贵族在井田外开辟的私田，不承担贡纳义务。私田数量越来越多，私家势力越来越大，是井田制崩坏的主要原因。

在这种土地制度下，井田的含义有两个方面：对于接受封赐者来说，是"分田制禄"的单位；对于耕作奴隶来说，是课验勤惰的单位。当时生产力水平较低，为了便于监督奴隶劳动，在井田上实行大规模的集体耕耘。"十千维耦""千耦其耘"，反映的就是这种情形。监督奴隶耕作的农官，称为"田唆"。周天子和贵族不仅设官管理农业和奴隶，还要亲临田间督察。每年春季，周天子亲率百官举行籍田仪式，以此表示对农事的重视。

西周的农业奴隶，一般称为"庶人"或"庶民"。西周时期，战争是奴隶的主要来源。

2."工商食官"

随着农业和手工业的发展，随着贵族日常生活需用更多珍贵的物品，官营手工业和官营商业，在社会经济中日益占有重要地位。"凡执技以事上者，不贰事，不移官"，这就是"工商食官"的格局。在这种格局下，工匠世代从事某项手工业，管理工匠的工官也世代相承。

商周时期官府的商业行为，目的仅仅在于满足贵族的消费需要。农牧业、手工业的发达，使贵族拥有更多产品，去同周围地区的方国部落进行交换，但官府垄断的商业在整个社会经济中只起着微小作用。《尚书·酒诰》说到周初朝歌一带商遗民"肇牵车牛远服贾"的情况，这种商贾不是在官府控制之下的官商，而是活跃于民间、在各地起着互通有无作用的个体小商人。西周时期，一方面官营商业继续保持着"工商食官"的格局，另一方面，由于民间交易的发展，在都邑中出现了市场，王室和诸侯设"质人掌成市之货贿、人民、牛马、兵器、车辇、珍异，凡卖儥者质剂焉，大市以质，小市以剂"。

随着商业的发展，货币作为交换媒介的作用，越来越重要。《说文解字》说："古者货贝而宝龟，周而有泉。"这句话大致说明了三代货币的演进。商朝用贝计价，以"朋"为单位，每朋十贝。商朝后期出现铜贝，是我国最早的金属货币。西周仍以贝作为货币，在一些情况下，也用铜块计价，传世的铜器铭文中"王锡金百寻""取遗五寻"的记载即是明证。

二、夏、商、西周时期的社会生活

（一）夏、商、西周时期的服饰

夏、商、西周时期，桑、麻的种植很普遍，丝、麻织物已作为制衣的材料，但动物羽皮和茅草，仍是重要的蔽体材料。

后人说到三代的服饰和服制，所根据的大多是晚出的礼书和其他古籍，其中混杂了战国秦汉时的制度，未必全合乎三代情形。从《礼记》《周官》等书来看，三代有两种基本服式，一种是深衣式，一种是上衣下裳式。深衣最初的形式，是"短毋见肤，长毋被土"。深衣无衣、裳之分，是连属的。连属的形制，不便劳作，于是才分开为上衣下裳。衣右衽，裳覆下体。挥（贴身之裤）、袴（裤）由裳变化而来；后来又束足至膝，称为裳（绑腿）；更后又在袴、裳之外加裳。上衣下裳式的演进大抵如此。

三代借服饰区别人的等级，天子和各级贵族祭祀用吉服，兵事用韦弁服，视朝用皮弁服，朝会用冠弁服，凶事用服弁服，荒灾用素服，其服制各有差等。深衣为贵族家居所穿，由于简便合用，即非家居，也常穿用，"可以为文，可以为武，可以摈相，可以治军旅"。平民日常穿短衣，吉服用深衣，深衣成了平民的常礼服。

覆首之物，有弁、冕、冠和巾。弁、冕、冠为天子和各级贵族所用，弁前后平；冕前低后高，并加饰物；冠形穹隆，成人始服。巾为庶众所用，以葛制成。以巾覆髻则为帻，服巾也是成人的标志。

草屦以草制成，是衣草的遗俗，后世一直沿袭下来。葛、皮、丝也是制屦的材料，《礼记·上冠礼》规定："屦，夏用葛……冬，皮屦可也。"《礼记·少仪》说："国家靡敝……君子不屦丝屦。"由此可见，贵族平日是服用丝屦的。麻和草制的屦，又称为扉。

（二）夏、商、西周时期的饮食

人类生活离不开饮食，最初的礼仪也起自饮食。夏、商、西周时期，随着农牧业和手工业的发展，食物种类不断增多，烹调方法有所改进，食器酒器的制作也趋向实用精美。

三代之时，由于陶器早已普遍使用，烹调技术已从炮（裹烧）、燔（火烤）、炙（串烧）发展到以烹煮为主。烹煮对于食物的搭配和调料的使用，无疑起了促进的作用。大约到了殷周时期，调料已有醯、酒、饴、蜜、姜、桂、盐之属，五味俱全了。

利用粮食作为酿酒原料,始于夏代。《周礼·天官》中设有酒正、酒人之官, "酒正掌酒之政令,以式法授酒材","酒人掌为五齐三酒"。"五齐三酒"都是由秫、稻、曲蘗、黑黍酿成的。周人认为,酗酒是殷亡的重要原因,所以周初特严酒禁,只有在庆贺行礼时才准许群饮,这是后世"赐酺"的起源。

贵族使用的食器,主要有鼎、簋、豆。这些食器,在祭祀时也使用。酒器主要有方彝、卣、瓠、爵等,这些都是青铜器。从考古发掘来看,青铜酒器在西周有减少的趋势。西周时期,釉陶制作有发展,簋、缶、豆、罐、碗、盂、尊、盘等器物,更多被用作食器。

三代食物的丰盛,主要表现在王室贵族的饮食上。据《周礼·天官》记载,王室饮食由"膳夫"掌管,"食用六谷,膳用六牲,饮用六清,羞用百有二十品,珍用八物,酱用百有二十瓮"。贵族之家的食物,见之《礼记·内则》记载的,也大体相似。至于众庶所食豆羹、菜羹而已,也就是《诗经·豳风·七月》所载:"六月食郁及薁,七月亨葵及菽……七月食瓜,八月断壶,九月叔苴,采荼薪樗,食我农夫。"

贵族祭祀和飨宴都用乐舞,上层贵族日常饮食也以乐助食。从本质上说,用舞乐目的在于区别贵贱尊卑,借以强化等级制度。

(三)夏、商、西周时期的居住

夏、商、西周是室居与穴居并存的时代。二里头都邑遗址中,就有半地穴式单间居室。郑州商城西北郊的陶窑周围,在1500平方米范围内,发现17座半地穴式单间长方形窝棚,每间面积5平方米左右,室内有火池和床台。在殷墟内,考古发掘出了有按等级和经济功能划分的聚居点,大致可分为三个等次:第一等是地面式居宅,套间居多,面积30平方米左右,室内地坪颇讲究,有灶坑,有用人奠基的现象;第二等是半地穴式居宅,多为单间,面积15平方米左右,室内有烧灶;第三等是深入地下的洞穴,小仅容身,阴暗潮湿。

三代时期,宫室建筑发展起来了。我国古代宫室建筑群体,组合复杂,主次有别,主体建筑居中,附属建筑前后左右对称的模式,在商朝后期基本形成。

殷墟已发现宫殿基址 50 多座，一般建筑在夯土台基上，柱下用砾石作基础，有的柱础间垫有铜片，房架用木柱支撑，墙用版筑。基址排列有序，遥相应合。最大的基址，南北约长 85 米，东西约长 14.5 米。建筑物的名称已有室、宫、庭、寝、馆等的区别，宫室、寝庙、王陵三者结合，成为王邑的主体架构。郑州商城还有构筑外郭的遗迹。商朝方国邑，有些也修筑了城郭。

周朝城郭营建显著发展，洛邑和各封国都邑的营建，都反映了筑城规模的扩大、技术的提高和都市规划的进步。洛邑城"方千七百二十丈，郛方七十里。南系于洛水，北因于郏山"，是当时最大的都市。《周礼·考工记》规定，天子都城"方九里，旁三门。国中九经九纬，经涂九轨。左祖右社，面朝后市"。这种方形城郭，正角交叉街道的筑城方式，为后代筑城之范式。

（四）夏、商、西周时期的交通

随着经济和军事活动范围的扩大，三代的交通状况也有了很大改进。人们通过改造自然环境，制造舟车，以人力、水力、畜力去实现交通。所以，考察这一时期的交通，首先必须了解路桥铺设和交通工具制作的情形。

人类筑路，最早是在居室和聚落的周围。属于夏朝纪年范围的河南偃师二里头遗址，发现有用鹅卵石铺的石子路和红烧土路，还发现了一条宽 0.35～0.60 米的石甬路，甬路一部分用石板铺砌，一部分用鹅卵石铺成，路面平整，两侧有较硬的路土。商朝都邑道路修建已相当进步，以偃师早商都城为例，已发现大路 11 条，其中东西向 5 条，南北向 6 条，路面一般宽约 6 米，最宽的达 10 米，道路与城门方位大体对应，构成棋盘式的交通网络。另外，从商都通往四方重地的一些道路也已修建，这些道路就是后来西周铜器铭文中常见的"周行""周道"的基础。架设桥梁和开通道路一样，同为国家所重，当时的桥梁大多是木制的，桥和梁的区别在于桥以木跨水，梁是浮桥。

交通工具的制作，舟早于车，原始社会人们已会造舟。车的出现，是在道路出现之后。传说车的制造始于夏朝，夏禹以奚仲为车正。"奚仲乃桡曲为轮，因直为辕，驾马服牛。"造车是多工种配合的手工业，工艺要求又高，代表着当时制作技术的最高水平。所以作为贵重之物的车辆，成为贵族显赫权势的象征。殷墟出土的权贵的马车，平均轨距约为 2.3 米左右，轴长 3 米左右，轮径约 1.2 ~ 1.5 米，轮辐 18 ~ 26 根。箱舆有大小之分，大型的宽度为 1.2 ~ 1.7 米，进深最大为 1.5 米；小型的宽度约 1 米，进深 0.7 米上下。商朝的马车大都是一车二马的独车。马车也用于战争。牛车的使用比马车普遍，荷载能力在马车之上。平民众庶使用人力推拉的小车，他们是力役的承担者，所以这类小车又称为"役车"。

道路的修建和舟车的普遍使用，推动了地区间的经济文化交流。

（五）夏、商、西周时期的婚姻和丧葬

1. 夏、商、西周时期的婚姻

夏朝的建立，标志着父系氏族社会已过渡到阶级社会。这种过渡表现于婚姻形态：父系个体小家庭和包括多世代、多对配偶的父权家长制大家庭形成。这种父系家庭，世系按男性确定，财产由父子相传，妻从夫居，丈夫对妻子具有绝对的支配权。

所谓一夫一妻，仅是对妻而言的，夫可以是一妻，也可以是多妻。一夫多妻，在氏族权贵中是普遍的。时代略早于夏朝纪年的山西襄汾陶寺遗址，发现有几处一男二女异穴并葬的墓葬，随葬品丰厚，墓主当属于氏族权贵。山西夏县东下冯遗址，也发现了一男二女同穴合葬的墓葬。权贵多妻，有通过婚姻团结部落共同体内其他氏族的作用。夏、商、西周王室和贵族的婚姻，无不具有浓重的政治色彩，婚姻状况甚至关系到政权的兴衰存亡。古籍记述太康失国，少康复国，商汤灭夏，武王伐纣，平王东迁等重大事变，都涉及王室的婚姻，王室姻族的叛离往往成为亡国的主要原因。由此可见，这一时期宗族与外姻的亲属关系至关重要，王室和贵族总是企图通过调整与姻族的关系来强化政权，一旦这种关系破裂，就可能出现严重的统治危机。

在陶寺遗址的 700 余座墓葬中，只有几座是男女异穴并葬的。商朝氏族墓地的墓葬，从考古发现看，多数不是夫妻合葬墓。有学者推测当时一般平民并没有个体婚姻家庭，他们只有临时的婚媾，情况大概如《周礼·地官·媒氏》中所说："中春之月，令会男女，于是时也，奔者不禁。"这种"野合"，

当然只能在族外进行。《诗经·卫风·有狐》说："杀礼而多昏，会男女之无夫家者，所以育人民也。"这种婚媾方式仍属于族外婚。"会男女之无夫家者"的说法，意思重在使无夫家的女子为本族繁育人口。在婚制演进的过程中，社会上层出于财产和权力继承的需要，首先采取比较进步的婚制，落后的婚制作为习俗仍长期保留在社会下层。与此同时，个体婚姻家庭有增多的趋势。

由于贵族对婚娶的重视，逐渐形成了一整套繁缛的婚仪程式。《礼记·昏义》归纳为纳采、问名、纳吉、纳征、请期和亲迎六礼。在这种繁缛的婚仪程式下缔结的婚姻，是以家族为本位的，个体家庭不过是一个人口再生产的单位。

由于各部族处于不同的社会发展阶段，群婚制、对偶婚制、一夫一妻制和一夫多妻制并存，是夏、商、西周乃至以后历史时期的普遍现象。

2. 夏、商、西周时期的丧葬

族葬是夏、商、西周墓葬的主要特点。葬式的不同，反映了鬼魂信仰在不同时期、不同氏族中存在着观念上的差异。随葬器物的有无和多少，是否用殉，反映了死者的身份地位。

族葬是氏族社会沿袭下来的葬俗，商朝王陵、贵族墓地和氏族墓地，不但保持了族葬维系血亲关系的特点，而且突出了崇祖观念和氏族内部尊卑贵贱的区别，这种区别是用墓葬的规格、所用葬器、随葬器物、用殉多少来表现的。另外，在不同氏族墓区之间，也存在着明显的差异。殷墟西区墓葬群是氏族墓地，从 1969—1977 年发掘的 939 座商墓看，可以分为八个墓区。八个墓区的墓向、葬式、随葬品的不同，说明这是八个生活习惯和葬俗都不同的氏族的墓地。墓向主要有南北向和东西向两种，头向以向北为主，葬式有仰身直肢、俯身直肢、屈肢葬等，儿童一般用瓮棺葬。在长安沣水西岸发现的西周墓地，共有 182 座墓葬，墓的大小不同、随葬品多寡不同，但明显分为六个区域，应是一个宗族的六个支族的族葬地。族葬地是由国家规划和管理的。

夏、商、西周时期普遍实行厚葬。

第二章 春秋战国时期的社会情况

第一节 春秋战国时期的经济与思想

春秋战国时期，自周平王东迁洛邑（前770年）至秦统一全国（前221年），共550年。

一、春秋战国时期的社会经济

春秋战国时期是中国古代社会经济发展比较快的时期之一，在这一历史时期，生产力有了质的飞跃，生产关系完成了从奴隶制向封建制的变革，从而促进了社会生产的发展，促使社会经济呈现出繁荣的景象。

（一）春秋战国时期社会生产力的明显进步

春秋战国时期社会经济的发展，是由这一时期的生产力的发展所决定的。这一时期生产力的发展主要表现在作为生产力要素的劳动者被社会充分重视；用来生产物质资料的生产工具有了质的飞跃；用以保障社会生产的农田水利工程大量兴修；标志社会生产水平的生产技术有了明显进步。

1.劳动者价值的充分认识与地位的提高

在生产力诸要素中，劳动者是一个最活跃的因素。进入春秋后，随着社会的发展、天的地位的动摇，不仅思想家开始重新思考包括劳动者在内的人的价值与作用，各国的统治者、政治家也都注意到了人在社会政治、经济中的地位和作用。春秋初年，楚国一直想灭掉邻近的小国随，随大夫季梁认为，小国要抵抗大国，关键是在于求得民众的支持，因为"夫民，神之主也。是以圣王先成民而后致力于神"。因此，随很注意改革，争取人心，从而在相当长的时间里得以生存。楚庄王也曾总说，要取得争霸的成功，需具有"七德"，即"禁暴、戢兵、保大、定功、安民、和众、丰财"，"安民"为"七德"之一。正因如此，原来的那种用人来祭祀和殉葬的制度已不得人心，并逐渐被废除。《礼记·檀弓下》记载了这样一件事：齐陈子车死于卫国，他的妻子和家宰要用人殉葬，陈子车的弟弟坚决反对这样做，他说："殉葬，非礼也。"如果一定要殉人的话，"孰若妻与宰"。周襄王三十一年（前621年），秦穆公死了，用了177人殉葬，秦人指责说："彼苍天者，歼我良人。"周安王十八年（前384年），秦国以法令的形式"止从死"。

由于人的价值与作用得到充分的认识，各国统治者，尤其是那些新兴力量，注意用各种方式吸引劳动者。鲁国的季氏实行"寒者衣之，饥者食之"的"共其乏困"措施，吸收大量劳动者作为自己的"隐民"和"私属徒"。齐国的田氏也采用施恩授惠的手段，与公室争夺民众，民众"归之如流水"。晋国的赵氏更用"庶人工商遂，人臣隶圉免"来提高劳动者的地位，换取人民的支持。进入战国后，各国统治者都纷纷制订各种法令、措施提高劳动者的地位，调动劳动者的积极性，把招徕劳动者作为克敌制胜的一个重要手段。像秦自商鞅变法以后，一直把"徕民"作为一项重要的国策，用"利其田宅而复之三世"等优惠条件招徕三晋的劳动人手。

正因春秋战国时期劳动者得到充分的重视，地位有所提高，使得他们的生产积极性空前高涨。

2. 铁制工具的使用和普及

春秋战国时期生产力提高最突出的标志就是铁制工具的使用和普及。

我国使用铁的历史，从出土的文物来看，可以追溯到商朝。1972年在河北藁城台西村出土了一件商前期的铁刃铜钺，1977年在北京平谷刘家河的一座商朝中期的墓葬中也出土了一件铁刃铜钺，中华人民共和国成立以前，在河南浚县也曾出土了西周前期的一件铁刃铜钺和一件铁援铜戈。经专家分析，这些铁刃都是用陨铁加工合铸而成的。这虽表明古代劳动人民在很早就已认识铁、使用铁，揭开了我国用铁的序幕，但那时的人们并不能人工炼铁。因此，这些铁器对生产力的发展不可能产生根本的影响。

进入春秋以后，情况就大不相同了。从考古发掘来看，中华人民共和国成立以来，考古工作者在今湖南、湖北、河南、山西、江苏等省都曾发掘出属于春秋时期的铁器，这说明春秋时期周和晋、齐、吴、越、楚、中山等诸侯国都已使用了铁器。但考古发掘也表明，尽管出土的铁器包括铁刀、铁剑、铁削、铁镈、铁铧以及铁条、铁块等，可这些铁器大都是量少型小、器形简单，说明春秋时期铁器在生产工具中并不占据主导地位。

进入战国后，由于冶铁技术的进步，冶铁手工业规模的扩大，铁器的使用已是相当普及了。例如齐国，"一女必有一剪一刀""耕者必有一耒一耜一铫""行服连轺辇者，必有一斤一锯一锥一凿"，然后才能成事。中华人民共和国成立以来，不仅在中原地区有大量的铁器出土，而且在巴蜀、两广、辽东、新疆等地也都有铁器发现。在河南辉县固围村的5座战国墓中，出土铁器95件，有犁、铲、锄、镰刀、斧、凿等生产工具，也有矛、戟等兵器，尤其是其中的两件V形犁铧，构造虽然原始，也没有翻土装置，但已起到破土划沟的作用。在河北兴隆县的一个战国后期的燕国冶铁手工业遗址中，也出土了大批的铁质铸范，共计48副、87件，其中包括铁锄范、铁斧范、铁镰范、铁镰范等，大多为复合范，构造复杂，制作精美。铁镰还采用了叠铸法，可以一次制造多把铁镰。在河南信阳长台关的楚墓中曾出土错金银铁带钩，说明铁器已运用于日常生活。

3. 牛耕的使用和推广

牛耕的使用和推广也是春秋战国时期生产力水平提高的标志。在我国，人们从很早起就已把牛作为运载工具。到了春秋时期，人们开始把牛用于农田。《左传·宣公十一年》记载了这样一件事：周定王九年（前598年），楚因陈国夏氏作乱而伐陈，并灭陈使之变为楚的一个县，楚大夫申叔时对楚王说，有人讲过"牵牛以蹊人之田，而夺之牛。牵牛以蹊者，信有罪矣，而夺之牛，罚已重矣"。这是文献中第一次把牛与田联系在一起，说的是牵着耕牛践踏了别人的土地。春秋后期，人们便把牛称为"犁牛"。孔子曾说："犁牛之子，骍且角，虽欲勿用，山川其舍诸？"说明已有了专门的用以耕田的牛，并且已被人们所熟知与重视。所以人们常常用牛来命名：或名牛字耕，或名耕字牛，如孔子弟子冉伯牛名耕，司马耕字子牛，晋大力士姓牛名子耕。春秋末年，牛耕在各地都推行了，如晋的范氏和中行氏在与韩、赵、魏的斗争中失败，《国语·晋语》

在讲到这件事时说："今其子孙将耕于齐，宗庙之牺为畎亩之勤。"牛耕在考古文物中也能得到验证，1923 年，在山西浑源李峪村的晋墓中出土了一件牛尊，牛穿有鼻环，反映春秋晚期牛已被牵引，用来从事耕作。

战国时期，随着铁犁的出现，牛耕得到了迅速的推广，例如赵国的赵豹对赵王说过"秦以牛田，水通粮，其死士皆列之于上地，令严政行，不可与战"，其"百姓饱牛而耕，暴背而耘，勤而不惰"，这说明，牛耕不仅成为农业进步的标志，而且已成为农业上的普遍现象。有人还根据《管子·乘马》中"距国门以外，穷四境之内，丈夫二犁，童五尺一犁，以为三日之功"的记载推定战国时已使用了两牛牵引一犁的方法。在以牛耕田的同时，人们也已用马来耕田。

牛耕的使用和普遍推广，使大面积的垦辟成为可能，推动了社会生产的进步，使我国古代的农业生产进入了精耕细作的阶段。

4. 水利灌溉事业的发展

水是社会经济的命脉，是社会生产尤其是农业生产的主要保障。春秋战国时期生产工具的进步，也促进了水利灌溉事业的发展。

春秋起，人们逐渐重视水利工程的兴建。周庄王十二年（前 685 年）冬天，鲁国"浚洙"，这是对境内洙水（今泗水支流）的一次治理。春秋中期，郑大夫子驷"为田洫"，遭到了贵族们的强烈反对，后子产执政，进一步使"田有封洫"，取得了显著的成效，人们用"我有田畴，子产殖之"来赞颂子产。楚国在楚庄王时，令尹公孙敖利用天然湖泊修建了芍陂（今安徽寿县南），用来灌溉附近的大批农田，这是我国现知的最早的人工水库。周敬王三十四年（前 486 年），吴王夫差开凿了沟通江淮的邗沟，两年后，又将它向北延伸，连接了沂水和济水，这是我国历史上的第一条人工运河。吴王夫差开凿邗沟虽不是为了灌溉，但也收到了水利灌溉的效用。春秋时期在灌溉器械上，人们发明了桔槔，这种利用杠杆原理制成的提水工具，使"挈水若抽，数（速）如泆（溢）汤"，所以子贡曾赞美它是"有械于此，一日浸百畦，用力甚寡而见功多"。

进入战国，各国都普遍重视水利工程的兴修，竞相修堤挖渠。战国中期以后，更是风起云涌，形成了我国水利史上的一个高潮。堤防建筑，是战国水利工程的一个重要方面，各大河都普遍地修筑了河防。但由于诸侯割据，各国修筑堤防，还只是从本国的利益着眼。如当时齐和赵、魏是以黄河为界的，赵、魏地势较高，齐地势低下，因而齐国首先沿着黄河筑了一条离河25里的长堤防，以防黄河水的泛滥，使得黄河大汛时洪流直冲赵、魏，于是赵、魏也沿着黄河建筑了一条离河25里的大堤，从此，在这50里的地带里，河水"游荡，时至而去"。各国的堤防，虽然有以邻为壑之弊，但对于本国人民生命财产的保障，对于农业生产的发展，是起了一定的作用的。正是由于各国大修堤防，人们积累了相当丰富的经验。例如，人们已有了"千丈之堤，以蝼蚁之穴溃"的认识。

战国时期，各国开始专为农业灌溉而开凿沟渠。在魏文侯时期，魏国的西门豹修建了引漳灌邺工程，"以富魏之河内"。周显王九年（前360年），魏又在黄河与圃田泽（今河南中牟西）之间开凿了一条大沟，使黄河水流进圃田泽，又从圃田泽开凿运河来用以灌溉。周显王三十年（前339年），魏又引圃田泽水东流，把大沟延伸至大梁城北，然后又绕过大梁城东，折而南行，至陈（今河南淮阳区）南流入颍水，经颍水下注入淮水，这就是历史上的鸿沟。鸿沟开凿后，在黄淮平原上形成了以鸿沟为主干，以自然河流为分支的完整的运河网，使黄淮平原成为一个重要的农业丰产区。

在秦朝，水利灌溉事业也发展很快，秦昭王时，秦蜀郡太守李冰为根治岷江水害，在前人治水的基础上，在岷江从万山之中急转进入平原的灌县（今四川都江堰），用中流作堰的方法在岷江峡内修成都江鱼嘴，把岷江水流分为内江、外江两股，使江水分流，内江为灌溉用，外江为岷江正流。为进一步节制水流，李冰又在岷江南岸修筑了高碓，夹在内江、外江之间，洪水季节，可使内江过多的水进一步分流，这就是都江堰工程。这一工程是一个具有防洪、灌溉等多种效用的水利工程，它的建成可"灌溉三郡，开稻田，于是蜀沃野千里，号为陆海"。都江堰工程，直至今天，虽历2000年，仍发挥着巨大的作用。秦王政时期，秦又在关中地区修建了规模宏大的郑国渠。郑国渠是韩国水工郑国设计并主持兴修的，他在瓠口（今陕西泾阳）截泾水东流，通过 300 余里的水渠，经今陕西泾阳、三原、富平、蒲城等地注入洛水。关中地区雨量很少且多卤性土壤，郑国渠修建后，"用注填淤之水，溉泽卤之地四万余顷"，从此"关中为沃野，无凶年"。郑国修渠之初，是为了执行韩王的"疲秦"之计，但水渠修成后，虽"为韩延数岁之命，而为秦建万世之功"。

5. 生产技术的进步

生产技术的进步也是生产力发展的一个重要标志。

在手工业技术方面，生产技术的进步主要表现在冶铸技术、金属细工工艺技术和髹漆工艺技术上。

在冶铸技术方面，春秋战国时期，人们无论是对青铜的冶炼还是对铁的冶炼都有了突飞猛进的进步。对于冶炼青铜，人们已认识到铜、锡合金的道理，认为"金柔锡柔，合两柔则为刚"，并熟练地掌握了各种青铜器在冶炼时所需的铜、锡配合的分量，还能熟练地掌握冶炼火候的调节和技巧。对于冶铁，由于青铜冶炼技术的积累、鼓风技术的进步，人们不仅能够用"块炼法"炼铁，发明了铸铁冶炼技术，而且发明了铸铁柔化技术和渗碳制钢技术。在铸造上，分铸法有了进一步的发展，春秋中期以后，焊接技术得到普遍运用，到战国时期还发明了榫卯斗合法，并可用失蜡法制造器形复杂和雕镂繁缛的器物。

在金属细工工艺技术方面，至迟在春秋中期，人们就发明了在青铜表面铸出浅凹的花纹，再嵌入细铜薄片，利用两种金属的不同色彩对比构成装饰图案。到了战国时期，以这种镶嵌技术为主的金属细工工艺得到进一步的发展，人们能够制造出带有各种纹饰花样的优美华丽的工艺器物。

漆器是我国劳动人民的杰作，但漆器制造业作为独立的手工业部门，却兴盛于战国时期，其标志就是夹纻胎的发明和运用。

在农业生产技术方面，春秋战国时期，农田生产从播种到收获的技术都有了提高与进步。在播种前，人们已懂得根据不同的地理形势对田地进行整理，以"物土之宜，而布其利"，已懂得"深耕而疾耰"对提高产量的重要性；在播种后，人们还认识到中耕除草的重要性，认识到草、虫、兽是农作物的三大害，且已普遍注意到肥料的施用。在农业生产技术提高的基础上，出现了专门总结农业生产经验的著作，《吕氏春秋》中的《上农》《任地》《辨土》《审时》诸篇，就是我国现存最早的农书。

生产力是最活跃的因素，"社会的物质生产力发展到一定阶段，便同它们一直在其中活动的现存生产关系或财产关系（这只是生产关系的法律用语）发生矛盾。于是这些关系便由生产力的发展形式变成生产力的桎梏，那时社会革命的时代就到来了"。

（二）春秋战国时期生产关系的变革

春秋战国时期生产关系的变革是生产力发展的结果。这一变革使封建的生产关系代替了旧的奴隶制的生产关系。

1. 井田制度的瓦解

奴隶制生产关系的崩溃是从奴隶制的土地所有制——井田制的瓦解开始的。早在西周末年，作为奴隶制经济基础的井田制就遭到严重的破坏。进入春秋后，井田制虽在继续实行着，如管仲在齐国改革时，认为"山泽各致其时，则民不苟；陆阜陵瑾，井田畴均，则民不憾"，把井田制的整齐与改造作为经济改革的一项重要内容。但由于社会的急剧变化，井田制也加速瓦解。

井田制的瓦解，首先表现在井田生产无法继续维持下去了。在"野"里，依靠大量奴隶进行大规模的集体生产的井田，由于奴隶的大量逃亡，或"维莠骄骄""维莠桀桀"，或"野有庾积，场功未毕"。在"国"中，由于"民参其力，二入于公，而衣食其一。公聚朽蠹，而三老冻馁"，使得井田的主要劳动者——平民，或放弃土地，远走高飞，"适彼乐土"，或"不肯尽力于公田"。

商周以来的井田制，是按宗法制的原则进行分封的。但春秋以降，随着宗法制的破坏，旧的土地分配制度也就无法继续维持了。不仅是贵族间进行频繁、激烈的土地争夺，列国诸侯也把夺地争城作为争霸战争的一个非常重要的内容。以宗法为原则的井田制被彻底破坏了。

春秋以来，由于商品经济的发展，井田制下"田里不鬻"的格局也被打破了。据周厉王时代的《散氏盘》的铭文记载，西周末年，矢国曾赔给散国两块田。土地能用来赔偿，当然也就意味着可以用来交换，也意味着土地交换在西周末年就已存在了。进入春秋以后，土地交换是公开地进行了，周桓王八年（前712年），桓王为了取得郑国附近四个邑的土地，把黄河北岸的几个邑换给了郑国。连周天子都参加了土地交换，说明土地的交换已经是相当普遍了。在土地交换的同时，土地买卖的萌芽也出现了。早在周孝王时期的《格伯簋》的铭文中就记载有格伯和倗生两人以马换田的事情。到了春秋末年，宅圃的买卖是公开进行了。例如，晋国的赵襄子赏赐了两位身修学博之士为中大夫，并授予田宅，这件事在中牟引起很大反响，"中牟之人弃其田耘，卖宅圃而随文学者，邑之半"。周灵王三年（前569年），晋悼公针对"戎狄荐居，贵货易土，土可贾焉"的特点，用财货交换戎狄的土地。"土可贾焉"虽是戎狄的事情，但这表明，中原地区土地买卖的真正出现也只是时间问题了。

所有这一切都表明，春秋时期井田制的瓦解，是井田制本身所固有的内在矛盾陷入不可克服的绝境的结果，是历史发展的必然。

2. 私有土地的出现和发展

伴随着井田制的瓦解而来的是私有土地的出现和发展。中国古代的私有土地是随着井田制的瓦解而出现，随着生产力的发展而发展的。

私有土地起初是人们在井田以外所开垦的土地。这些垦荒者最早是那些反抗统治者的压迫和剥削而逃到山林川泽的奴隶或平民。随着生产力的提高，特别是铁工具和牛耕的使用，个体耕作代替了过去的协作耦耕，一家一户的个体生产开始日益普遍，他们一方面加速"辟草莱，任土地"，另一方面也在自己的份地内勤谨耕作，而不肯"尽力于公田"。随着生产力的发展，一些贵族也纷纷驱使奴隶开垦土地，使荒地的开垦在春秋时期形成热潮，如晋的"南鄙之田"，春秋初年仍是"狐狸所居，豺狼所嗥"，而到春秋中期，这里就变成一片肥沃的良田了。这些新开垦的土地是不受国家的管理与控制的。贵族们在利用奴隶开垦荒地的同时，还力图在井田上确立私有权，特别是在宗法制度瓦解以后，贵族们对井田的侵蚀更是有恃无恐。随着春秋时期统治者进行了一系列的赋税改革，土地私有权逐步合法化。

3. 春秋时期的赋税制度改革

春秋时期，随着井田制的瓦解和土地私有制的发展，各国统治者为了维持和增加收入，逐步对赋税制度进行改革。

周庄王十四年（前683年），管仲在齐国改革的过程中，在继续维持"井田畴均"的同时，也实行了"相地而衰征"的赋税改革。用"均地分力""与之分货"的办法，使劳动者"夜寝早起""为而不倦"，收到了"民尽力矣"的效果。

周襄王七年（前645年），秦、晋韩原（今山西稷山西）一战，晋不仅全军覆没，晋惠公也做了俘虏，以致国内人心惶惶。在内外交困的形势下，晋采取了"作爰田""作州兵"的措施。"作爰田"，就是"赏众以田，易其疆畔"，使他们"自在其田，不复易居"，从而终止了井田制度下的"三年一换土易居"的土地定期分配制度，使劳动者对土地的暂时占有变为永久占有，也就等于承认了劳动者对土地的所有权。"作州兵"，就是规定对介于国与野之间的"州人"一律要征发军赋和兵役。晋通过"作爰田"，"赏以悦众"，达到了"群臣辑睦，甲兵益多"的目的。

周定王十三年（前594年），鲁国的季孙氏宣布不分公私土地一律履亩而税，即史籍所称"初税亩"。"初税亩"的实行，"公田"与"私田"的差别实际上是取消了，客观上公开确认了"公田"的私有化和私有土地存在的合法性。在"初税亩"的基础上，周定王十七年（前590年），鲁国又宣布"作丘甲"，丘是野中的行政组织，"作丘甲"，打破了只有国人才能当兵打仗的传统，扩大了鲁国的兵源，从而也提高了"野人"的政治地位。

在鲁国实行"初税亩"之后，其他各国也大都进行了类似的改革。周灵王二十四年（前548年），楚国"书土田""量人修赋"。周景王七年（前538年），郑国"作丘赋"。周威烈王十八年（前408年），秦国在各大国中最后进行了"初租禾"的改革。

各国所实施的这些赋税改革，其根本目的是增加财政收入，解决在争霸、对外战争中的兵员、军赋等问题。但这些改革，肯定和适应了春秋以来的生产关系变化的客观现实，从而促进了奴隶制生产关系的瓦解和封建制生产关系的形成。

4. 封建制生产关系的出现与形成

封建制生产关系的基础是封建的土地所有制。封建的土地所有制包括封建的土地私有制和封建的土地国有制。

封建的土地私有制由地主土地私有制即大土地私有制和个体小农土地私有制所组成。

封建的土地国有制是在井田制的基础上发展起来的。当井田制再也无法维持下去的时候，各国统治者看到了"今以众地者，公作则迟，有所匿其力也，分地则速，无所匿迟也"的社会现实，进行了土地制度改革。各国的赋税改革都包含有土地改革的内容。当然，进行得最为彻底、制约和影响以后土地制度发展的是秦国。秦在商鞅变法过程中建立了辕田制。"辕田"即"爰田"，是一种按人受田的土地制度，它规定国家以 240 步为亩，每家百亩，把土地交给农民长期使用，有受无还；农民对所受的土地只有长期占有权、使用权，而没有所有权；封建国家对农民所受之田，予以法律上的保护，不允许随意侵犯。在辕田制的基础上，秦还确立了按军功等级而"名田"的制度。

封建的土地私有制是在国有土地以外垦荒的基础上，在辕田制实行的过程中发展起来的。特别是辕田制实行以后，土地一经长期占有，必然要导致土地私有。封建土地私有制中的大土地私有制，或是招徕劳动人手大量垦荒，或是依靠政治特权大量占田，或是凭借经济实力兼并土地。

封建的土地私有制，尤其是大土地私有制影响和破坏着封建的土地国有制。

在封建的土地所有制的基础上，封建的剥削关系也出现并形成了。封建国家通过受田把个体小农作为自己的经济基础。而大土地所有者则把"隐民""私属徒""宾萌""族属"和"雇客"等作为自己土地的主要劳动人手。这些劳动者虽然也是不自由的，受到超经济的剥削，但他们已占有少量的生产资料，有条件获取与支配部分收获物。他们与地主的关系是一种封建的依附关系。

封建的生产关系是在奴隶制的基础上发展起来的，因此，在封建制确立以后，必然要局部保留着一些奴隶制的生产关系，作为封建生产关系的补充。

5.阶级关系发生显著变化

春秋战国时期，特别是战国时期，随着生产关系的变革，阶级关系也发生了显著的变化。社会主要由地主阶级和农民阶级所组成，此外还有手工业者和奴隶等。

随着社会关系的变革，特别是在各国变法以后，地主阶级成为社会的统治阶级。这一时期的地主一部分是由奴隶主贵族转化而来的，他们通过在自己的领地采用封建制的剥削方式而成为地主，另一部分是依靠军功和政治才能，通过军功爵制而获得土地成为地主。军功地主是这一时期封建国家主要的政治基础，至于地主阶级中的一般地主，他们或以大量开垦荒地而成为地主，或是那些工商业者，随着土地的自由买卖，通过"以末致财，用本守之"的途径，转化为地主。

农民阶级包括自耕农和封建依附农民。自耕农是农民阶级的主要组成部分，是封建国家的经济基础，封建国家把土地授予他们，他们要向国家交纳什一税，为国家负担兵役和徭役。在土地事实上的私有确立以后，在土地可以买卖的条件下，有些自耕农可能上升为地主，但绝大部分自耕农则是愈来愈贫困，他们或沦为奴隶，或成为封建地主的依附农民。依附农民包括佃农和"卖佣而耕"的雇农，还有地位近似于农奴的"庶子"。这部分农民，他们除了双手，别无长物，比起自耕农，他们对地主有着更强的人身依附关系，所受的剥削压迫也更深。

手工业者在当时也有着相当的数量，他们依靠自己的技艺为生，地位与农民相似，同样遭受地主和封建国家的剥削压榨，是被压迫阶级。

奴隶在当时是大量存留着的。当时的官奴婢的主要来源是罪犯及其妻子儿女，这些官奴是官营手工业和筑城、畜牧及官府各种差役的主要承担者，官府对官奴可以买卖、赏赐。随着商品经济的发展，官府的奴隶可以用钱来赎免，不过赎免的条件是相当苛刻的。当时私人占有奴隶也是合法的，私人占有的奴隶大都是从少数部族掠夺、贩卖来的，也有的是自耕农或依附农民沦没而成的。私奴主要从事家内劳动，也有的用来从事小块土地的生产。那些大工商业者所占有的奴隶，则主要是用来从事手工业或商业生产。尽管法律规定奴隶是不能随意杀害的，但从考古发掘来看，当时杀奴殉葬之风是相当盛行的。

阶级关系的这些变化，使地主阶级与农民阶级的矛盾成为社会的主要矛盾。奴隶要求解放，要求改善自己地位的斗争，在地主阶级内部存在着相当激烈的对财产与权力的争夺，影响着社会的发展。

（三）春秋战国时期社会经济的发展

春秋战国时期，由于社会生产力的提高、生产关系的变革，使社会经济得到不断发展，并日渐呈现出繁荣景象。

1. 农业发展

农业作为古代社会主要的生产部门，在春秋战国时期得到了很大的发展。其表现首先是耕地的增多，这些土地都是由人们辛勤劳动垦辟而来的。如楚国，原是"辟在荆山，筚路蓝缕，以处草莽"，经过楚国人民的开垦，草莽丛生的处女地变成了肥沃的原野；郑国在东迁新郑时，新郑及其周围地区是荆棘丛生，满目荒凉，郑国人民"庸次比耦，以艾杀此地，斩之蓬蒿藜藿"，使这一地区的农业很快发展起来。正因如此，到战国初年，中原国家的荒地已经很少了，开始精耕细作，推行"尽地力之教"。耕地的增多，为农业的发展提供了保障。

农业的发展还表现在农作物的种植方面。虽然春秋战国时期农作物的种类和西周时期差不多，主要有黍、稷、麦、菽、稻、麻等，可种植的范围大大地扩展了。黍、稷的栽培遍及黄河流域，水稻在南方普遍种植，成为南方人们的主要粮食。变化最大的是麦的种植，春秋时，人们逐步推广了冬小麦，到战国初年，冬小麦就在黄河流域和长江流域得以普遍种植。由于冬小麦的推广，一年两熟制也得以推行。

农、圃的分工，也是农业发展的表现。我国古代农、圃的分工大约开始于春秋时期，园圃主要从事蔬菜、瓜果、经济作物的生产，花卉等观赏植物的栽培也得到了发展。这不仅扩大了农业的范围，更丰富了人们的生活。

农业发展最突出的表现是产量得到了大大提高。据李悝的"尽地力之教"

所说，战国初年魏国的亩产量，在一般情况下可以收粟一石半，最高可达六石，就是在遭受不大的自然灾害的情况下仍可收一石。由于粮食产量的增加，粮食有了更多的剩余，使农产品较多地进入了商品流通领域。当然，这 时期的农业在各个地区的发展是不平衡的。

2. 手工业的进步和飞跃

由于农业的发展、社会生产关系的变革，春秋战国时期的手工业得到了极大的进步和飞跃。

春秋战国时期手工业发展的一个最突出的标志，就是手工业突破了"工商食官"的限制。至少在春秋中期，独立的手工业者就已经出现了。到战国时期，"工商食官"则完全被打破了，不仅有官营手工业，有贵族经营的手工业，也有豪民经营的大手工业，还有个体手工业，与小农经济相结合的家庭手工业更是普遍存在。

家庭手工业是小农经济的重要组成部分，也是当时手工业的重要组成部分。虽然，它仍保持着"男耕女织"的生产方式，但这时的家庭手工业生产的产品，除自用以外，更多的是参与商品交换，"纺绩织纴"是其主要的生产特色。

个体手工业者或是从官营手工业中脱离而来，或是从农业生产中分化而出。他们凭着自己的生产技术，或列肆生产，或巡游各地沿门求雇。这些人都有着自己的秘方绝技，能够生产各种独具特色的产品。随着手工业的发展，个体手工业者逐渐增多。

豪民经营的大手工业，主要是经营冶铁业和煮盐业。他们依靠自己的经济实力与政治特权，或"尽收放流人民"，或雇用依附农民，或直接驱使奴隶从事大规模的生产。他们大都是"富比王侯"。

官营手工业是直接为统治阶级服务的，主要是从事武器和其他官府、官僚所需用的各种物品的生产。官营手工业有着专门的管理机构，实行大规模的集体生产，在其内部有着细致的分工协作。在官营手工业内部集中着各国最优秀的手工工匠，但也经常使用刑徒和服役的一般劳动者。官营手工业的存在与发展，影响和制约着手工业生产，特别是商品生产的发展。

春秋战国时期手工业的发展还表现在手工业门类的增多，分工更加精细。春秋战国时期的手工业，不仅有传统的青铜铸造业、陶器制造业、丝织业，还出现了冶铁业、漆器业、煮盐业等新的手工业生产部门，各部门内部分工精细。分工的精细，对技术要求更加严格，对生产力的提高、生产的发展，起了显著的作用。

春秋战国时期手工业的发展也表现在，这一时期不仅中原各国的手工业发达，一些原来落后的周边国家也发展起来，各地区都形成了自己的生产特色。

从传世和考古出土的文物中也可以看出春秋战国时期手工业的水平。1935 年在河南汲县山彪镇出土了两件水陆攻战纹铜鉴，鉴腹四周有水陆攻战图案 40 组，其中容有 290 个人物及旌、鼓、剑、壶、舟、鱼等物；画面气氛相当活跃，有引弓待发、且奔且射的弓手，有挥剑劈砍的武士，也有奋力划桨的楫手。图案全部用紫铜镶嵌而成，十分生动逼真。1965 年在湖北江陵望山的楚墓中出土了一件越王勾践剑，剑格上镶嵌琉璃，剑身满布菱形金色暗纹，铭文为错金，此剑在地下埋葬了 2000 多年，出土时仍色泽如新，锋利异常，堪称稀世珍宝。1978 年在湖北随县曾侯墓中出土了一组编钟，不仅编钟制作精美，其钟架也令人叹服，钟架为铜木结构，分上、中、下三层，木质架梁上，在黑漆地上满绘红、黄色图案，两端都套着浮雕或透雕的龙鸟和花瓣形状的青铜套，在架梁之间，有佩剑铜人用头和双手承顶，铜人立于雕龙的铜座之上。整个钟架结构精美而牢固，承担着重 5000 多斤的整组编钟历 2000 余年而不倒。1982 年在湖北江陵马山的一座墓葬中出土了大量的丝织品，有绢、锦、丝、罗等多种，其中的织锦大多为双色和三色锦，最多的为六色锦，在一幅提花织锦上，织制了龙凤、麒麟、双人歌舞等 7 组纹样，画面异常生动，色泽古朴大方。

3. 商业逐渐发展

在农业、手工业发展的基础上，春秋战国时期的商业也发展起来。

春秋战国时期商业的发展首先是表现在商品范围的扩大。这一时期作为交换的商品，不仅有供统治者所享受的"宝货"，人们的日用必需品、生产工具、各地的物产、农牧产品、渔猎产品、矿产品或手工业制品，凡有可资利用的使用价值、能够满足人们的物质或精神需要的，也都被网罗在商品之列。战国时，农产品更是普遍地成为商品。

春秋战国时期商业的发展还表现在商人阶层的形成。春秋初年，商贾就被列为士、农、工、商四民之一，尽管他们的社会地位是很低的，仍是"在官之商"，但经商已是一种专门的职业。随着"工商食官"被打破，商人的势力日渐壮大起来。尽管社会上仍是鄙视商人，但商人以其"负任担荷，服牛辂马，以周四方"的优势，日益活跃，地位亦日益重要。郑国国君就和商人订立了"尔无我叛，我无强贾，毋或匄夺，尔有利市宝贿，我勿与知"的约誓。周襄王二十五年（前627年），郑商人弦高在路遇秦国袭郑之师时，矫郑君之命以私财犒秦师，使郑免遭了一次大难。春秋后期，一些政治家也加入了商人的行列，孔子的弟子子贡，"与时转货资……家累千金"，越王勾践的谋臣范蠡，在助越灭吴后，"乃乘扁舟浮于江湖……治产积居……十九年之中三致千金"。进入战国后，商人更加活跃，"天下熙熙，皆为利来；天下攘攘，皆为利往"，靠经商获取巨利，成为一种社会风尚。这些商人，尤其是其中的大商人，依靠自己的经济实力，"结驷连骑，束帛之币以聘享诸侯，所至，国君无不分庭与之抗礼"，以影响政治、参与政治，成为一支不容忽视的力量。

由于商业的发展、大商人的增多，经商理论也形成了，范蠡、计然的"贵出如粪土，贱取如珠玉"，白圭的"乐观时变，故人弃我取，人取我与……趋时若猛兽挚鸟之发"等，被历代商人奉为圭臬。

适应商业的发展需要，金属货币逐渐得以广泛流通，这也是春秋战国时期商业发展的表现。春秋战国时期，各国货币的铸造权都是属于中央政府或各大商业城市的地方政权，在秦、楚是统一由中央铸造的。当时的货币主要有金币和铜币两种。金币为称量货币，以斤、镒为单位，金币以楚国使用较多，楚金币多钤印文字"郢爰"。铜币有刀币，主要流通于齐、燕、赵三国；圆钱，主要流通于东周、西周、秦以及赵、魏两国沿黄河的地区；布币，主要流通于赵、魏、韩三国；铜贝，因其绝大部分都有阴文"哭"字，连同穿孔呈"器"状，形似鬼脸，所以俗称"鬼脸钱"，主要流通于楚国。在同一类货币中，各地所流通的又是千差万别的。这种情况表明，这一时期的商品经济仍有着很大的地域性。另外，这一时期，实物——尤其是布帛——在日常交易中仍是经常使用的，这说明自然经济在社会经济中仍起着相当的作用。

4. 城市的发展与扩大

春秋战国时期，尤其是战国时期，社会政治的急剧变革，使城市不断扩大、增多。而社会生产的发展、社会财富的增加、商品经济的活跃更为城市的繁荣提供了物质条件。各国的国都不仅是政治中心，也是繁荣的经济中心。齐都临淄，根据 1971 年的考古发掘，由大、小两城所组成，其中的大城东西约 4 千米，南北约 4.5 千米。据文献记载，在这一范围内，盛时居有 7 万余户，"甚富而实，其民无不吹竽鼓瑟，击筑弹琴，斗鸡走犬，六博踏鞠者。临淄之途，车毂击，人肩摩，连衽成帷，举袂成幕，挥汗成雨"。除各国国都外，这一时期还兴起了一大批商业都市，如作为交通枢纽的陶邑（今山东定陶区），以冶铁而兴起的宛（今河南南阳），以煮盐而著名的安邑（今山西夏县西北）等。

二、春秋战国时期的思想

春秋战国是中国思想史上成就卓著的时期之一，伴随着这一时期社会的激烈动荡，思想领域百家争鸣，形成了中国思想史上第一次思想解放高潮，促进了当时的社会大变革。

（一）学术下移与思想解放

1. 学术下移

西周灭亡后，随着王权的衰落，被国家、贵族垄断的"在官之学"逐渐解体，出现了"天子失官，官学在四夷"的学术下移局面。一些政治家、思想家纷纷收徒授业，私人讲学之风大盛。私学的出现与发展，为即将到来的思想解放准备了条件。

2. "天"和"天道"的改造

春秋时期的思想解放，首先表现在人们对商、周以来神学的主体"天"和

"天道"的改造上。

早在西周末年，人们对天就产生过怀疑。进入春秋后，天、天道更是失去了神圣、庄严的光环。"天"已不再是周天子的专利，诸侯们为争夺霸权，也纷纷把自己称为"天"的代言人。周匡王二年（前611年），宋人杀了国君宋昭公，晋灵公就是以盟主的身份去对宋施行"天罚"的；楚灵王曾以谩骂来要求天赐给他天命以得天下、做天子。天的威风消失殆尽。人们与其说是相信天，倒不如说是把天理解为社会政治的某种必然性。例如，晋惠公是在秦的帮助下做上国君的，但他即位后，不仅背弃了自己许与秦的诺言，还借秦受灾之机攻打秦，并在国内施行暴政，滥杀群臣。周襄王七年（前645年），秦穆公在伐晋前说道："（惠公）杀其内主，背其外赂，彼塞我施，若无天乎，若有天，吾必胜之。"在这里，天意就表现为人的理性。正因如此，自春秋起，天的人格神的含义被逐渐剔除，而涂上了浓厚的社会政治伦理色彩，成为社会政治伦理的最高依据和根本原理。

天道亦是如此。西周时期，天道体现着天的意旨，预示着人事的吉凶。自春秋起，随着人们自然科学知识的日益丰富，对天道的认识也有所突破，初步把天道理解为是自然界运动发展的规律。"盈而荡，天之道也"，"天道皇皇，日月以为常……阳至而阴，阴至而阳，日困而还，月盈而匡"。

正因如此，人们开始由信天转而重视人的作用。在天人关系上，天和人分离了。周景王二十一年（前524年），有人根据天象预言郑将大火，请求用玉器祈祷消灾，执政子产拒绝了这一建议。他说："天道远，人道迩，非所及也，何以知之？"在神、人关系上，人被提到了首位。早在春秋初年，随大夫季梁就指出："夫民，神之主也。是以圣王先成民而后致力于神。"周惠王十五年（前662年），虢史嚣针对虢公"虐而听于神"的行为，批评说："国将兴，听于民；将亡，听于神。神，聪明正直而壹者也，依人而行。"

也正是因为人们的思想从天命、神权的禁锢下解放了出来，所以人们能够对社会矛盾的运动作出深刻的认识、思考，从而推动了朴素唯物主义和辩证法思想的发展。

3. 朴素唯物主义和辩证法思想的发展

春秋时期朴素唯物主义的发展，表现在人们开始用阴阳和五行来解释自然界和社会的变化。周敬王二年（前518年）曾出现一次日食现象，《左传·昭公二十四年》在记载这件事时写道："夏五月乙未朔，日有食之。梓慎曰：'将水。'昭子曰：'旱也。日过分而阳犹不克，克必甚，能无旱乎？阳不克，莫将积聚也。'"尽管梓慎和昭子的解释都是不科学的，但他们（尤其是昭子）是从阴阳、从自然界的运动中去说明日食现象，去推断日食可能会带来的后果，其唯物主义倾向是明显的。人们既已能够客观地认识自然，就必然要进一步去认识、探究自然的本原、性质和结构。史伯和子罕都认为世界万物是统一于五行之中的，它们是客观存在的，都是不以人们的主观意志存在的。春秋时期，已有人开始从物质上去认识万物的根源。

春秋时期朴素的辩证法的发展表现在人们已经认识到自然界和社会都是在运动、变化的。周敬王三年（前517年），鲁昭公被季氏驱逐出国奔于他乡。晋史墨在谈到这件事时说"物生有两"，但这对立统一的两方面不是并列，而是有主有辅的；这种现象自然界如此，社会亦是如此；这种主辅关系不是一成不变的。鲁国君与季氏是主辅关系，可鲁君腐败，"世从其失"，为民众所弃；而季氏"世修其勤"，得到了国人的拥戴。如同自然界"高岸为谷，深谷为陵"一样，君主的地位不是万古不易的，君臣的关系当然也就不是不可更改的。因此，史墨认为："社稷无常奉，君臣无常位，自古以然。"这里，史墨看到了矛盾的同一性，但更强调了斗争的绝对性和矛盾转化的必然性。

春秋以来思想领域的这些发展、变化，就为一批杰出思想家的出现，为不同思想体系和学术派别的形成奠定了基础。

（二）道家、儒家与墨家的产生

春秋到战国初年，在众多的思想家和学术派别中，最具时代特色、影响最大的是以《老子》为代表的道家、孔子所创立的儒家和墨子所创立的墨家。道、儒、墨三家的产生，标志着中国古代思想发展到了一个新的阶段，拉开了春秋战国时期百家争鸣的序幕。

1.《老子》与道家

道家学派的创始人是老子。老子其人已不可详考，一般多认为老子即老聃，楚国人，曾做过周守藏史，《老子》为老聃晚年隐居时所作，《老子》是研究道家思想的主要材料。今传世的《老子》分上、下两篇，又称《道德经》，共八十一章，凡五千言。1973 年，在湖南长沙马王堆 3 号汉墓中出土了帛书《老子》甲、乙两种写本，与现行《老子》编次不同，在字句上也略有出入。

《老子》的思想核心是"道"。《老子》第一次把"道"作为哲学思想的最高范畴提出来并予以系统的论证。《老子》认为，"道"是世界万物、整个宇宙的根源，"道生一，一生二，二生三，三生万物"，"广道"是"先天地生，寂兮寥兮，独立而不改，周行而不殆，可以为天下母"的；"道"又是"无"，"道常无名""道常无为而无不为"；"道"也是人类社会和自然界运动变化的准则。《老子》的"道"一方面是"先天地生，寂兮寥兮"，无形无迹不可捉摸的；另一方面又是"道之为物……其中有象"，这表明，《老子》的"道"尚处于自我矛盾的混沌状态。尽管如此，《老子》把"道"作为最高实体，作为世界万物的本源和准则，是中国古代哲学思想发展的一个里程碑。同时，"道"作为万物的本源和准则，也否定了传统的"天""上帝"等超自然的力量，是中国古代政治思想的一大进步。

《老子》发展了《周易》以来的朴素的辩证法思想。它系统地揭示了自然界和社会万物都存在相互对立但又相互统一的两方面，并且是"有无相生，难易相成，长短相形，高下相倾，音声相和，前后相随"，一方不存在，另一方也就失去了存在的条件；"反者道之动"是对立双方矛盾运动的普遍法则，由此提出了"正复为奇，善复为妖""祸兮福之所倚，福兮祸之所伏"等著名命题；矛盾的转化有着一个由小到大、由近而远、由弱渐强的过程，如"合抱之木，生于毫末，九层之台，起于累土，千里之行，始于足下"。《老子》虽发现了事物转化的规律，但它把矛盾双方的转化看成是无条件、绝对的，从而使事物在变化中显得无能为力。因此，《老子》的辩证法缺乏斗争、进取精神，最终导向了形而上学。

《老子》的哲学思想，反映到社会政治思想上，形成了保守、复古、倒退的社会历史观。《老子》认为，春秋时期的社会动荡，是由于统治者的贪得无厌，更是社会物质文明和精神文明发展的结果。所以，要想社会安定，统治者必须实行"无为而治"，应当认识到"我无为而民自化，我好静而民自正，我无事而民自富，我无欲而民自朴"。要做到这一切，还应当"常使民无知无欲"，对百姓应"虚其心，实其腹，弱其志，强其骨"。做到了这一切就可以实现"有什伯之器而不用，使民重死而不远徙！虽有舟舆，无所乘之；虽有甲兵，无所陈之；使人复结绳而用之"和"邻国相望，鸡犬之声相闻，民至老死不相往来"的"治世之极"。

《老子》的学说，对后世影响是很大的，其"无为而无不为"的统治思想，既被统治者用来作为在一定时期内缓和社会矛盾的指导方针，又被后人作为"人君南面之术"；它的"小国寡民"思想既被统治者用来麻醉人民，又被后来进步的思想家、空想的社会改革家和农民革命运动作为思想武器。

2. 孔子与儒家

孔子（前551—前479），名丘，字仲尼，鲁国陬邑（今山东曲阜）人。孔子幼年丧父，家境贫寒，成年后曾任过"委吏""乘田"等小吏，也做过为人居丧礼赞的"儒"。中年时，孔子曾一度为鲁司寇，去职后开始私人讲学，在相当长的一段时间内带领学生周游列国，游说自己的政治主张。晚年的孔子则致力于教育和整理文化典籍，曾整理过《诗》《书》，审定了《礼》《乐》，编写了《春秋》。孔子的言论由其门徒记录整理，编为《论语》。

孔子生活在"天下无道""礼崩乐坏"的春秋时期，维护周礼是孔子赋予自己的神圣使命。孔子认为，"殷因于夏礼，所损益可知也，周因于殷礼，所损益可知也"，因此，周礼堪称"郁郁乎文哉"，将百世不易地延续下去，不应当也不会有根本的变化。正因如此，孔子对春秋以来统治秩序的颠倒、社会秩序的混乱、礼的威风扫地而痛心疾首，甚至说："是可忍，孰不可忍！"为了维护和恢复周礼，孔子提出了"正名"学说。孔子说过，为政应以"正名"为先，并进一步指出，"名不正则言不顺，言不顺则事不成，事不成则礼乐不兴，礼乐不兴则刑罚不中，刑罚不中则民无所措手足"。要名正言顺，首先要名实相符，其基本要求就是"君君、臣臣、父父、子子"，这也是孔子"正名"的基本宗旨。

孔子也意识到，随着社会的发展，完全地恢复周礼是不可能的。所以，在自己对周礼身体力行的同时，更注重礼的内容和实质。他认为，作为"礼之本"就是，"礼，与其奢也，宁俭；丧，与其易也，宁戚"。正因如此，孔子对于一些无伤于礼之实质的变通是允许的，甚至于只要有利于维护礼，可以允许某些权宜。《论语·子路》记载了这样一件事："叶公语孔子曰：'吾党有直躬者，其父攘羊，而子证之。'孔子曰：'吾党之直者异于是，父为子隐，子为父隐，直在其中矣。'"孔子之所以认为父子相隐是正直的，是因为它维护了礼的"亲亲"原则。孔子的礼和"正名"就是通过协调统治阶级的内部关系，来维护社会的等级秩序。后代的"纲常名教"就是在"正名"的基础上发展起来的。

为恢复和维护周礼，孔子又提出了"仁"的学说。如同《老子》把"道"确立为中国古代哲学的主要范畴，孔子的"仁"奠定了中国古代伦理思想的重要原则。孔子认为，仁是最完美的道德观念和品质。在孔子看来，仁既是"爱人"的美好品质，又是"先难而后获"的高尚行为；既是"居处恭，执事敬，与人忠"的处世态度，又是"己欲立而立人，己欲达而达人""己所不欲，勿施于人"的内心要求；既是"恭、宽、信、敏、惠"的全面修养，又是"非礼勿视，非礼勿听，非礼勿言，非礼勿动"的行为规范；既是"我欲仁，斯仁至矣"的主观自觉，又是"杀身以成仁"的自我献身精神。孔子提出"仁"，在一定程度上表现了对人的重视，表现了自我的觉醒。但孔子的"仁"表现出极为鲜明的阶级性，"君子而不仁者有矣夫，未有小人而仁者也"。孔子提倡"仁"的终极目的是通过"仁"这一全面的道德规范来要求自己、克制自己，以达到礼的要求。他是从人性、人心去讲礼，所以"仁"后来成为儒家政治、伦理、道德规范的试金石。

天命观也是孔子"仁"学说的一个组成部分，其继承了商周以来的天命思想，并有所发展。孔子继承的是他认为个人的生死福祸、国家的兴亡盛衰，都是由天来主宰的，即"死生有命，富贵在天"，所以"君子有三畏：畏天命、畏大人、畏圣人之言"。但孔子强调更多的是人的直观自觉和理性。孔子认为，天不仅在主宰人的生死福祸，更要赋予人某种品质、某些使命，所以人们要"知天命"，"不知命，无以为君子也"。在生死富贵上，要安于"贫而乐"，安于"一箪食，一瓢饮，在陋室"；对社会、对国家则应"当仁不让"，有匡时救弊、拯民于水火的使命感。孔子的这种思想对于中国古代知识分子忧患意识的形成，对于激励人们积极进取的精神，起了很大的作用。

在政语上，孔子提出了"德政"的学说，其中一个重要的内容就是"重民"。孔子对民心是有着充分的认识的，他要求统治者必须重视民，要"节用而爱人，使民以时"，要使"民富"，只有民富才能国富，只有民富才能收到良好的"德政"效果。孔子认为，实施"德政"的关键是尚贤、"举贤才"，"举直错诸枉则民服，举枉错诸直则民不服"。孔子的"德政"是对西周"敬德保民"思想的继承与发展，其基本精神是为了维护统治者的统治，"惠足以使民"清楚地说明了这一点。同时，孔子的"德政"也是有限度的，孔子认为，统治者在"怀德"的同时也必须"怀刑"，为政必须"宽猛相济"。

孔子的学说，奠定了儒家思想的基本体系，对中华民族思想和文化的发展产生了巨大的影响。

3. 墨子与墨家

墨子，名翟，鲁国滕国（今山东滕州）人。墨子初为手工业者，后成为士人。墨子熟悉当时的社会，接触过不同的文化传统，从而创立了独具特色的墨家学派。墨家学派是一个组织严密的带有宗教色彩的禁欲主义团体，其成员多来自社会下层，他们生活清贫、纪律严明、富有舍身殉道精神，默默地实践和宣传着墨子的政治主张。今传世的《墨子》一书，其中有后人所托，有后期墨家之作，但大部分为墨子所作或墨子弟子记录的墨子言行集。

墨子一生以上说下教、匡时救弊为己任。为救世，他提出了兼爱、非攻、尚贤、尚同、节用、节葬、非乐、非命、天志、明鬼等十大政治主张。墨子认为，春秋以来的社会动荡是由于"强劫弱，众暴寡，诈谋愚，贵傲贱"，是因为"不相爱""交相恶"的结果。所以，必须在人与人之间倡导"兼相爱""交相利"，让人间充满温馨。墨子的"兼相爱"冲击了以"亲亲"为特征的宗法制度，和孔子把维护周礼作为自己思想核心的"爱人"有着根本的分歧。在"兼相爱"思想的指导下，在政治上，墨子主张尚贤、尚同。和孔子以"亲亲"为基础的"举贤才"不同，墨子的尚贤是不分等级的，他认为"官无常贵，而民无终贱，有能则举之，无能则下之"，就是"农与工肆之人"，只要有能也当"高予之爵，重予之禄"。在尚贤的前提下，墨子认为亦必须尚同，即统一全社会的思想和意志，"上之所是，必皆是之，所非，必皆非之"。但统治者是不可以随心所欲的，一方面因为"总天下之义，以尚同于天"，"天志"是尚同的最高标准；另一方面，自然界还客观地存在鬼神，"鬼神之明，智于圣人"，它能够对统治者起警诚作用。墨子还提醒统治者要认识到，富贵贫贱、安危治乱，不是命所决定的，而在于自己的刻苦努力。因此，统治者要"非乐"，要"节用""节葬"，以取得人民的支持，使自己的统治长治久安。

在十说下教中，墨子"凡入国，必择务而从事焉。国家昏乱，则语之尚贤、尚同；国家贫，则语之节用、节葬；国家熹音湛湎，则语之非乐、非命；国家淫僻无礼，则语之尊天、事鬼；国家务夺侵凌，则语之兼爱、非攻"。"择务而从"是墨子政治思想的特色。

墨子的这套政治主张来源于他注重实际效果的思想方法。墨子认为，人的知识来源于"耳目之实"，并针对孔子在"正名"中所提出的名实关系，提出要"取实予名"。如果说孔子是最早从政治上提出了名实关系问题，墨子则是首先把名实关系作为哲学问题提了出来。墨子认为，要使名副其实，就要运用"察类明故"的逻辑推理方法。"类""故"范畴的提出，是墨子对中国古代逻辑思想的贡献。墨子认为，要"察类明故"，必须"言必立仪"，有一个共同的标准。这一标准就是"三表"，即"上本之于古者圣王之事""下原察百姓耳目之实""观其中国家百姓人民之利"。"三表"强调了间接经验、直接经验与实际社会效果对检验认识的作用，强调了直接从事生产实践的人民群众在检验认识中的作用，这是对中国古代认识论的一大贡献。

墨子的学说对当时的社会产生了很大的影响，相当长的一段时期内，墨家弟子"充满天下"，"墨翟之言盈天下"，与儒家并称为"显学"。墨子的政治学说如"尚贤"等也为其他思想家所接受、改造，成为推动社会进步、促进社会改革的有力武器。

（三）百家争鸣的展开

战国初年起，激荡的社会变革，空前的经济繁荣，辉煌的科技发展成就，再加之"诸侯并争，厚招游学"，礼贤下士为一时之尚，从而形成诸子蜂起、百家争鸣的局面。原有的儒、墨、道在分化、发展，更兴起了法家、名家、阴阳五行家等学派，诸子"率其群徒，辨其谈说"，辩驳斗难，呈现了中国思想史上的"黄金时代"。

1. 儒家

孔子死后，儒家分为八派，八家"和而不同"，发扬和光大了儒家的基本思想。其中对儒家的发展影响最大的是子思和孟子。

子思（前483—前402），姓孔名伋，孔子的嫡孙，著有《中庸》。今传世的收于《礼记》中的《中庸》大约成书于秦汉之际，其中保存了子思的思想。

子思继承了孔子的中庸之道并进一步加以发挥，提出了以"诚"为核心的重视主观修养的处世哲学。中庸，是孔子的思想方法，而子思认为，"中也者，天下之大本也；和也者，天下之达道也，致中和，天地位焉，万物育焉"，中庸体现着宇宙万物的本质和规律，它既是治国之方，更是人们的处世之道，是人们须臾不可离的。"故君子尊德性而道问学，致广大而尽精微，极高明而道中庸，温故而知新，敦厚以崇礼。是故居上不骄，为下不倍。国有道，其言足以兴；国无道，其默足以容。"那么，怎样才能实现中庸呢？子思认为，中庸出自人的本性，要实现它，就必须加强道德修养，要有对"诚"的把握。"诚者，天之道也，诚之者，人之道也"，"诚"是贯通天人的。要达"诚"的境界，就必须"反求诸其身"，要"博学之，审问之，慎思之，明辨之，笃行之"。"好学近乎知，力行近乎仁，知耻近乎勇。知斯三者，则知所以修身；知所以修身，则知所以治人；知所以治人，则知所以治天下国家矣。"

子思从天人合一的高度论证了中庸是自然界和社会的准则，使中庸之道成为儒家方法论的基本原则；子思关于诚的学说，发展了孔子的"内省"思想，使客观的外在准则变成主观的内在品质，对后代理学的发展影响很大。

孟子（约前372—前289），名轲，邹国（今山东邹城）人。在当时，孟子是一个"后车数十乘，从者数百人"的著名游士，有着"如欲平治天下，当今之世，舍我其谁哉"的抱负。但终没能得到一个参政的机会，不得不"退而与万章之徒序诗书，述仲尼之意，作孟子七篇"。

现存的《孟子》一书为他的学生所编。

孟子继承了孔子"仁"的学说，把它推广到政治实践中，并发展了孔子的"德政"思想，形成"仁政"学说。孟子的"仁政"，是从"制民之产"开始的。为"制民之产"，他提出了恢复并完善古代井田制的主张，希望用井田制来保障人民生活，使统治者的剥削"不违农时"，且"取于民有制"。为此，孟子深刻地揭露了统治者的"为富不仁"，当面指责梁惠王"庖有肥肉，厩有肥马，民有饥色，野有饿莩，此率兽而食人"。孟子所做的一切都是为了吸引民心，因为他对民心是有深刻的认识的。他曾说过"天时不如地利，地利不如人和"；也讲过"得道者多助，失道者寡助"；更提出了"民为贵，社稷次之，君为轻"的口号。尚贤也是孟子"仁政"的一项重要内容，他把"贵贵"与尚贤看作是强国的重要条件，这也是对孔子以"亲亲"为原则的"举贤才"的继承与突破。孟子要求统治者必须礼贤下士，但同时也要求士必须有自己的气节，必须"穷不失义，达不离道。……得志，泽加于民；不得志，修身见于世。穷则独善其身，达则兼济天下"；要做到"富贵不能淫，贫贱不能移，威武不能屈"，甚至是"舍生而取义"。如果说孔子的"德政"是统治者对人民的怀柔政策，那么孟子的"仁政"则是要求社会的每个成员都能自觉地遵守伦理规范，从而实现天下的安定、祥和。

孟子"仁政"学说的理论基础是"性善论"。孟子的"性善论"是他把孔子的"仁"引入人心的结果。孟子说过，"仁，人心也"。孟子认为，人生下来就具有善的素质，这就是"恻隐之心""羞恶之心""辞让之心""是非之心"，仁、义、礼、智这些基本的道德品质就是由此产生的。虽然每个人都有善端，但并非人人都可以成为圣人，这既有社会环境的影响，也和主观努力的自我修养有关。只要人们能够"尽其心者，知其性"；能够培养"浩然正气"，能够做到"富贵不能淫，贫贱不能移，威武不能屈"，能够坚持"寡欲"，是"人皆可以为尧舜"的。孟子认为，作为统治者，仅仅保持善性是不够的，要看到"庶民去之，君子存之"这一现实，认识到"天之生此民也，使先知觉后知，使先觉觉后觉"的使命，从而把仁、义、礼、智这一套道德原则由近及远推广到全体社会成员身上。

孟子的思想，是对儒家学说的发展，他的"仁政"学说，奠定了儒家政治思想的理论基础；他的性善说，对维护儒家的伦理纲常起了十分积极的作用；他的尽心、知性的认识路线，确立了后代理学、心学的基本内容。正因如此，孟子被后人称为"亚圣"。同时，孟子的"仁政"学说对于揭露中国古代社会政治的腐败、统治者的残暴也是一个有力的武器；他的"民贵君轻"的思想推动了"以民为本"的社会思想的发展，对后代启蒙思想家和近代民主革命派产生了巨大的影响；他的"浩然正气""富贵不能淫，威武不能屈，贫贱不能移"的思想也激励着中国古代无数的知识分子。

2. 墨家

和孔子死后，儒家分成几派一样，墨家在墨子死后也一分为三，他们之间"倍谲不同，相谓别墨"，对墨子的思想作了不同的解释与发展。他们拥有丰富的科学知识，具有艰苦卓绝的献身精神，精于辩术、善于谋划，而深为各国统治者重视和欢迎。他们也是百家争鸣中最富有科学精神的学派。他们沿着墨子的认识路线在自然科学研究方面取得了丰硕的成果，更提出了一套比较完备的逻辑理论，建立了中国古代的逻辑学体系。

墨家的逻辑理论首先明确了逻辑学的任务是"明是非之分，审治乱之纪，明同异之处，察名实之理，处利害，决嫌疑"，逻辑的原则应是"摹略万物之然，论求群言之比"。在逻辑论证中，要"以名举实，以辞抒意，以说出故，以类取，以类予"；在概念上，他们区分了"达名""类名""私名"，揭示了个别与一般的关系；在判断上，他们归纳了"或""假""效"三种形式，并指出一个命题或判断，必须具备论断的根据和前提，要有推理所遵循的法则，要有共通的推理方法；在推理上，他们列出了以已知之物来使人明了未知之物的"辟"，用同类命题来直接对比的"侔"，援用对方观点来证明自己的"援"，间接地进行归纳和演绎的"推"；他们还规定了"有诸己不非诸人，无诸己不求诸人"的逻辑推理的重要法则。

墨家的逻辑学体系，与亚里士多德的逻辑学、印度的因明学并称为古代世界三大逻辑学。

3. 名家

和墨家一样，名家对中国古代逻辑学的发展也作出了贡献。名家的主要代表人物为惠施与公孙龙。

惠施（约前390—前317），"以善辩为名"，在认识论和方法论上侧重于综合和归纳，提出了"合同异"的思想。在此基础上，阐发了"至大无外""至小无内"等十大命题。惠施揭示了事物的整体与部分，一般与个别的同异关系，但由于他脱离具体事物，只有抽象概念上的推演，过分地强调了事物"合同异"的一面，从而导向了相对主义。

与惠施相反，公孙龙（前320—前250）则通过对事物性质和概念的分析，把概念的独立性及规范作用加以夸大，强调它们之间的差别与独立性，因而主张"别同异，离坚白"，提出了"白马非马"等命题。公孙龙强调了事物与概念的差异，并使之绝对化，从而走上了非此即彼的形而上学的道路。

惠施与公孙龙分别考察了人类逻辑思维的两个矛盾着的侧面，他们的命题都提出了一些有重要理论价值的问题，是对中国古代认识论的重要发展。

4. 庄子

庄子（约前369—前286），是老子以后道家著名的代表人物。庄子名周，宋国蒙（今河南商丘）人。庄子曾做过短时间的漆园吏，后专事讲学、著述，过着极其清贫的生活。庄子是当时一位极有特色的思想家，他尖刻地抨击了传统与现实，热情憧憬无剥削压迫的理想世界，竭力追求浪漫的个人自由；汪洋恣肆，仪态万方，影响着一代士人，也为中国传统知识分子所向往。

庄子继承了《老子》的道，并把它发展为主观精神的最高境界。庄子认为，"夫道，有情有信，无为无形；可传而不可受，可得而不可见……在太极之先而不为高，在六极之下而不为深；先天地生而不为久，长于上古而不为老"，并且是"天地与我并生，而万物与我为一"的。对于《老子》的对立转化思想，庄子认为，事物的差别、矛盾的存在与转化，都是由于人们的主观偏见所造成的，人们如果从道的高度来认识和观察万物，则是"万物齐一"，从而把《老子》的辩证法引向了相对主义。他泯灭了客观世界与主观世界的界限，取消了一切事物之间、人事之间的界限，失去了是非界限，否认了人的认识能力。依庄子的观点，这是因为"吾生也有涯，而知也无涯，以有涯随无涯，殆己"，更由于知与不知都是无法证明的，从而最终走向了不可知论，导致了虚无主义。

和《老子》的社会思想相比，庄子的社会政治主张显得更保守、消极。庄子认为，"帝王殊禅，三代殊继，差其时，逆其俗者，谓之篡夫；当其时，顺其俗者，谓之义徒""彼窃钩者诛，窃国者为诸侯。诸侯之门而仁义存焉"。庄子尽管如此无情地揭露了统治者的无耻、仁义的虚伪，但是他不承认有一个判断社会制度好坏、判断是非善恶的标准。既然如此，一切社会文明都是多余的、无用的。取消了这些东西，就可以得到"同与禽兽居，族与万物并，恶乎知君子小人哉"的所谓"至德之世"。但庄子毕竟是生活在现实社会之中，他渴望绝对的自由，但他更感到现实制约的无法摆脱，体验到这种不平等的现实所带来的痛苦。为保全自己，他竭力逃避现实，摆脱名利，摒弃仁义，以求得心灵上的虚静，以保全一个完美的人格，以达到"形若槁骸，心若死灰"的精神境界。庄子的这套人生哲学，是消极、颓废的，他的思想对中国古代社会的知识分子产生了深远而持久的影响。

5. 法家

一般说来，法家始于李悝、吴起，其著名的代表人物有商鞅、申不害、慎到等。他们都是以政治改革家的身份出现的，在改革中提出并实践着自己的主张，确立了法家思想的基本内容。

商鞅认为历史是在不断地发展、变化的，并力图从人类社会本身来寻找历史发展变化的原因，从而提出了"不法古，不修今""世事变而行道异"的历史观。在政治上，商鞅主张法治，他认为法是"为治之本"。推行法治，首先要"立法明分"，使法成为"国之权衡"。这不仅要求君主"言不中法者，不听也，行不中法者，不高也；事不中法者，不为也"，也要求群臣"任法去私"。为此，商鞅主张颁布成文法，使法令成为判断功过、行使赏罚的标准和上下都必须遵守的行为规范。

申不害也认为，"法者，见功而与赏，因能而授官"，主张"明法正义"。但申不害更讲求的是国君任用、监督、考核臣下的"术"，这种"术"是"为人君者操契以责其名"。要"以责其名"，人君就要"藏于无事，示天下无为"；要"去听""去视""去智"，从而做到"独视""独听""独断"。

慎到主张法治，要求国君"事断于法"，官吏"以死守法"，百姓"以力役法"。同时，他也主张"无为而治"，要求国君用"无为"来调动臣下的积极性。但慎到更强调重"势"，他认为，势就是统治者的威势，"尧为匹夫，不能治三人；而桀为天子，能乱天下。吾以此知势位之足恃而贤智之不足慕也"。慎到认为，仅凭贤和智是不足以制民、臣民的，还必须凭借权势，才能真正做到"令则行，禁则止"。

商鞅、申不害、慎到的思想都是在政治改革中提出来的，他们作为社会政治改革家都没有使自己的理论系统化和深化。

6.阴阳五行家

阴阳五行家是在西周以来的阴阳五行学说的基础上发展而来的，它以阴阳五行观念为基础，杂以宗教巫术，用来解释自然现象和社会现象。阴阳五行家分为五行相生说和五行相胜说两派。

五行相生说以《礼记·月令》为代表，以五行相生来解释一年四时的运行和万物的变化，要求人们依此来调度生产。尽管其中不乏牵强附会，但它是当时人们丰富的天文、气象知识和长期物候观察的总结，具有朴素唯物主义的性质。五行相生说还把国家政治、人事的吉凶祸福同阴阳五行加以比附、组合，把"天人感应"运用于政治，使阴阳五行说变成神学。

五行相胜说的代表是邹衍，他用五行相胜说创立了"五德终始"理论，用五行相胜理论来解释历史上朝代的更替，使得阴阳五行说既是神学，又成为神秘的历史循环论。

阴阳五行说对中国古代政治，特别是秦汉时期的政治产生了很大的影响。

（四）诸子百家的相互融合

在百家争鸣的过程中，诸子在互相批判的同时，也在相互影响、相互吸收，出现了融合的趋势。在争鸣中，诸子都很关心的一些理论问题如天人关系、名实之辩、古今之变得到了广泛的展开和深入，对其进行批判总结也已提到思想家面前。再加之战国中期以后，政治、经济上的统一已是大势所趋，进行思想文化上的全面总结乃至统一也是势在必行。因此，战国后期出现了诸如荀子、韩非等一批杰出的思想家和《荀子》《韩非子》《吕氏春秋》等一批试图总结、统一学术的著作。

1. 荀子

荀子（约前 313—前 238），名况，字卿，赵国人。荀子博学善辩，15 岁时就到齐稷下游学，曾三为"祭酒"，后任楚兰陵（今山东苍山西南）令，去职后定居兰陵，专事著述。今传世《荀子》多出自荀子之手。

荀子曾长期游学于稷下，稷下学宫是当时的一个多学派聚集的场所，从而为荀子批判地总结先秦诸子提供了条件。荀子是立足于儒家批判诸子的，目的是吸收诸家精华对儒家思想进行改造与充实。荀子认为，诸子百家的学说虽然都是"其持之有故，其言之成理"，但各家都失于没能认识到"万物为道一偏，一物为万物一偏"，都是"为一物一偏，而自以为知道"。荀子对各家都作了简要而深刻的批评，例如"墨子蔽于用而不知文，宋子蔽于欲而不知得，慎子蔽于法而不知贤，申子蔽于势而不知知，惠子蔽于辞而不知实，庄子蔽于天而不知人"。在批判的基础上，荀子吸取了法家的法治思想，改造了儒家的礼，建立了礼法并重的"礼治"理论；吸收了道家的天道无为和墨家的认识论成果，改造了儒家强调人的理性自觉的内容，建立了"天人相分"的自然观，提出了

"人定胜天"的思想；抨击了孟子的性善学说，提出了人性恶的主张。

荀子是推崇孔子、重视礼义的，但荀子的礼和孔子所主张的宗法制的礼是不同的。荀子认为礼是"人道之极""强国之本"，是"贵贱有等，长幼有差，贫富轻重皆有称者"的等级制度，但"虽王公士大夫之子孙也，不能属于礼义，则归之庶人。虽庶人之子孙也，积文学，正身行，能属于礼义，则归之卿相士大夫"。在重礼的同时，荀子也重视法的作用，他认为"礼者，法之大分也"，"法者，治之端也"，"由士以上则必以礼乐节之，众庶百姓则必以法数制之"。荀子礼法并重的"礼治"理论，用法家的法治思想去充实、发展了孔子的"礼不下庶人，刑不上大夫"的思想。

荀子之所以主张礼法并治，是基于他对人性的认识。荀子认为，人生来就有着"目好色，耳好声，口好味，心好利"的属性，就有着"饥而欲饱，寒而欲暖，劳而欲休"的要求，这种要求的发展，就必然会产生各种"犯分乱礼"的行为。荀子又认为，人的行为有"性""伪"之分，前者是人的自然属性，而后者则是后天环境影响、长期教化和学习形成的社会品质。"人之性恶，其善者伪也"，"无性，则伪之无所加；无伪，则性不能自美"。在"性""伪"之间，荀子强调"伪"的作用，主张"化性为伪"。荀子认为，孟子的性善论是混靖了人的自然本性和社会品质的区别。荀子区分了人的自然属性和社会品质，把人的物质需要作为研究人性的出发点，否定了人性中的天赋道德，这在当时是有着进步意义的。

荀子在思想史上的最大贡献就在于他第一次从理论上把人与神、自然与社会分开，提出了"制天命而用之"的思想。荀子认为，天是客观存在的自然界，是"列星随旋，日月递炤，四时代御，阴阳大化，风雨博施"等自然物质的运动变化，这些运动变化是天地之间阴阳二气矛盾运动的结果。人们所认为的神、天就是这种矛盾运动的规律，"天行有常，不为尧存，不为桀亡"。由此，荀子提出了"天人相分"的观点，他认为"不为而成，不求而得，夫是之谓天职"，而人的职责则在于"制天命而用之"。人尽管不能把自己的意志强加于天，可人有充分地利用天时、地利等自然条件的能力，"大天而思之，孰于物畜而制之？从天而颂之，孰与制天命而用之？望时而待之，孰与应时而使之"，因此"强本而节用，则天不能贫；养备而动时，则天不能病；修道而不贰，则天不能祸"。如此正确地抹去了天、神的神秘光环，如此深刻地说明了人和自然的关系，如此精彩地强调了人在征服自然、改造自然中的作用，荀子是第一人！

荀子是先秦时期集大成的思想家，他的思想，尤其是"制天命而用之"的自然观对中国古代乃至近代唯物主义思想的发展有着深刻的影响。在儒家发展史上，荀子不仅在儒家经典的传授上作出了很大的贡献，而且对儒家思想进行了批判继承，使之日趋符合中国封建制度的需要，可以说，荀子是儒家思想的继承者，更是新儒学的开创者。

2. 韩非

韩非（约前280—前233），韩国人。韩非曾就学于荀子，他"为人口吃，不能道说，而善著书"。现存《韩非子》，大都为韩非所作。

韩非所处的时代已是统一的前夕，因此和荀子通过客观地解百家之蔽，取百家之长，对先秦学术进行批判不同，他在吸收诸子学说完善自己思想体系的同时，对诸子学说，对百家争鸣进行了激烈的抨击。他攻击儒、墨两家是"愚诬之学，杂反之行"，批评道家是"微妙之言，上智之所难知也"，指责名家的"坚白无厚之词章，而宪令之法息"，并认为那些搞百家争鸣的人是社会的蛀虫，竭力主张统一学术思想。

为了给即将到来的统一提供理论准备，韩非继承和发展了法家的历史观，提出了历史进化论；吸收了荀子的"人性恶"的理论，借鉴了道家的"无为而治"的思想，总结了法家的法治主张，提出了"法""术""势"相结合的法治理论体系；改造和发挥了道家"道"的理论，继承了荀子的"制天命而用之"的思想，建立了唯物主义的自然观。

韩非认为，历史是发展的、不断进化的。随着历史的发展，社会政治也必将随之而变化，这种变化是不以人的意志为转移的，也是不会倒退的。韩非认为，这一切都是社会经济发展的结果。尽管韩非没能真正了解社会发展的物质原因，尽管韩非对社会发展的描述是不科学的，但他的历史进化论在一定程度上揭示了历史发展的规律，是唯物史观的萌芽。韩非的历史进化论达到了先秦诸子的最高水平，这也是他对中国古代思想史的最大贡献。

在历史进化论的基础上，韩非总结了前期法家的理论，认为这些理论对于巩固君主专制是有益的，但都失之于偏颇。要巩固君主的统治，商鞅、申不害、慎到分别主张的法、术、势缺一不可，必须相辅为用。"法者，编著之图籍，设之于官府，而布之于百姓者也"；"术者，藏之于胸中，以偶众端而潜御群臣者也"；"势者，胜众之资也"。"明主言法，则境内卑贱莫不闻知也……用术，则亲爱近习莫之得闻也"，"君无术则蔽于上，臣无法则乱于下"，"君执柄以处势，故令行禁止"。就这样，韩非创立了以法为本，法、术、势相结合的法治理论体系，从而成为法家思想的集大成者。韩非的法治思想不仅为秦始皇所接受，成为秦统治的指导思想，也为后代统治者所吸收，表儒法里，成为维护封建统治不可或缺的两手。

3.《吕氏春秋》

《吕氏春秋》是吕不韦召集他的门客编撰而成的，颁布于秦王政八年（前239年）左右。今传世的《吕氏春秋》由十二纪、八览和六论所组成。

和荀子、韩非用一家学说去判定、统一诸子相比，《吕氏春秋》则是能够以积极和客观的态度去对待诸子百家，公开地申明要采百家之长，越门户之见，熔铸自己的思想体系。对诸子的精华，《吕氏春秋》指出"老聃贵柔，孔子贵仁，墨翟贵兼……"，并指出"物固莫不有长，莫不有短，人亦然，故善学者，假人之长，以补其短"，"天下无粹白之狐，而有粹白之裘，取众之白也"。《吕氏春秋》就是用集腋成裘的方法，对诸子择善而从，博采众长而建立起了自己的思想体系。

《吕氏春秋》成书之时，秦统一六国已为大势所趋，吕不韦召集门客著述《吕氏春秋》的主要目的就是为行将到来的帝国规划治国之要。《吕氏春秋》认为，未来的帝国必须是统一的，由天子一统的。但"天下非一人之天下，乃天下人之天下也"，因此，天子必须去私贵公，要能够"贵为天子而不骄倨，富有天下而不骋夸"。在治理统一的大国时，要实行分封制度；要"托于贤"；

要顺民心、兴民利、借民力。在这些原则下，《吕氏春秋》所设计的是一种开明的君主专制政体。这一方案随吕不韦在与秦王政的斗争中失败而未能为统一后的秦王朝所采纳。

与政治主张不同，《吕氏春秋》的哲学思想，尤其是其自然观和建立在其上的天人感应学说对秦汉思想的发展产生了很大的影响。

《吕氏春秋》的自然观是在道家的"道"的基础上发展而来的。它认为，自然界是具有多样性的统一的世界，其运动遵循着"阴阳变化，一上一下，合而成章……离则复合，合则复离"这一基本规律。人们掌握了这一规律，"则何事之不胜，何物之不应"。要了解、掌握这一规律，就要"法天地"，人道要与天道相适应。为"法天地"，《吕氏春秋》把"因"提到了很重要的地位，要求人们重视客观规律，利用客观规律去因势利导。根据"法天地"的原则，《吕氏春秋》依据当时人们所认识的自然界的变化规律，根据阴阳五行学说，为自然界和社会活动构筑了一个形式完整的世界图式。在这个图式中，《吕氏春秋》把社会看成是自然界的副本，从自然界的运动规律中推演出人的行为准则，以自然为蓝图规划社会生活，从而发展为天人感应学说。《吕氏春秋》对道的发展开了秦汉黄老思想的先河。

《吕氏春秋》是统治者统一学术、统一思想的一次尝试，是先秦学术的一次总结，也是春秋战国以来百家争鸣的终结。

第二节　春秋战国时期的文化与社会生活

一、春秋战国时期的文化

春秋战国是中国文化史的一个重要时期，不仅在于它从不同的角度反映着时代的变革，与时代的发展相协调，还在于它奠立了中国传统文化的主要内容和基本走向。

（一）春秋战国时期的文学艺术

1. 诗歌

春秋战国时期是我国诗歌发展的一个很重要的时期。

春秋是产生诗歌、流传诗歌的时代。诗歌在人们的生活中占有很重要的地位，人们在朝聘、会盟、祭祀时，要奏乐歌诗；在争辩驳难时，常引用诗句作为自己的武器；就是庶民百姓也用歌谣或讽喻时政，或讥刺当政者，或表达自己的追求。所以春秋时期，来源于社会各阶层的诗歌相当多，内容也相当广泛。仅就《诗经》中的十五国风而言，"硕鼠硕鼠，无食我黍！三岁贯女，莫我肯顾……"，表达了劳动人民对统治阶级的不满；"岂曰无衣？与子同袍，王于兴师，修我戈矛。与子同仇"，表现了人民对勇敢爱国精神的歌颂；"静女其姝，俟我于城隅，爱而不见，搔首踟蹰"，描写了纯真的爱情……这一时期的诗歌以现实主义的表现方法，强烈的人民性，赋、比、兴手法的运用，以及四言为主、长短参用、富于变化的形式，对中国后代诗歌的发展影响极深。

战国时代的诗歌则发生了一次革命性的变化，特别是楚国的诗人，打破了四言诗的格式，在南方民歌的基础上，融和了古代的神话与传说，运用方言土语，创造了句式错落多变、音调铿锵有力、形式活泼多样的诗歌新体裁——楚辞。其中，杰出的代表为伟大诗人屈原。屈原在《离骚》中，以丰富的想象力、绚丽的色彩，把自然与社会、理想与现实、神话与历史糅合在一起，倾吐自己对国家的忠贞与抱负，抒发自己对楚王昏庸、群小猖獗的悲愤，"逸响伟辞，卓绝一世"。屈原的这种爱国主义思想在被流放时写的《九章》中得到了进一步的表现，其中被放逐在外，思念郢都，一夜间魂灵来去无数次的心境；被迫离开已沦陷的郢都时，一步一回头、一步一落泪的心情，都表达了他对祖国的爱已达到肝胆欲裂的程度。屈原的《天问》也是著名的诗篇，诗人问天、问地、问传说、问历史、问信仰、问人生，充分显示了其渊博的知识和大胆的怀疑精神，它既是对传统、宗教的批判，也表现了诗人探索世界、追求真理的精神。屈原及其作品，对中国文学的发展产生了很大的影响。

2. 散文

散文也是春秋战国时期重要的文学成就，主要表现在诸子的著作和历史著作中。春秋战国时期的诸子，大都是优秀的散文家，他们思想开阔、语言丰富、文辞多彩、议论风生。其中以孟子、庄子、荀子、韩非最为突出。他们或质朴，或艳丽，或说理精密，或记述清显，但都有一个共同的特点，就是"长于讽喻，深于比兴"。在历史著作中，《左传》是杰出代表，它以其记言时婉转曲折，叙事时绘影绘声，堪称"古今卓绝"。

3. 艺术

春秋战国时期的艺术，达到了商周以来的最高峰。传统的青铜工艺继续发展，造型精巧多变。造型、纹饰已由过去的神秘的兽形和几何图案变成栩栩如生的生动形象了。在大型青铜器的纹饰中出现了描绘现实生活的车马狩猎、水陆攻战、宴乐等图案。由于毛笔的出现和使用，绘画也得到发展，并脱离建筑和工艺品而独立存在。从长沙楚墓中出土的几幅帛画可以看出，这时的绘画已形成了中国画的某些元素。

春秋战国时期，音乐也有了重要的发展，音乐得到普及，音乐理论日趋完善，乐器不断增多，吹、打、弹、拨等各类乐器都已发明。

（二）春秋战国时期的史学和地理学

1. 史学

我国在很早就有了专职的史官，他们或记言，或记事，"君举必书，所以慎言行，昭法式也"。但这些只是原始的、朴素的史官记录，还不是系统完备的历史著作。

自春秋之世起，各国在史官记录的基础上，出现了官修的国史。这些编年体的记事史书，晋曰《乘》，鲁曰《春秋》，秦曰《记》，楚曰《祷杌》，但它们都未能直接地流传下来。

我国传统的史学，应当说是从孔子编定《春秋》开始的。孔子的《春秋》是依据鲁国《春秋》"笔则笔，削则削"而成的。它以事系日、日系月、月系时、时系年，文简而指博，既记载了这一时期的政治事件，也记录着当时所发生的自然灾异。《春秋》为史学的发展奠定了基础。

到了战国时期，思想家们为争鸣的需要，为了给统治者提供治世借鉴，纷纷编辑史事，著述史实，其中流传至今的主要有《左传》《国语》和一些权变、游说故事。

《左传》相传为左丘明所作，为编年体著作。《左传》以孔子的《春秋》为纲，博采各国史料编辑而成。《左传》纪事广博且详其原委，有始有末；写人撮其要者，细致生动。在《左传》中已孕育着后世纪传体与纪事本末体的萌芽。

《国语》相传也是左丘明所作。与《左传》不同，《国语》按国分编，以记言为主，凡"邦国成败，嘉言善语，阴阳律吕，天时人事，逆顺之数"莫不纳之。其论证精详，生动逼真。《国语》因以不同的形式叙述和《左传》基本上同一时期的史事，所以也被人们称为"春秋外传"。

权变和游说故事的编辑，是战国史学的重要组成部分。战国时期游说之风很盛，编辑权变和游说故事就是为了适应这一需要。这些权变和游说故事，尽管有的对历史事件的具体经过交代不清，有的夸张失实、假托虚构，但战国时游说的主要对象是国君，为争取国君的信任和重用，他们不可能有过多的失实；再加之有些编者着重于吸取历史的经验教训，也就能比较注意历史的真实性。这些权变和游说故事为我们保存和展示了比较壮阔的历史画面。今传世的《战国策》，就是西汉的刘向在这些权变和游说故事的基础上编辑而成的。

2. 地理学

春秋战国时期的地理学是在天文学发展的基础上发展起来的。这一时期人们的地理知识空前丰富，出现了诸如《山海经》《禹贡》这样的全国性的地理志。《山海经》原题为夏禹、伯益所作，据近人研究，此书大约成书于战国初年至西汉初年，为楚人所作。其中成书于战国初年的《五藏山经》把全国疆土分为南、西、北、东、中 5 个部分，以记述各地山脉为主，也讲到了有关水流、草木鸟兽和矿物等的内容，第一次对我国广大地区的地理和蕴藏作了具体的记录。《禹贡》是假托于大禹的作品，大约成书于战国中期。

它把全国分为九州，分别记述了山脉、河流、土壤、草木、田赋和少数部族的分布状况，还总述了全国的名山大川。到战国末年，邹衍又创立了"大九州"这一对世界地理的假说。由于地理知识的丰富，根据文献记载和出土的文物，可以肯定地说，在战国时期，我国就已有了地图，并且地图的绘制应已达到相当高的水平。

（三）春秋战国时期的科学技术

春秋战国是我国科学技术发展比较快的时期之一，这主要是生产力的发展和思想解放的结果。

1. 金属的采掘和冶炼技术

春秋战国科学技术的发展首先表现在金属的采掘和冶炼技术上。春秋时期，我国的采掘、冶炼和青铜铸造技术有了很大的进步。在采掘、冶炼上，从1974年在湖北大冶铜绿山发现的古矿井我们可以了解到，当时的人们在采矿时已有效地采取了竖井、斜井、平巷和盲井相结合的方式，已经有效地解决了通风、排水、矿石的提取和巷道的支护等一系列复杂的问题。在冶炼上，人们采用竖炉进行氧化铜的还原冶炼，这种竖炉已解决了炉体的保温和防止炉缸冻结问题，可以连续投料、连续排渣、间断放铜、持续冶炼。在铸造上，合范铸造技术高度发达。

在高度发达的青铜冶铸基础上，我国的冶铁技术也沿着自己独特的道路发展起来。古代劳动者至迟在春秋晚期就已创造了在较低温度下还原铁矿石的方法，即块炼法，用这种方法可以炼出质地疏松但比较纯净的铁块。江苏六合程桥二号墓出土的一件残长5厘米的小铁条，就是这样制成的，经科学测定，这是世界上最早的生铁实物。也就是在这一时期，由于有效地解决了鼓风技术，我国已发明了铸铁冶炼技术。从周敬王七年（前513年）晋国铸刑鼎这件事可以看出，当时的铸铁冶炼技术已经相当成熟。为解决铸铁质脆而硬的问题，我国劳动人民又发明了铸铁的柔化技术，这一技术的发明，对于铁工具的广泛使用起了很大作，且比国外早2000多年。在南方，人们还发明了渗碳制钢技术，并掌握了多种热处理方法。

2. 新机械的发明

在生产力发展的基础上，春秋战国时期也出现了一些新的具有划时代意义的机械，如墨子曾造过可承重 50 石的大车；与墨子同时的鲁班也发明了木工用的一系列工具；春秋战国之交中原地区普遍使用了利用杠杆原理制造的灌溉工具——桔槔；战国时期出现了计时的仪器——悬壶。这一时期巨大的贡献就是"司南"的发明。我国劳动人民较早地发现了磁石的磁性作用，战国末年，人们利用磁石的指极性，发明了用来正方向、定南北的司南。

3. 科学规律的总结和科学理论的探讨

在科学技术发展的基础上，人们开始注意对科学规律的总结和科学理论的探讨。对科学规律的总结主要表现在农业生产上。春秋时期，人们就已经认识到种田必须因土制宜，创立了休耕制度，重视农时问题，有了农田保护的观念。到了战国时期，则出现了专门的农学著作，现存的《吕氏春秋》一书中的《上农》《任地》《辨土》《审时》等四篇所总结的农业生产规律，所阐述的农业科学原理，比和它差不多同时的古罗马农学家伽图写的农书要深刻得多。《管子·地员》实际上也是不可多得的土壤学文献。

在科学理论的探讨上，墨家作出了很大的贡献。他们在力和力矩、浮力、运动的分类、运动和时空的关系、圆球运动及其随意平衡、轮轴和斜面的受力以及光和光的成像等方面都作了很有意义的探讨。此外，惠施的"南方无穷而有穷""我知天下之中央，燕之北，越之南是也"等命题已有了初步的地圆思想，表述了浑天说的基本内容。

4. 天文学

春秋战国时期的天文学在星象观测的记录上作出了极其重要的贡献，奠定了我国在世界天文学史上的地位。依可靠的文献所记录的天文现象来推算，我国在公元前 8 至 6 世纪就建立了二十八宿体系，这在古代世界是最早的。我国的二十八宿是将地球赤道附近的天空划为 28 个不等的部分，每一部分为一宿。最初二十八宿的意义在于标志月亮在一个恒星月中的运动位置，后来则除标志月亮外，还标志太阳、金木水火土等行星、彗星等的运动位置和各恒星所在位置，用来划定季节、编辑历法、指导生产活动。到了战国时期，人们又根据岁星（即木星）运动的规律，把黄道附近一周天平均划分 12 份，称为十二宫，创立了岁星纪年法。

二十八宿体系和十二宫的创立推动了历法的进步。春秋末年我国就创立了古四分历。古四分历回归年的长度是和创于公元前 64 年的西方古代名历儒略历相同的，但古四分历比它早近 400 年。由于四分历是阴阳合历，对农业季节的掌握不太方便，所以古代人们又在战国时期创立了二十四节气。用二十四节气注历，为农业生产服务，这是我国劳动人民的一大创造。

二十八星宿和十二宫的创立，也方便了天文观测。我国古代在天文观测方面的成就是相当突出的，据《竹书纪年》，我国在周昭王十九年（前 977 年）就有了关于彗星的观察与记录，尽管这一记载尚有待于考证，可它说明我国在很早就已观察到彗星并留下记录。在《春秋》中也有 3 次关于彗星的记载，其中鲁文公十四年（前 613 年）的"秋七月，有星孛入于北斗"，是世界上公认的关于彗星的最早记录。这一记录比欧洲要早 670 多年。在《左传》中，关于日食、月食、陨星的记载也是相当翔实的，其中鲁庄公七年（前 687 年）的"夏四月辛卯夜，恒星不见，夜中星陨如雨"，是世界上关于天琴座流星雨的最早记录。鲁隐公三年（前 720 年）的日全食记录也比西方早 135 年。战国时期更出现了一大批专门观测星辰运动的占星家，如齐人甘德、楚人唐昧、赵人尹皋、魏人石申。其中甘德著有《天文星占》8 卷，石申著有《天文》8 卷，他们精确地记录了 120 颗恒星的位置，这是世界上最早的恒星表，比欧洲著名的希腊依巴谷星表早约 200 年。在观测中，甘德还发现了木星的 3 号卫星，这比伽利略的同一发现早近 2000 年。甘德、石申的著作被后人合在一起称为《甘石星经》。

5. 数学

天文学发展是和数学的发展密切相关的。春秋时期，人们就已熟练地进行加减乘除的四则运算，并已能熟练地运用数学、几何知识于城市建筑、土地测量与赋役征收。周敬王十年（前 510 年），各国诸侯为周王筑城，动工前，士弥牟"计丈数，揣高卑，度厚薄，仞沟洫，物土方，议远迩，量事期，计徒庸，虑材用，书糇粮，以令役于诸侯，属役赋丈"。如此复杂的工程，如此周到的计算，没有熟练的数学知识是难以办到的。

春秋时期还出现了一种新的计算方法——筹算，其运算程序和珠算大致相同。进入战国后，数学有了进一步的发展，人们懂得了分数计算，能熟练地进行比例运算，有了方、圆、直线、垂角、角等几何概念。这一切都为我国数学体系的形成奠定了基础。

6.医学和传统医学理论的形成

春秋战国时期，我国的医学也有了很大的发展，在医学实践和医学理论上都有了突破性的进步，奠立了我国传统医学理论的基础。

春秋时期，不仅出现了医缓、医和、扁鹊等一批名医，也形成了切脉、望色、观形、听声等诊断方法，还提出了阴、阳、风、雨、晦、明等六气的不调是招致疾病的原因的病理理论。春秋时期虽然没有传世的医药学的著作，但1973年长沙马王堆3号墓出土的数种帛书医学文献弥补了这方面的不足。其中的《五十二病方》《脉法》《足臂十一脉灸经》等5种，据考证其成书不晚于春秋战国之际，所反映的当为春秋后期的水平。尤其是其中的《足臂十一脉灸经》《阴阳十脉灸经》论述了11条经脉的名称、循行过程、主病症候和灸法，为十二经脉学说奠定了基础。

进入战国后，医学得到了更大的发展。医学家对人体的解剖有了一定的认识，治病有了较多的分科，已经发明使用了多种医疗器械，更重要的是形成了一套基本完善的医学理论。战国时期的医学理论集中地保存在《黄帝内经》之中。《黄帝内经》把阴阳学说运用到医学理论和诊断、治疗上，认为人体阴阳的相对平衡和协调，是维持正常生理活动的必要条件，如果失掉人体阴阳这种相对平衡与协调，就可能引起疾病；医生在诊病时要依据主要症候结合全身情况进行全面分析。这一学说，是我国传统医学的主要理论之一。《黄帝内经》还在春秋时期认识的基础上，确立了我国传统医学所特有的经络学说。

基于阴阳辩证学说和经络理论，战国时期也有了完整的养生理论和气功实践。

二、春秋战国时期的社会生活

春秋战国时期，伴随着社会经济、政治的急剧变革，服饰、饮食、建筑、时尚风俗等社会生活的各方面都发生了巨大的变化，社会生活丰富多彩。

（一）春秋战国时期的服饰和饮食

1. 服饰

社会风尚的变迁往往首先在服饰等方面表现出来。春秋战国时期，中原地区的服饰和各周边部族间的服饰相互影响，逐渐地融于一体。服饰大体可分为冠、衣、屦等部分。

头上戴的为冠。冠有弁、帽、冕、冠、巾等不同称呼。春秋战国时期仍保留着儿童顶巾，就是用一块布包着头顶的习俗，长大成人后则要举行"冠礼"，贵胄子弟从此戴冠，一般庶民子弟成人虽也有类似的仪式，但"庶人不冠弁"，只是用一块葛布盖着头上的发髻，叫作帻。这一时期，不同等级、不同身份、不同的场合对冠有着严格的规定。

上身穿的总称为衣，长衣叫袍，短衣叫襦，罩衣叫衫，夹衣叫复，在表与里之间充以绵、麻絮、苇絮。春秋战国时期，大体是上层社会流行深衣和胡服。深衣的特点是上衣下裳相连，无男女式样之别，中原地区是方领右衽大袖，腰以下特别肥大至脚胫，但不拖地，腰间系有饰以金玉的丝带；而在楚地则流行"续衽钩边"，领沿较宽，用厚织物为边，右衽很长的瘦长式深衣。胡服的特点是短衣、长裤，用带钩，有短靴和皮弁。胡服原是北方游牧民族的常服，后逐渐成为中原各国的军服，其中的带钩在春秋时就传入中原，为上层贵族所用，战国时期更是流行，成为一种很时髦的服饰。春秋战国时期不同等级和身份的人，衣的质料是不同的。贵族们夏天衣帛、缟或细麻布衣，冬天穿皮裘棉袍。贵族穿皮裘时都是毛在外，面上罩单衣，但为显示华丽，外衣要袒开露出裘的一部分。这种穿法成为一种制度，春秋时期，"表裘"和"袭裘"都是不得入公门的。裘衣中以白狐裘最为珍贵。一般劳动者多穿襦，襦多由葛麻乱毛纺织而成，战国时又称这种粗布短衣为褐。平民70岁可以衣帛，喜庆节日时方能穿深衣作为礼服，当时称为"吉服"。

下身穿的叫裳，贴身的裳叫裤，另外在两腿再穿上袴。劳动者和未成年的儿童多穿襦裤。

春秋战国时脚上穿的屦，一般以麻、葛、草等编织而成，也有皮的。劳动者和下层士人多穿没有装饰的草或麻葛编织的屦。王公贵族们穿皮的或编织精美的麻葛屦，往往还要在前端或边沿饰以不同颜色的丝穗或皮条。

2. 饮食

春秋战国时期，已初步形成了具有中国特色的饮食文化。这一时期，人们已把饮食分为饮和食两大基本的组成部类了。

食在正式的场合分为食、膳、羞。食，主要是以谷物做的饭为主，"肉虽多，不使胜食气"。当时制作饭食的谷物，北方以粟米为主，南方以稻米为主。膳，是以肉类为主体加工的菜肴，春秋战国时期菜肴的原料是相当丰富的，肉有六兽及各种野味，蔬菜有葵、藿、薤、葱、蒜、姜、葫芦、萝卜、蔓菁等十几种，其中以葵、藿为主，农家常以代食。这一时期烹制方法也日趋成熟，炖、烧、炮、煎、脍、焖、卤等都已使用，再施以"大苦咸酸，辛甘行些"等五味俱全的调味品。羞，是用谷物等加工而成的点心，春秋战国时期羞的种类是相当多的，有百羞之称，其制作工艺也较为成熟。

饮是饮料的总称，春秋战国时期不仅有各种酒，还有多种浆，人们在冬天吃温酒，在炎炎夏季"挫糟冻饮，酎清凉些"。1987年在湖北随县的曾侯墓中就曾出土一对相当大的冰鉴，在这两具各半米多高的铜方鉴内，又各套有一个盛饮料用的铜方壶，并各附一把用以提舀饮料的长柄提勺。

（二）春秋战国时期的居住和交通

1. 居住

春秋战国时期人们的居住条件远比以前进步。首先表现在建筑上砖与瓦的大量使用。这一时期的砖多种多样，有方形、长方形、曲尺形，有素面，也有带纹饰的，还有空心砖。素面的多用以铺地，有纹饰的多用以砌墙面，曲尺形用来铺台阶。瓦在西周时只施于屋脊且仅用于宫殿，春秋时瓦的使用已普及到诸侯的建筑物。到战国时，用瓦更为普遍，瓦的生产已进入兴盛阶段。中华人民共和国成立以来，在列国的考古遗址中都有大量的瓦砾出土，从出土的瓦当中可以看出，各国的房屋建筑都有自己的特点。

这一时期居住条件的进步还表现在人们注意室内外的装饰。这时的房屋大都是雕梁画栋，门户、屋檐、房顶、墙壁都雕画有五颜六色的花纹，室内的地面铺着编织精美的席子，上面摆放着各式豪华家具。

正是由于春秋战国时期的这些进步，我国古代建筑特别是宫廷建筑的一些特点在这一时期已经形成。

春秋战国时期，一般劳动者居于茅屋草舍之中。

2. 交通

春秋战国时期，由于社会生产力的进步和地区交往的加强，交通得到了很大的发展。这一时期，各国都重视开渠修路，交通网四通八达。在南方，水道纵横，江湖之间交通都很通畅。由于邗沟和鸿沟等运河的修通，南方与北方的水上交通也有发展。在北方，陆路交通相当便利，在魏、齐、赵之间有着交错的"午道"；从成皋沿黄河到函谷关有"成皋之路"；在秦国有石牛道从汉中进入蜀地；在楚国有"夏路"从南阳通向中原；在三晋地区太行山两侧更是道路密布。这一时期人们已能在天险、大河上修路、架桥，秦在范雎为相期间，"栈道千里，通于蜀、汉"，解决了从汉中到蜀地的交通困难。周赧王五十八年（前257年），秦又在黄河上架设了文献记载中的第一座浮桥，便利了河西、河东的交通。

春秋战国时期，交通工具也有了很大的进步。陆行车辇，水行舟船，已为常见。这一时期的车是在商周时代车的基础上发展改进而来的，一般运输用牛车，贵族出行、作战用马车。这一时期的造船技术已达到相当的水平，据文献记载，当时航行于岷江、长江中的舫船可载50人和3个月食粮顺流而下，"一日行三百余里"。1958年在江苏淹城就曾发现过长达11米的独木舟。

春秋战国时期，为解决交通食宿问题，不仅政府开设了驿站客馆，还有了私人开设的客舍。

（三）春秋战国时期的婚姻和丧葬

1. 婚姻

春秋战国时期，婚姻制度处在以整易乱、由宽到严的过渡阶段，既保存了前代的一些传统，又形成了中国封建婚姻制度的雏形。

春秋时期，西周的一种特别的婚姻制度——媵制，盛行于诸侯的婚配之中。周简王三年（前583年），宋共公娶鲁伯姬为夫人，卫、晋、齐三国都为之送媵。就是卿大夫娶妻，亦有随嫁之媵。鲁大夫穆伯娶莒国女子戴己为妻，戴己妹声己随嫁为媵。春秋时期媵制盛行，是政治联姻的一种体现。这一时期，还存在着"蒸""报"婚姻。春秋时期，最普遍的婚姻形式是聘娶婚姻，"娶妻如之何？必告父母"，"娶妻如之何？匪媒不得"。但这一时期的婚姻结合是比较自由的，《左传·昭公元年》记载了这样一件事，郑国徐无犯的妹妹长得很漂亮，引得两个公子求婚，徐无犯拿不定主意，请教于执政子产，子产让徐妹自己选择。这一时期的婚姻自由还表现在男子的"出妻"、女子的"出夫"与再嫁都不受限制。

到了战国时期，在百家争鸣的时代精神的影响下，人们对爱情的追求有着更多的自由，"秦宣太后爱魏丑夫，太后病将死，出令曰：'为我葬，必以魏子为殉。'"《庄子·盗跖》中的"尾生与女子期于梁下，女子不来，水至不去"，表现的就是生死不渝的忠贞爱情。

随着封建制度的确立，统治阶级开始大兴礼乐用来巩固自己的统治，表现在婚姻上，以"纳采、问名、纳吉、纳征、请期、亲迎"为主要内容的婚礼初步形成了，婚姻开始禁锢在封建伦理道德的范围之内。

2. 丧葬

丧葬在春秋战国时期也发生了一些变化。这些变化首先表现在随着宗法制的瓦解，商周以来的"族葬制"正在动摇之中。根据考古发掘的情况，春秋战国时期的公墓和邦墓比较多，虽然有些仍严格地保留着商周旧制，但有些则体现了"族葬制"的动摇。如在陕西凤翔发现的秦公1号陵园，墓地面积有20余万平方米，在墓地的南部分布着两座中字形大墓和一座甲字形大墓，三座墓中最大的一座属于秦国国君所有，可它的位置并不在墓地的正中，并没有体现宗法制度下的昭穆关系，国王墓的地位是通过墓葬形制和规格来体现的。到战国末年，人们大多不再聚族而葬，而以财富的多寡自由地选择墓地了。

春秋战国时期，宗法制度下的丧葬用鼎制度也逐渐废弛。如在河南陕县上村岭发掘的春秋初年的虢国太子墓中，就出土了大量的青铜器，其中有一套完整的大牢七鼎，很显然是僭越了礼的规定。到春秋末年、战国时代，诸侯、贵族都普遍地僭越了用鼎制度。

正是因为宗法制的解体、礼的废弛，春秋战国时期厚葬之风盛行。这一时期的厚葬之风，主要特征是高大土冢的普遍出现。例如，楚国的贵族墓都有高大的封土，在今湖北江陵北的楚征南城的遗址周围仍可见到高大的古墓 800 余座，其中直径逾 40 米、高逾 6 米的约有 40 座。在其他地方，这样的大冢也是屡见不鲜。高大土冢如此普遍，生动地体现了春秋战国时期贵族示贵、显富的情景。同时，由于社会生产力的发展、手工业的发达，这一时期贵族墓的随葬器物，无论在种类、数量和质量上都是空前未有的。例如，在湖北随县发掘的曾侯墓，在 190 多平方米的椁室里，出土了乐器、青铜礼器、兵器、金器、玉器、漆器等 7000 余件。

也正是因为厚葬之风的盛行，西周以来已经开始衰落的人殉之风又开始有所回升，"天子杀殉，众者数百，寡者数十；将军大夫杀殉，众者数十，寡者数人"，这在文献资料和考古发掘中都可以得到印证。春秋战国时期殉人的身份有了较大的变化，殉人除近亲、臣下和家内仆从外，不少大臣和义士被卷入了殉人的行列。这一时期，殉死者很少与主人同穴，多是异穴、异地而葬。当然春秋战国时期的这种厚葬、人殉之风是受到社会舆论的谴责的。

进入战国后，随着封建制度的确立，为适应封建的等级需要，中国古代封建社会的丧葬礼仪已基本具备。

第三章 秦汉与三国魏晋时期的社会情况

第一节 秦朝统一多民族国家的建立

秦汉时期，包括秦（前221—前206年）、西汉（前202—8年）、新朝（8—23年）以及东汉（25—220年），共400余年。

秦汉统一多民族国家的建立是历史发展的必然结果。各民族水乳交融，一致发展，成为这一时期的最大的特点，为世界古代史所罕见。

秦汉是我国封建专制主义中央集权开创的时期。在制度建设方面，除了秦汉王朝在中央建立的"三公九卿"制度、地方推行的郡县制度外，重大的制度建设还有法律制度、经济制度、军事制度以及同文化有关的各项制度。这些制度的建成，为封建专制主义中央集权提供了赖以生存的条件。此后中国的封建国家体制，在继承秦汉的基础上逐步完善和发展。

秦汉是我国封建文化奠基与形成的时期，崇尚黄老之学，儒学的独尊、经学的流变、谶纬之学的兴起、史学和文学艺术的发展，构成了这一时期的基本特色。在社会生活领域，秦汉时期人们的衣食住行等方面发生了许多的变化，体现了各基本文化区域的风格和开放、淳朴的社会风尚。

秦汉时代的制度和文化对我国2000多年的封建社会和近邻国家产生了深远的影响。

一、封建专制中央集权制度的确立

（一）确立封建君主的尊严

秦王政统一六国后，为了确立自己至高无上的权力，自认为德高"三皇"，功过"五帝"，称王已不能显示自己的权势和地位，因此更改名号，把古代传说中的"三皇""五帝"的称号集于一身，称"皇帝"，自称"始皇帝"，并希望"后世以计数，二世三世至于万世，传之无穷"。为了显示他的特殊身份，自称"朕",命称"制",令称"诏",印称"玺"。从此以后,皇帝为封建专制政权的最高统治者。

(二)设立中央集权的国家机构

为了加强中央集权,秦始皇在中央设立了三公九卿的政府机构。三公中,丞相为百官之长,辅佐皇帝处理全国的政务,有左、右丞相之分;御史大夫,"掌副丞相",负责对百官进行监察和纠劾;太尉,协助皇帝掌管军队。三公间相互制约,便于皇帝集权于一身。在三公之下,设立九卿,即奉常,掌宗庙礼仪;郎中令,侍卫皇帝;卫尉,掌宫廷守卫;太仆,掌管皇帝车马;宗正,掌管宗室事务;典客,掌管少数民族事务;少府,掌管山林川泽之税及宫廷手工业;治粟内史,掌管租税收入和财政开支;廷尉,掌管刑罚。"三公"和"九卿"各自都有一套机构,处理日常工作。大事汇总于丞相,最后由皇帝总裁。"天下之事无小人皆决于上,上至以衡石量书,日夜有呈,不中呈不得休息。"

在地方,秦始皇废除了分封制度,全面推行郡县制。把全国分为36个郡(后增至40余郡)。郡的最高长官是郡守,负责全郡的政务,直接接受中央政府的管辖。郡守之下,设郡尉负责军事,设监御史负责监察事务。

郡下设县,万户以上的县设县令,不满万户的设县长,拿管全县政务。在县令(长)之下设县尉掌全县军事,设县丞帮助县令(长)工作,并负责司法的裁决。

一县之内分设若干个乡。乡设三老掌教化,设啬夫负责征收租税和征发徭役,设游徼负责地方治安。乡下面设里,里有里正或里典。还设亭,亭有亭长,负责交通治安。

郡守、县令(长)两级官吏是中央在地方的政治代表,由皇帝直接任免。朝廷对地方官吏实行年终考核制度,各郡必须依据"上计制度"定期向中央政府报告本地的户口、垦田、租税收入以及治安情况。朝廷依据考核结果决定地方官员的升降去留。

2002年6月、7月,在湖南湘西龙山里耶古城的一口古井中出土了36000

枚简牍,约有 20 余万字,纪年从秦始皇二十五年(前 222 年)至秦二世元年(前 209 年),内容多为官署档案,涉及社会政治、经济、文化的各个层面。里耶秦简的内容表明,秦的地方行政机构是相当完善的,其行政管理是非常有效率的。

(三)中央集权的各项巩固措施

秦始皇除了建立和健全中央集权的封建国家机器以外,还采取了一系列巩固中央集权的措施。

1. 修订《秦律》

统一六国后,秦始皇就下令修订《秦律》,使之成为一部比较完整的法典。秦始皇所修的《秦律》早已佚失,只散见于史书的零星记载之中。1975 年 12 月,考古工作者在湖北省云梦睡虎地秦墓中发掘出土了 1000 多枚秦简,其中大部分是秦始皇三十年(前 217 年)以前的法律文书。1989 年在湖北云梦龙岗 6 号秦墓又出土 150 余枚法律竹简。1993 年在湖北荆州郢北村王家台 15 号墓出土竹简 800 余枚,内容有《效律》、日书、易占等,《效律》的内容与睡虎地秦简所见大致相同。这些秦简的出土,为我们了解和研究《秦律》提供了极其宝贵的资料。从中我们了解到,秦律有六种形式,即律、令、法律答问、式、例和地方官发布的文告。秦律已相当完备,不仅有刑法,而且有行政法、经济法、民法、诉讼法等;秦律不仅规范政治制度,而且调整徭役、土地等各种制度。秦律还确立了许多对后世颇具影响的立法原则。汉人说"秦法繁于秋荼,而网密于凝脂",其言不虚。

2. 销毁兵器和建立军队

秦统一六国后,为了防止六国贵族的反抗,一方面,下令禁止民间私藏武器,"收天下兵,聚之咸阳,销以为钟鐻、金人十二,重各千石,置廷宫中";另一方面,扩大国家的军事力量。秦规定,男子从 17 岁至 56 岁期伺必须服兵役 2 年。守卫都城称为"正卒";戍守边疆称为"戍卒";每年为郡县服兵役一个月者称"更卒",以此保证国家的兵源和士卒的不断更新。从秦始皇陵兵马俑坑的军阵布置来看,秦朝军队有步兵、骑兵、战车、弓弩等兵种。打起仗来，以步兵为主体，综合布阵，各兵种统一指挥协同作战，显示出秦国军队强大的战斗力。

3.统一货币、度置衡和文字

秦灭六国后，为适应政治和经济发展的需要，下令废止六国旧币，将货币统一规定为两种：一种是上币黄金，以镒为单位；另一种是下币铜钱，以半两为单位。同时，统一度量衡，以商鞅所定"衡石丈尺"作为标准，推向全国。现存的商鞅方升，底部刻有秦始皇二十六年统一度量衡的诏令。同时还制定了检查度量衡的制度，以保证器具的准确和统一。

秦统一后，为解决各地"文字异形"给朝廷政令的下达和文化的交流造成的严重障碍，下令"书同文"。规定用小篆作为标准文字，通用于公文法令，以隶书为日用文字，在全国推广。各地出土的秦简，证明秦朝的官方文字已经使用隶书。

4."焚书坑儒"

早在公元前 221 年，秦统一六国后，为建立什么样的国家体制曾有过一场争论。以丞相王绾为首的部分官吏，认为"诸侯初破，燕、齐、荆地远，不为置王，毋以填之"，主张实行分封制。而廷尉李斯则认为，春秋战国诸侯的争霸纷争，完全是西周的分封诸侯所造成的，只有废除分封制，才可能避免战乱，天下安宁。秦始皇也认为"天下共苦战斗不休，以有侯王"，所以采纳了李斯的意见，在全国实行郡县制。

秦始皇三十四年（前 213 年），在咸阳宫的一次宴会上，博士淳于越又提出恢复分封制的主张。他向秦始皇提出：古时殷周分封子弟功臣，所以能长有天下；现在废除分封，实行郡县，一旦天下有变，"何以相救哉？事不师古而能长久者，非所闻也"。丞相李斯当即反驳，他认为时代不同了，治理国家的方法也应有不同，并进一步指出，当今"道古以害今"，私下议论，都是由于"私学而相与非法教"。因此建议禁止私学，并"请史官非秦记皆烧之。非博士官所职，天下敢有藏《诗》、《书》、百家语者，悉诣守、尉杂烧之。有敢语《诗》《书》者弃市。以古非今者族。吏见知不举者与同罪。令下三十日不烧，黥为城旦。所不去者，医药卜筮种树之书"。秦始皇采纳了李斯的建议，下令"焚书"。

秦始皇三十五年（前212年），秦始皇用卢生等方士为其求不死的仙药。卢生与韩客侯生密议，认为"始皇为人，天性刚戾自用专任狱吏，狱吏得亲幸。博士虽七十人，特备员弗用。上乐以刑杀为威，天下畏罪持禄，莫敢尽忠。上不闻过而日骄，下慑伏谩欺以取容，贪於权势至如此，未可为求仙药"，不辞而别。秦始皇闻之大怒，穷究卢生死党，重压之下，方士与儒生相互纠举告发，犯禁牵连者460余人，秦始皇把他们全部坑杀于咸阳。这就是历史上的"坑儒"。

5．"上农除末"，奖励垦荒

"上农除末"即重农抑商，这是从商鞅变法以来秦国的基本国策。秦始皇二十八年（前219年），秦始皇东巡，把"皇帝之功，勤劳本事，上农除末，黔首是富"刻于琅琊台上。秦始皇三十一年（前216年），秦国用法律的形式肯定土地私有，封建土地私有制在全国范围内正式得到确认。与此同时，秦始皇对从事非生产性活动的商人采取打击抑制的政策，为他们专立户籍——"市籍"。

秦始皇在推行重农抑商经济政策的同时，又用减免徭役的办法奖励从事农业生产者。如秦始皇二十八年，迁3万户去琅琊台，免除徭役12年。秦始皇三十五年，迁3万户去丽邑（今陕西临潼区东北）、5万户去云阳（今陕西淳化北），全部免除徭役10年。秦采取这些政策，对稳定封建生产关系、发展农业生产，无疑有着重要作用，特别是对边地的开发起到了促进作用。

二、封建经济制度与社会阶级结构

（一）土地制度和阶级结构

秦自商鞅变法之后，封建土地私有制得到迅速发展。秦朝的法律是保护土地私有的，《秦律·法律答问》中明文规定：不许"盗徙封"，即私自移动田界。

土地私有者中，有不同的阶级和阶层。统一后的秦王朝，社会的主要矛盾是地主阶级同农民阶级之间的矛盾。除了农民与地主外，当时社会上还存在着一定数量的奴隶以及商人、手工业者和六国的旧贵族，各阶级之间关系错综复杂。

在秦朝，全国最大的地主要数皇室地主。此外，全国大小地主又可分为身份性地主和非身份性地主。

秦朝的身份性地主为军功地主及宗法地主。军功地主主要来源于秦国，从商鞅变法开始，秦就以赐田的手段奖励军功，"能得甲首一者，赏爵一级，益田一顷，益宅九亩，除庶子一人"。这样，占有土地数量的多寡与爵位的高低是有一定联系的。军功地主中多为中、小地主，他们往往担任军队或地方政府中的中、下层官吏。

宗法地主与军功地主不同，他们是由原六国旧贵族转化而来的。六国贵族在秦统一后虽已失去了往日权威，但他们依仗着宗族的血缘关系，组成"乡党""闾里"，对地方上的农民进行统治。宗法地主根据其资产的多寡，也有大、中、小的区别。资产在百万以上可看作大地主，百万以下者为中、小地主。在秦朝统治下，绝大多数的宗法地主均遭到秦王朝的打击，拥有资产百万以上或部分有影响的中、小地主被迫迁徙。因而绝大多数宗法地主与秦政权为敌。如世为楚国贵族的项羽就声称秦始皇"可取而代"，韩国的贵族张良，"弟死不葬，悉以家财求客刺秦王"。所以在后来的秦末战争中，许多宗法地主举旗反秦。

秦朝的非身份性地主主要是指那些商人地主。战国以来的那些大工商业者，有的把钱投入土地，成为大地主，也有一部分庶民，富有了以后，用钱购买土地而成为地主。由于土地买卖在秦还不很发达，所以，通过土地买卖而成为非身份性地主，在当时尚不占主导地位。

站在地主阶级对立面的是农民阶级。在秦朝，农民阶级又可分为两个阶层，即自耕农和依附身份的农民（佃农、雇农等）。

自耕农是秦朝农民队伍中的主要成分，他们持有自己的生产资料和妻室儿女，依靠自己的劳动来维持自己的生活。自耕农直接受封建国家剥削，秦王朝的各种徭役、赋税等负担都落到自耕农身上。虽然他们中也有个别可上升为中、小地主，但更多的是因繁重的赋税剥削，破产而沦为雇农、佃农，成为依附身份的农民。

依附农民主要是指那些以血缘为纽带与地主阶级有密切联系的贫苦农民。他们一是来源于秦统一六国前，如在《商君书·境内》中称作"庶子"的。他们完全依附于某个地主，成为地主家中的奴仆，又称为"弟子"。二是来源于原六国，如项羽的"宾客及子弟"、刘邦反秦时的"沛中子弟"。这些"子弟""弟子"或"庶子"，对于地主的人身依附程度是不同的，有的以"佣耕"的方式受雇于地主成为雇农，有的以租佃的方式租种地主土地，即所谓"或耕豪民之田，见税什五"而成为佃农。同自耕农相比，他们不直接承担国家的赋税和徭役，但地主对他们的剥削和压榨远超过自耕农，他们是农民中受封建压迫、剥削最重的一个阶层。

除农民和地主两大对立阶级外，社会上还存在着相当数量的官、私奴隶。其中有的是奴隶社会残留下来的，更多的是秦统一后重新沦为奴隶的。这些重新沦为奴隶的，有的是犯人，有的是战争中的俘虏，有的是边境的少数民族被掳掠到中原为奴。官奴由封建政府奴役驱使，参加各种生产劳动；私奴则是地主的家内奴隶，有的也用于生产劳作。

秦朝的奴隶与先秦时代的奴隶相比，其地位已有所提高，已不准随便屠杀，同时也有可能通过某些途径改变身份。即便如此，他们仍是当时社会最底层的受压迫、受剥削的一个阶级。

秦汉的法律繁密，人们动辄触犯刑律，大批人被罚作刑徒。《秦律》中被称作"隶臣妾"的刑徒几乎充斥各种劳动场所，承担着繁重的劳动，境遇与奴隶相差无几。

在秦朝还有不少的商人，如乌氏倮和巴寡妇清。他们位"比封君，以时与列臣朝请"，是秦代享有特权的阶层。但大部分的商贾之士凭借自己的实力，活跃在商品买卖的行列中。

对于原六国中的工商业者，秦王朝采取强迫迁徙政策，打击他们的势力，剥夺他们的财富。对于一般的商人也采取抑制的政策，对他们征收重税，并给予种种限制。但原六国中的某些工商业者在迁徙后由经商或冶铸又成为"富至巨万"的财主，如赵之卓氏、宛之孔氏、齐之曹邴氏等人皆"家致富数千金"，"富至僮万人"。这些大工商业者虽无巴寡妇清等那样显赫，但也属上层。至于那些小商人和小手工业者却要受到当朝官府和地主的剥削和压榨。

总之，在秦王朝，地主阶级是统治阶级，农民、手工业者和小商人以及奴隶，是被统治者，其中受压迫最深的当是奴隶和依附农民。大工商业者是地主阶级的同盟，而军功地主是封建政府的当权者。农民阶级和地主阶级的对立，构成了秦朝社会的主要矛盾，也决定了秦朝的社会性质。秦朝地主阶级内部存在着大地主与中小地主、军功地主与宗法地主阶级之间的矛盾。

（二）赋税与徭役

秦始皇三十一年（前 216 年），秦"使黔首自实田"，并制定了一整套赋役制度。

秦的赋税主要是田税和户赋。

田税即田租。秦是在授田的基础上征收田租的。据《秦律·田律》规定，秦每户授田一顷，田税的标准是一顷纳刍三石、藁二石，授出的田，即使是未开垦也得按上述标准纳税。《秦律·仓律》中还有"入禾""入禾稼"和"入禾仓"，反映了田税征收的广泛性。

户赋即口赋。户赋征收的依据是户籍。秦自商鞅变法以来，对户籍的管理就非常严格，云梦秦简中的《傅律》就是关于户籍的专篇。完备的户籍制度，保证了户赋的征收。《淮南子·汜论训》中有"发適戍，人刍藁，头会箕赋，输于少府"的记载，"头会"即按人头征税。

《秦律·徭律》是征发徭役的律令。秦朝，年满 16 周岁的男子随时都可能被征发服兵役、徭役。服役大体上有戍、漕、转、作、事五个方面。"戍"是戍徭，"漕""转"是为官府输运粮米的车役、船漕之役，"作""事"是指为封建政府修建土木工程以及名目繁多的杂徭。

三、统一的多民族国家的初步建立

秦灭六国后，初步建立了一个统一的多民族国家。

（一）南征百越

分布在浙江、福建、江西、湖南南部及两广地区的东越、闽越、南越、西越和骆越等越族，由于支系甚多，各自独立，不相统属，被称为"百越"。

秦始皇二十四年（前223年），秦灭楚后，逐步统一了东越和闽越，设立会稽郡与闽中郡。秦始皇三十年（前217年），秦始皇派屠雎率兵50万，分兵五路进攻岭南，遭到越人的抵抗，一度处于相持状态之中。为保证南下军队的给养和应付长期作战的需要，秦始皇三十三年（前214年），监御史禄在今广西兴安北，开凿一条灵渠，使湘江与漓江相连，沟通了长江与珠江两大水系。秦军通过灵渠及时获得后方的物资供应，取得了军事的胜利。统一岭南后，秦在这一地区设置了南海、桂林、象三郡。此后，秦又谪遣50万人戍守岭南，他们从中原带去了铁器和先进的生产技术，促进了岭南地区的经济、文化的发展，也加速了部族融合的进程。

（二）北击匈奴

匈奴是我国古代北方一个强大的民族，史籍上称"鬼方""猃狁"，诸夏人又称其为"胡"。匈奴族长期以来生活在蒙古高原，过着逐水草而居的游牧生活，他们"士力能弯弓，尽为甲骑，其俗，宽则随畜，因射猎禽兽为生业，急则人习战，攻以侵伐"。活动区域南达阴山，北至贝加尔湖。战国后期，匈奴利用他们骑兵行动迅速之便，常深入中原，掠夺人口，堆劫财物。为了防御匈奴的抢劫与袭击，各国在边界上筑起长城戍守。在秦统一六国的过程中，匈奴趁机占据了河套地区。秦王朝建立后为了解决匈奴的威胁，秦始皇三十二年（前215年），秦始皇派大将蒙恬领兵30万进军河套地区征伐匈奴，一举收复河套地区，并在此设立34个县，重设九原郡。为了进一步巩固这一地区的统治，秦始皇三十六年（前211年），从中原迁3万户居民到榆中、北河屯垦田。秦还将秦、赵、燕国的旧长城进行修葺、连接。

经过对越族、匈奴的战争，秦的疆域"东至海暨朝鲜，西至临洮、羌中，南至北向户，北据河为塞，并阴山至辽东"，成为雄踞东方的封建大国。

第二节　汉朝中央集权的确立

汉朝，是中国历史上继秦朝后出现的朝代（前206—220年），分为西汉与东汉。

一、西汉王朝中央集权的加强

西汉都城，初设洛阳。

刘邦非常善于接受别人的意见。当皇帝后，为避免重蹈秦朝之覆辙，命士人陆贾总结包括秦朝在内的历代兴亡的经验教训，写出文章12篇，以告诫国人。他还接受谋士的建议，将国都迁到关塞坚固、土地肥沃的长安。与此同时，刘邦承袭了秦朝的政治制度，即在中央设"三公九卿"，地方推行郡县制，设郡守、县令，官吏的职掌和组织与秦朝相同。刘邦自己直接统治十五郡，其余土地封给诸侯王，还实行二十级晋爵制。军事上，国家有一支镇压农民起义的军队。在中央设有卫尉、中尉统领的南军（守卫皇宫）和北军（守卫首都长安）；在地方设训练有素的预备兵（步兵称"材官"，骑兵称"车骑"，水兵称"楼船"），平时由郡守、都尉或郡尉掌管，每年八九月检阅一次，叫"都试"。法律上，丞相萧何参照秦律，制定了《汉律》九章，明定当官犯法不受制裁。对人民控制极严，实行编户制度，人民不得任意迁徙，每年八月查户口一次（户口中就年龄、性别、社会关系、土地财产，甚至身高、肤色、相貌作了详细的登记），以此征收赋税、徭役和兵役，控制镇压人民。

刘邦于前195年病死于长乐宫。太子刘盈即位，吕太后（前241—前180年，名雉，字娥姁）"临朝称制"。她先后执政16年，利用职权迫害刘姓诸王和功臣宿将，安插吕氏家族人担任重职，先后封四个吕姓王、六个吕姓侯，命其侄吕禄、吕产为南北军大将军等。吕太后死后，汉朝功臣周勃等粉碎了吕氏集团，安定了汉王朝。汉景帝登位后，以吴王刘濞为首的诸侯王公不服朝廷管辖，倚仗江浙富饶资源，采铜铸钱、煮盐敛财，将其管理的三郡五十三县搞成独立王国。景帝采纳了御史大夫（负责纠察百官、佐丞相）晁错的削藩建议，于前154年削减诸侯王封臣。被削之王非常不满，在吴王刘濞的串通下，先后有楚王、赵王、胶东王、济南王、淄川王、胶西王共55万人发动叛乱，即"七国之乱"。景帝听信谗言，错杀晁错，后清醒过来以武力镇压了叛乱。景帝规定诸王从此"分土不治民"，只"衣食租税"，减缩王国的统治机构，降级王国内官员等级，改丞相为相，取消御史大夫、廷尉等官，行政权和官吏任免权全部收归中央。至此，诸侯王虽已存在，但和郡基本相同，成为中央管辖的一级地方行政机构，西汉封建政权逐步巩固下来。

二、东汉豪强地主阶级的专政统治

25年，刘秀在鄗（今河北柏乡县）称皇帝。不久，他的部下攻入洛阳，并将洛阳作为国都。由于洛阳在西汉都城长安的东方，历史上把刘秀建立的政权称为东汉。刘秀夺取了樊崇领导的赤眉（为识别敌我，将眉毛染红，故名）农民起义军的胜利果实，控制了黄河中下游地区。以后又经过十多年的军事斗争，消灭了诸侯的割据势力，才完成了中国的统一。36年，战争基本结束了，刘秀对其部将论功行赏，大封功臣。其中，分封了28位"开国功臣"，32位功臣、365位食封邑者（享受国家俸禄）、45位外戚（帝王的母亲及妻子方面的亲戚）恩幸者、136位刘姓贵族，总共有五六百位列侯。这是以刘秀为总代理人、以南阳豪强为基干的地主集团。也就是说，东汉政权所代表的主要是豪强地主的利益。

豪强大地主在东汉受到特别优待，他们住着深宅大院，占着无数田庄和人口。他们手中保留武装，用威胁利诱等各种手段，将许多农民变为自己的"佃客"（即租种地主土地的佃户和佃种田庄、田地的庄客），逼着他们耕种，驱使着奴婢，将其当牛做马。如刘秀儿子刘康占田800顷，厩马1200匹，奴婢 1400 人；刘秀的内弟阴识、阴兴有田 700 余顷；刘秀姐夫邓晨占田 4000 余顷；刘秀舅父樊宏占田 300 余顷。皇亲国舅霸占田地可以找到记载，一般豪强之家产、田地就难以计算了。39 年，刘秀下诏"度田"，即命令州郡检查田亩，核实户口，旨在限制豪强大家兼并土地和奴役人口的数量，便于封建国家征收赋税和征发徭役，解决当时社会尖锐的土地问题。可是此举失败，因为拥有武装军队且有钱有势的大地主豪族们反对清查田亩，隐瞒田地和依附于他们的人口。地方官吏惧怕他们，有的贪于贿赂，就互相勾结，任凭地主谎报。相反，豪强勾结官吏，不仅丈量农民的田地，还把房舍、村落都丈量在"度田"之内，大肆讹诈、欺凌人民，激起民怨，农民起义此起彼伏。刘秀在这种形势下，被迫处死了几个所谓"度田不实"、贪赃受贿的官吏，用以缓和阶级矛盾。如大司徒（宰相）欧阳歙做汝南太守时，查田不实，贪赃一千余万钱。从此，东汉朝廷不再检查田亩，完全向豪强势力屈服，土地兼并日益严重。

当然，也应该承认，东汉一些好的政策还是得到贯彻落实的。从西汉中后期起，奴婢大量出现，他（她）们是由破产农民转化来的。他们被迫脱离田间生产，转向贵族、官僚、地主、商人的家内服杂役，这对于封建国家来说，是很不利的。所以东汉初年，即刘秀称帝的次年，就下令解放奴婢，禁止残害奴婢。从建武二年（26 年）至十四年（38 年），12 年中汉光武帝刘秀下了六道命令，有违令者均"人法从事"。这一举措无疑对稳定社会秩序、恢复发展社会经济等都起到了巨大的作用。另外，刘秀时期还提出"开源节流""精兵简政"的政策，即在国家统一战争时期财政十分困难的前提下，向人民征收"十之一税"（即十亩田抽一亩税），组织兵士屯田，积储军粮；在全国范围内裁减大小官吏上万人，撤县 400 多个（占总数三分之一）；将大量军人复员，让他们回到农业生产第一线，充分发挥其劳动优势；鼓励流民回归故乡，官府给予生产、生活上的关心，将荒田、公田分给贫民。这样，国家财政明显好转，社会秩序得以逐渐恢复，国家赋税恢复（减少）到田租的三十税一制。

第三节 秦汉文化与社会生活

秦汉时期是我国统一的多民族国家的发展时期，科学技术和思想文化都达到了很高的水平，取得了丰硕的成果，在中国和世界文化史上放射出灿烂的光辉。

一、秦汉时期的文化

（一）秦汉时期的文学艺术

就文学艺术而言，秦汉是一个承先启后的历史时期，也是一个文学融汇发展时期。

两汉时期，文学形成了多种体裁，最主要的有辞赋、乐府诗、五言诗等。

汉赋是汉代最为流行的一种文学形式。它是由《诗经》《楚辞》发展而来的长篇韵文，其结构、用词、音韵都很讲究，并多用典故，有"不歌而诵"的特点。汉赋对后世的散文、骈文影响很大。

汉人以屈原为赋的始祖，因此赋也称辞赋。由于源流不同，赋可分为骚体赋、散体大赋和抒情小赋三类。骚体赋源于楚辞，盛行于汉初，以贾谊的《吊屈原赋》《鹏鸟赋》和枚乘的《七发》等为代表；散体大赋，盛行于武、宣、元、成帝时期，以司马相如的《子虚赋》《上林赋》和扬雄的《甘泉赋》为代表；东汉以后，抒情小赋代替了大赋，小赋的特点是篇幅短小，语言浅显，用典少，文意清新，以张衡的《归田赋》、赵壹的《刺世嫉邪赋》和蔡邕的《述行赋》为代表。

乐府是汉武帝时设立的，它的任务是搜集民间诗歌，然后配上乐谱进行演奏。武帝时的汉乐府由李延年主持。乐府所搜集的民间诗歌，亦称为乐府或乐府诗。乐府诗基本上是广大劳动人民集体创作的，词句通俗、感情真挚、声调优美、内容丰富。乐府诗的名篇有《陌上桑》《战城南》《东门行》《孤儿行》和《十五从军征》等。东汉时的五言古诗，就是在乐府诗的影响下逐渐形成的。

秦汉时期艺术成就，以绘画和雕塑最具特色。

秦朝的绘画，过去少有发现，一直被认为是绘画史上的空白。1982年考古工作者在陕西咸阳市东窑店秦都宫殿遗址中，发现了大批壁画，壁画长23.4米，宽5米。在残存的很小的部分中依然能看到画面上的人物、车、马、台、榭以及楼阁等，它是我国现存最早的壁画，反映了秦朝的绘画水平，填补了绘画史上的一项空白。

帛画是汉朝绘画艺术的代表。1972年在长沙马王堆汉墓出土了一幅彩绘帛画，全长205厘米，上部宽93厘米，下部宽47.7厘米，整幅画呈T字形，画面采用单线平涂的技法，线条流畅，描绘精细；在色彩处理上，使用了朱砂、石青、石绿等矿物颜料，对比强烈，色彩绚烂。整个画面，从上到下，表现了天上、人间、地下的景物，有的出自传说故事，有的出自当时的社会生活，有的是想象，有的是写实。

秦汉时期的雕塑艺术，与绘画相辅而行。1974年3月，在陕西临潼附近发掘的秦始皇兵马俑一号坑，总面积达两万多平方米，是雕塑艺术的宝库。坑中出土武士俑6000多个，每个武士形态逼真，再现了秦军当时的军容。这些人俑身高在1.75 ~ 1.80米；体形、服饰、须发及神态都塑得逼真生动；马俑也与真马一样的大小，高1.7米，长2米多，昂首挺立，塑造出了勇猛警觉的临战状态。1969年在甘肃武威雷台一座墓葬中发现的铜马、铜俑，是东汉最有价值的雕塑。墓中发现铜马40匹，铜奴婢28件，其中有一匹天马，扬头举足，凌空驭风，一足踏着一只飞燕，让人叹为观止。

秦汉时期，石刻艺术也有很高的成就，自秦始皇开立碑碣之先河后，汉代以来，碑碣云起。陕西兴平霍去病墓前的石刻群，有石人、石马、石牛、石虎和"马踏匈奴"等造像，造型逼真，表情生动。另外，东汉墓葬中的画像石，展现了东汉人民和贵族的生活状况和社会关系，也具有相当高的艺术价值。

（二）秦汉时期的科学技术

1. 数学、天文和历法

西汉时期，我国的数学取得了巨大的成就，出现了现存最早的数学著作——《周髀算经》。《周髀算经》主要阐述"盖天说"和四分历法。《九章算术》是秦汉时另一本重要的数学典籍，书中系统总结了战国以来的数学成就。此书经西汉数学家张苍、耿寿昌等人的充实，到东汉正式成书。全书共九章，搜集了246个数学问题的解法，涉及算术、代数、几何等方面，其中负数、分数的四则运算以及联立一次方程的解法，居世界领先地位。书中勾股定理的提出比欧洲希腊哲学家毕达哥拉斯要早约500年。

秦汉时期我国在天文和历法方面也取得了丰硕的成果。秦统一中国后，在全国颁行《颛顼历》，以10月为岁首，闰月放在9月以后，称为"后九月"。西汉武帝时为解决《颛顼历》所出现的"朔晦月见，弦望满亏"的现象，令司马迁、落下闳、邓平作《太初历》，以正月为岁首，采用有利农时的二十四节气。西汉末，刘歆重订《太初历》，作《三统历》，一年的天数已精确到365日，一个月为29日，19年中有7个闰月。东汉末的刘洪又造《乾象历》，可以推算日食和月食。

西汉时，有了对太阳黑子的记载。《汉书·五行志》记载，"河平元年（前28年）……三月乙未，日出黄，有黑气大如钱，居日中央"。这个记录比欧洲有关太阳黑子的记录早了800多年。其实早在河平元年前，《淮南子》中就有"日中有踆乌"的记载，踆乌就是太阳黑子的形象。湖北云梦睡虎地秦墓出土的竹简中有《日书》二种，其中大部分是历法知识和天文现象的记录。另外，在马王堆汉墓出土的帛书《五星占》中已有五大行星运行的记载。

对天文学的研究，秦汉时期的科学家也取得了卓越的科技成就。汉武帝时，天文学家落下闳作《太初历》，立日暑仪下漏刻，以求二十八宿的位置。为制历需要，他还制作了观测天象的浑仪。东汉时期，太史令张衡在浑仪基础上改进制造了浑天仪。浑天仪的球面上标有黄道、赤道、北极、南极，还刻上二十八宿及其他星座，采用漏壶滴水转动浑象，是现在天球仪的鼻祖。张衡还发明了候风仪和地动仪。候风仪可能与预测风力有关，已失传。地动仪是一种测定地震方位的仪器。张衡的地动仪，早于欧洲

1700 年。张衡不仅有创造发明，还注重科学研究，《灵宪》是他研究天文现象的著作。

2. 秦汉时期的医学发展

医学在秦汉时代也有了进一步的发展。

秦汉时期，建立了一套诊断和治疗的中医医学体系。人们运用阴阳五行来解释人的生理现象、病理现象，并用这种理论进行治疗。秦汉时期创造了独特的针灸疗法。1962 年，在河北满城的西汉中山靖王刘胜夫妇墓中，不仅有"医工"专用的铜盆、铜药匙等医疗专用器，而且保存有针灸用的四根金针和五根银针，以及系统研究针灸学的专著《黄帝明堂经》。

秦汉时的防腐技术举世瞩目，处于世界领先地位。近年从长沙马王堆汉墓发掘出土的女尸和湖北江陵汉墓发现的男尸，在地下沉睡了 2000 多年，尸体基本完好，成为轰动全世界的大事。

东汉医学更有显著的进步。著名医学家有张仲景和华佗。张仲景精心研究医学，广泛征集方剂，写出《伤寒杂病论》十六卷，总结了诊断和治疗两个方面的经验。在诊断方面，要求在辨明症状时，先分析阴阳，由阴阳辨明表里、虚实、寒热，这就是中医诊断学上的八纲；在医疗方面，他用汗、吐、下、和等概括了各种症状和疗法。华佗精于方药、针灸，特别精于外科手术。他发明了"麻沸散"，是世界上第一个用全身麻醉为病人动手术的医生。他还发明了"五禽戏"，是我国医疗体操的创始人。

东汉时期，在药物学方面也有出色的成就。东汉初年编成的《神农本草经》是我国最早的一部药物学著作，书中记载了 365 种药物的性能和用途。

二、秦汉时期的社会生活

秦汉时期由于社会经济的发展、国家的统一和民族的融合，促进了物质文明和精神文明的进步，这种进步同样也反映在人们的日常生活中。然而，不同的阶级、阶层，其生活方式，因经济条件、政治地位的差别而有所不同。除此之外，由于秦汉是一个多民族国家，各民族的生活方式也有差异。

（一）秦汉时期的服饰和饮食

1.服饰

秦汉时期，国家对社会各阶层的服制都有具体规定，形成冠服和常服两大系统。

冠服，是官僚贵族上朝和祭祀时所用，是为了明示各自的身份和等级。不同等级用途的衣服上都有明显的标志和不同的纹饰。

天子冠服，秦始皇时规定："衣服旄旌节旗皆上黑……符、法冠皆六寸。"皇帝的冠服样式很多，现能知道的有"通天冠"，这是皇帝的常服，又有玄衣绛裳，为祭祀之服。西汉时，刘邦创制刘氏冠，又称长冠，为祭祀时通用冠服。东汉时，冠服制度趋于完备，天子"冕皆广七寸，长尺二寸，前圆后方，朱绿里，玄上，前垂四寸，后垂三寸，系白玉珠为十二旒，以其绶采色为组缨"。服色"玄上纁下"，足登赤舄丝履。

百官的冠服，秦在形制上有高山冠、法冠和武冠等区别。三品以上服绿袍深衣，以绢为衣料。两汉时百官冠服比较烦琐。诸侯戴委貌冠，文官戴进贤冠，执法官戴法冠，谒者、仆射、使者戴高山冠，等等。西汉的百官衣多拖地。东汉时规定百官的服色分青、红、黄、白、绛红五种，可按不同的季节变换。

常服，是普通百姓日常所穿的服装。秦汉时的常服式样较多，一般可分成两大类，一类是长袍类，另一类是短衣类。

汉之袍服，源于先秦时期的深衣，穿在上身的称"衣"，下身的为"裳"，即裙。将衣和裳缝制起来就成了深衣。秦汉时期通行的袍服有禅衣、中衣和袍三种。禅衣为一般富人及贵族的常服，是一种单层的薄长袍；中衣，是汉代男女青年穿的近身之衣，穿在小衣之外，大衣之内，用白绢做成；袍，亦称为复衣。

汉之短衣，分为内衣和外衣两种。内衣又有衫和护之分。衫，又称汉衣，犹如今天的背心。护为夹内衣。外衣的代表是襦和袭。襦是一种齐于膝上的绵夹衣，没有棉絮的短上衣谓之袭。因短衣仅到膝上，所以下身必须穿袴。汉代男袴有裆，女裤无裆。上襦下裙是汉代一般女子的装束。东汉末形成了上襦短而长裙曳地的风气。

2. 饮食

秦汉时，人们的主食以五谷为主。常见的有黍、稷、稻、粱、大豆、麦等。汉朝人们用豆类和稻谷做成饭为主食，中原地区已开始把麦作为主食。除了主食外，副食的品种大量增加。蔬菜中有葱、韭菜和白菜。此外，自张骞通西域后，把中亚地区的胡萝卜、石榴、苜蓿、葡萄等带进汉，丰富了人们的食物品种。秦汉时，人们食肉、饮酒较以前普遍，但一般平民的副食以蔬菜为主。汉朝豆制品的制作，丰富多样，主要有类似酱样的"豆豉"和名为"腐豆为乳脂"的豆腐，豆腐是我国古代人民对世界饮食文化的巨大贡献。秦汉时期一般平民的饮食非常简单，多数人是一日二餐，富人为一日三餐，皇帝则分旦、昼、晡、暮，一日四餐。

秦汉时期的饮料，主要有酒、浆和茶。从皇帝到贫民都有饮酒之习。如秦始皇常在宫中"置酒"与群臣宴饮。汉朝的皇帝也常在宫中设宴饮之会。将相百官多嗜酒，如曹参"日夜饮醇酒"。一般逢喜丧事、婚姻嫁娶，以及祭祀活动，都要饮酒助兴，甚至连民间交易、借贷订立契约，也都要沽酒二斗。浆是用米粉和面粉调水制成的一种相当普及的饮料。所谓"米汁相捣也，亲水调面粉，俗亦称浆"。茶作为饮料，在我国有着悠久的历史。最初人们把茶叶当作药材使用，后在实践中逐渐认识到茶有饮用价值。王褒的《僮约》中有"武阳买茶"的字句，这是茶作饮料的最早记载。《汉书·地理志》的长沙国中有地名叫"茶陵"，说明西汉时茶在南方已成为人们的饮料。到东汉末，饮茶已相当普遍，甚至有在宴会上以茶当酒的。

（二）秦汉时期的居住和交通

1. 居住

秦汉时期人们的居住条件同先秦相比，已经有了明显的进步。建筑材料已使用经烧制的砖瓦，建筑技术也远远超过了前代。

宫殿建筑代表了秦汉时期建筑的最高水平。秦始皇在统一六国的过程中，为了满足自己的穷奢极欲，就下令把六国宫殿图样摹绘下来，在咸阳照样建造。同时还在上林苑建造规模宏大的朝宫，其前殿就是有名的阿房宫。秦王朝在咸阳及其周围地区所建的宫殿，据《三辅黄图》记载，"关中计宫三百，关外四百"。

汉都长安和附近的宫室亦为数不少，文献有记载的就有长乐、未央、建章等 50 多座。宫殿的内装饰，涂金镂银，工艺绝伦。刘秀定都洛阳，当即修建了南宫和北宫。

地主、贵族和富人的府第除有堂屋外，还有楼阁、亭台、门阙，与附属建筑构成城堡。成都杨子山二号汉墓出土的东汉画像石上，有一座城堡式建筑，整个庭院分为两大部分，一部分是两进的居住正院，里面是四开三间的正堂；另一部分的前端是跨院，好似生活区，有厨房、水井和晒衣架，后端有一座望楼，还有一个粮仓。在考古发掘中，出土过很多东汉时期的陶楼，在甘肃武威和江苏句容出土的陶楼，多达五层，楼房各层之间有楼梯相连。

普通民宅的基本的形式是一堂二室。《睡虎地秦墓竹简·封诊式》"封守"中提到"土伍"的房屋，"一宇二内，各有户，内室皆瓦盖，木大具"。这是当时大多人的住房形式。汉朝亦大致相仿，晁错曾说过当时人们"制里割宅……先为筑室，家有一堂二内门户之闭，置器物者"。

2. 交通

秦汉的交通，陆路有车马，水路有舟船。

秦汉时期的车辆种类很多，封建等级在车舆上充分体现出来。皇帝乘坐的有玉辂、安车和立车等。1980 年 12 月，在秦始皇陵西侧发掘出两组铜车马，属单辕马车，长 2.5 米，辕端缚衡，衡上缚轭，车前有轼，后开辟门，车上搭起棚盖，画有流云。

一般官吏及富人所乘的有轺车、辎车和耕车。轺车，是一种立乘的小车，车上无顶盖，四面无帷帐；辎车，有顶篷；耕车，四面有帷帐。

西汉时还出现了用人力独轮车，叫"鹿车"。鹿车方便灵巧，不受路面限制，可用于运送物资，也可载人。

秦汉时期的造船技术已达到相当高的水平，在长江、珠江流域和沿海地区都有很多的造船工场。1974 年在广州发现一处造船工场遗址，可造长达近 20 米的船，载重量达五六百斛。据文献记载，汉武帝时曾建造高达十余丈的楼船，东汉马援伐交趾，统领楼船多达 200 艘之多。

（三）秦汉时期的婚姻丧葬

1. 婚姻

秦汉时期的婚姻仪式基本上是遵循先秦时的六礼，即纳采、问名、纳吉、纳征、请期、亲迎。不过，严格按照"六礼"的，也许只有皇族和贵族百官。一般百姓则按各地的婚姻习俗进行。

秦汉时子女的婚姻决定权在父母手中。

在择偶问题上，汉人有所谓"五禁"，即"丧妇之长女不娶，为其不受命也；世有恶疾不娶，弃于天也；世有刑人不娶，弃于人也；乱家女不娶，类不正也；逆家子不娶，废人伦也"。

在婚配年龄上，秦人是以身高作为成丁与否的标准，男子身高六尺五寸（合今 1.50 米），女子身高六尺二寸（合今 1.40 米），即为成丁，始可嫁娶。汉代男子成婚的年龄一般为 14 至 18 岁，女子年龄在 13 岁至 17 岁。西汉时，早婚已成为人们关注的问题，结婚年龄偏低，这和汉政府鼓励生殖的政策有关。

2. 丧葬

秦汉时期的丧葬习俗，基本沿袭了先秦时的丧葬礼制，并且有所发展。

人死后，首先则要沐浴饭含。饭含之物使用玉石珠贝为常见。裹尸的衣衾，有金镂玉衣、银镂玉衣和铜镂玉衣三种。礼制规定，皇帝用金镂玉衣，诸侯王、列侯、公主等用银镂玉衣，大贵人、长公主用铜镂玉衣。但 1968 年在河北满城发掘的西汉中山王刘胜的墓中，发现了两件"金镂玉衣"。一般平民则用布帛裹尸，甚至是裸体而葬。

其次是发丧。丧讯发出后，与死者有关的亲属、朋友即来吊唁，如不能亲临，则寄物以吊。王侯公卿，则由皇帝或派人持节前往吊祭，或亲临其丧。

汉代的棺椁是相当讲究的，"黄肠题凑"是最高等级。所谓"黄肠题凑"，

《汉书·霍光传》颜师古注引苏林曰："以柏木黄心致累棺外，故曰黄肠。木头皆向内，故曰题凑。"即用大量的木材将棺椁四周围起来，使其不受潮湿和损害。采用这种方法据说是"天子之制"，但1974年在北京大葆台燕王里发掘的墓中就是用"黄肠题凑"落葬的。

秦汉时的葬礼日趋隆重。王公贵族以送葬人多为一种荣耀，重臣之丧，希望封建朝廷派羽林孤儿挽送。东汉以后，常有皇帝加入葬礼的行列。葬礼的隆重还体现在死者的随葬品上，帝王陵寝以奢华著称，贵族官僚亦盛行厚葬之风。

第四节　三国魏晋南北朝的发展

一、魏、蜀、吴三国的鼎立

东汉后期，外戚和宦官（又谓太监、中人、阉人等）争权夺利。老百姓在重租、苛税及灾荒、疾病的逼迫下，忍无可忍，纷纷起来反抗。据统计，从107—184年，农民武装暴动就有六七十次之多，而最大的一次当属东汉末年（184年）张角领导的黄巾农民起义。到了汉献帝初平元年（190年）以后，天下分崩离析，军阀混战，东汉王朝已名存实亡。这一时期，各地州郡牧守纷纷扩充实力，割据一方。其中，袁绍的势力发展最快，通过多次战争，他占据冀州（冀、鲁部分地区）、青州（鲁、冀部分地区）、幽州（京、晋、冀、辽、津各一部分地区）和并州（冀、晋、内蒙古一部分地区），成为北方最大的豪强割据势力。袁绍一心想另立刘虞做皇帝，建立自己的独立王国。除袁绍之外，华夏大地上袁术（袁绍之弟）占领了南阳（豫、鲁部分地区）；刘表占据了荆州（鄂、湘、粤、豫、黔、桂部分地区）；公孙度占领了辽东；公孙瓒占领了幽州；刘焉占益州（川、滇、陇、黔、鄂部分地区）；曹操占据了兖州（鲁、豫部分地区）。

（一）曹操统一北方（官渡之战）

曹操出身于寒族地主，字孟德，沛国谯（今安徽亳县）人，父曹嵩是宦官曹腾的养子。曹操早年做过洛阳北部尉，又当了几年济南相，后在镇压黄巾军起义中，收编了青州黄巾军 30 余万人，扩大了自己的势力。196 年，曹操迎汉献帝刘协至许昌，"挟天子以令诸侯"，取得政治上有利的地位。与此同时，曹操打败了袁术，以后又进攻徐州牧陶谦及吕布等人，获得了扬州、徐州等大片土地，消除了兖州的豪强势力。他还以许昌为中心实行屯田、积蓄军粮，几年之间"所在积粟，仓廪皆满"，取得了显著的成效。当年春天，袁绍依仗士多粮足，调动十万兵马，集结黄河北岸，欲灭曹操。当时，曹操仅有两万左右人马，兵单力薄，可是统治阶级内部稳定，"将士用命"。曹操根据敌强我弱、力量悬殊的实际情况，采取避实击虚、先退一步、诱敌深入的作战方针。200 年 10 月，曹军五千奇兵，夜袭袁绍军于官渡（今河南中牟县）附近的老巢，全烧袁军粮食、辎重一万余车，袁军大乱。他又乘势以万人，大破袁军主力于官渡，全歼袁军七万余人，袁绍仅率几百人逃回黄河以北，这就是历史上以弱胜强的著名战例之一——官渡之战。官渡之战后，袁绍病死。曹操在巩固了兖、豫地区统治之后，又挥戈向北，消灭了袁绍之子袁谭、袁尚、袁熙及其他们所勾结的辽东乌桓的势力，于 207 年统一了中国北方。

（二）三国的形成（赤壁之战）

赤壁之战是刘备、孙权联盟为破灭曹操并吞江南而进行的一场有决定性意义的战争。208 年，曹操统一北方后，挥师想先取荆州（鄂、湘、粤、豫、黔、桂部分地区），进而出兵江东，统一长江流域（南方）。时荆州牧为刘表，有士卒十万余人，物资比较雄厚。可是就在这年，他因病死去，其长子刘琦和异母弟刘琼不和，结果刘琼掌权不战投降了曹操。

刘备，字玄德，涿郡涿县（今河北涿州）人。年少家贫，以贩鞋织席为业。后参与镇压黄巾军，夺得一点地盘，为曹操所破，遂依附刘表屯兵。曹军入荆州，刘备退至夏口（今湖北武汉），遣诸葛亮与孙权结盟，共同抗拒曹军。

孙权，字仲谋，吴郡富春（今浙江富阳）人，孙策之弟。其兄死后，孙权承位统治江东各郡，势力比曹操弱得多。当时，刘备有关羽部万余人，还有与他关系密切的刘琦部万余人；孙权派将军周瑜率兵三万余人，与刘备联军。联军五万人沿江西上，与曹军二三十万人（号称八十万）相遇于赤壁（今湖北武昌区西赤矶山）。

曹军多是北方人，水土不服，不习水战；又由于长期行军作战，疲惫不堪；原荆州的降卒，心怀不安，内部矛盾重重；加之军中瘟疫流行，士气更加不振，影响了战斗力。为了解决士兵不习水性的问题，曹操下令将战船连在一起，用铁环首尾相连，以减轻风浪颠簸。这样虽给曹军带来了方便，也给对方造成可乘进攻之机。周瑜发现曹军这一致命弱点后，遂建议火攻。他命人乘着东风，准备十艘大船，装满干柴，浇上油、硫黄、硝，上面遍插旗帜加以伪装（每艘大船后各拴一艘快船，以便放火后逃生），假言率队投降，曹军不疑。当黄盖指挥船队接近曹军水寨后，突然同时放火，火借风势迅速由水寨蔓延到江岸大营。孙、刘五万联军乘势水陆并进猛烈进攻，曹军大败，曹操逃回北方。赤壁之战确立了"天下三分"的局面。孙权保住了长江下游的地盘，刘备取得了荆州作为根据地。

214年，刘备又进兵四川，将益州（云、贵、川部分地区，时益州牧刘焉已死，其子刘璋投降）作为统治区域。220年，曹操病死，太子曹丕继位，旋即他又夺了汉献帝之位，改国号魏，史称"曹魏"。曹丕自立为帝（魏文帝），追尊其父曹操为魏武帝，建都洛阳。第二年，刘备在成都称帝，国号"汉"，以恢复汉王朝相号召，史称"蜀汉"或"蜀"。229年，孙权也在建业（今江苏南京）称帝，正式建立吴国，史称"孙吴"。至此，魏、蜀、吴三国鼎立的局面就这样形成了。

二、魏、蜀、吴三国的政治、经济

（一）魏国的政治、经济

曹魏的政治和经济情况在三国中是比较好的。原因有三：一是黄巾军起义打击了豪强地主势力，改变了土地高度集中的状况，出现了大量无主土地，为广大无地或少地的农民获得土地准备了条件；二是中原地区开发早，比较富庶，人口较多，劳动技术和经验都比较先进；三是曹操在群雄争斗之时，有效地利用了中原地区的人力物力，采取了一些有积极意义的政策和措施。下面主要谈一下曹魏的用人和屯田政策。

1. "唯才是举"与"九品中正制"

曹操建立了自己的政权后，基本上沿用汉制。他的用人政策就是所谓"唯才是举"（或者叫"用人唯才""任人唯贤"），这是用人政策的一大改革。曹操反对东汉时将"门第"（家庭社会地位及受文化程度）、"道德"（不同阶级标准不一样）作为用人的主要标准，而是打破世族门第观念，罗致地主阶级中下层人物，抑制豪强，加强集权；崇尚刑名，强调实行法治；主张只要"有治国用兵之术"的人，不论道德如何，都可重用。为此，他杀了不服从他的许多名士，选拔了不少庶族平民出身的有用人才。

曹操死后，220年曹丕称帝，改变了其父打击士族豪强的进步措施，制定并实行了"九品中正制"，作为选拔官吏的制度。所谓"九品中正制"（又称"九品官人法"）就是在各州郡设立中央派出的"中正"官，负责察访本州郡的士人，由他们分别评定上上、上中、上下、中上、中中、中下、下上、下中、下下三等九个级别，称为"九品"。"中正"官评定人物品级的标准是：首先要考虑其祖先做过什么高官，有几代人做官，谓之"家世"（也称"品"）；然后还要看本人的才德，谓之"状"。"中正"官根据每个人的"品"和"状"，划分品级，然后向主管选拔官吏的中央吏部推荐。吏部根据"中正"官的报告，依品授官，品第越高，官职越大。已授职的官员每三年由"中正"官负责向吏部推荐升降。这种以"中正"官为中心，论品定级、选拔、升降官吏的制度就叫"九品中正制"。总之，曹丕的用人原则即"盖以论人才优劣，非为世族高卑"，这与其父"唯才是举"的用人精神基本上是相吻合的。

2. 屯田

东汉末年黄巾农民起义，军阀混战，给社会安定及人民生活带来了诸多问题。当时各地军阀也严重缺粮，袁绍、袁术的军队以食桑葚、蒲赢为生，曹操的军队甚至还有吃人肉干的，即"人相啖食"。为此，196年曹操决定实行屯田，以解决军粮的问题。屯田分民屯和军屯。民屯，就是封建政府招募流亡农民，把他们按军事编制组织起来垦荒种地。屯田农民直属国家，受到保护，可不服徭役，国家供给耕牛、种子。他们要把收成的一半或六成（使用国家耕牛者）交给政府。政府实际上成了最大的地主。军屯，就是让军人一面戍守国防边境，一面种地。这种屯田制度早在秦汉时期就有了，但多限于边境，到了曹魏时期才在中原地区普遍推行。经过几年的时间，很快使原先"出门无所见，白骨蔽平原"的中原大地，变得"黄壤千里，沃野弥望，华实纷敷，桑麻条畅"。为了军事、经济的需要，曹魏时期还先后整修了大小许多沟渠、陂堰。总之，屯田和兴修水利使得魏国的农业经济得到了很大的复苏和发展。

（二）蜀国的政治、经济

蜀国的政治制度与东汉基本相同。222 年，吴蜀夷（彝）陵之战，以蜀国大败告终，刘备非常羞愧，不久死在白帝城（今四川奉节县）。他的儿子刘禅即位，由丞相诸葛亮辅政。

诸葛亮（181—234 年），字孔明，琅琊（今山东临沂）阳都人。少年时失去父母，在军阀混战的年代，他与叔父到荆州襄阳（今湖北襄阳）避难。不久叔父去世，诸葛亮定居襄阳城西隆中地方。这期间他读了大量书籍，与朋友谈古论今，是一个很有抱负的青年。刘备到荆州后"礼贤下士"，与张飞、关羽"三顾茅庐"，亲自邀请诸葛亮出山做其助手（谋士）。最后，诸葛亮欣然应允，并对当时政治、军事形势进行了分析，就如何治理国家、团结友邦及少数民族、发展生产、重用人才、统一全国、完成霸业发表了一番议论，这就是著名的"隆中对策"。

诸葛亮是中国历史上一位很有才能的政治家和军事家。在他掌权辅佐刘禅的十数年间，对外关系上主动恢复了联吴抗魏的政策；对西南少数民族实行"和抚"，采用马谡"攻心为上，攻城为下；心战为上，兵战为下"的建议，七擒七纵少数民族首领孟获，使之降服，免除了蜀国的后顾之忧。政治上，于蜀国内部革除了法令不行、政治腐败的弊政，注意维护封建法律，赏罚分明、任人唯贤，罢撤惩处了贪官污吏及庸碌无能的官员。经济上，注意务农植谷，让农民安心从事农业生产；关心水利事业，维修都江堰水利工程，并常派上千名士兵保护；对煮盐、织锦、漆器等手工业，也较重视。军事上，注重整顿军队纪律及训练，积极进行兵法、武器、运输器械的研究和改进。如改进的连弩，一次能发箭十支，大大提高了战斗力。他还改进了山地运输工具手推独轮车，用以减轻人力运输军粮的负担，这在以后对曹魏战争中发挥了巨大的作用。因此，连他的敌手魏国大将司马懿都不得不称赞他是"天下奇才"。

（三）吴国的政治、经济

吴国的政治制度与魏、蜀基本相同。不过孙权主要依靠江南的大地主建立统治。这些大地主多世代为吴的高官，有的拥有众多的私兵。东汉末年，北方内乱，致使黄河流域经济受到严重破坏，人民迫于生计纷纷南迁，他们带着先进的生产技术和文化知识进入了江南地区，加速了当地的发展。但是江南固有的山越族（散处于苏、浙、皖、闽、赣山区）不时出外劫掠，成为孙吴的内患。为扩大土地、人口，补充兵源，同时消除后顾之忧，孙权多次向山越族进攻，强迫他们出山定居。这虽然增加了山越人民的痛苦，但却打破了该族长期闭塞的状态，促进了这一地区的开发和北方人民与江南民族的融合过程，提高了生产力，也使吴国的统治得到稳定。

和魏、蜀一样，孙权也在吴国实行了大规模的屯田，开发江南土地，设置专门官员，如典农校尉。他将大批从北方到南方避难的农民组织起来，从事农业生产，且耕且战，加强了军队战斗力，也解决了军粮问题。孙权在这一时期还倡导推行两牛一犁的耦耕法，加之耕作深翻土地技术的改进，粮食产量不断增加。有的地块种植稻子，每亩一年可收获精米三斛。在手工业方面，丝织业从原先江南富人以麻布为衣服发展到种桑养蚕，丝织品的"绫绮之服"成了更多人的常服。冶铁、造船等行业更有了长足的进步。航行的船只不仅在数量上大大增加，还有"商贩千艘"的历史记载，而且在规模上也颇为可观，有的战船可容兵士3000人；有的船分上下五层，不但穿行于内河，而且能跨海远航，这说明当时的造船业达到了相当高的水平。

三、西晋统一中国

三国经济的发展是建立在封建剥削基础上的。地主经济的恢复，又助长了他们的政治势力。魏国世家大族的代表司马懿逐渐掌握了势力较大的魏国朝政。而三国中势力最弱的蜀国，为了能生存下去，采取了以攻为守的策略。诸葛亮在平定南中（蜀大渡河以南及滇、黔地区）之后不久，率军进驻汉中（秦），与魏展开争夺关陇（陇等地）地区的激烈战争。234年，他进驻五丈原（秦鄘县），病死军中，蜀军撤退。此后姜维任统帅，屡伐魏国，均无进展。263年，司马昭（司马懿之子）率魏军与蜀交战，杀诸葛瞻（诸葛亮之子），直逼成都，刘禅投降，蜀亡。当年，司马昭被封为晋公，旋封为晋王。两年后（265年），司马昭病死，其子司马炎继为晋王，废曹奂自立，是为晋武帝，改国号晋，史称"西晋"。280年，晋又灭吴。自此，中国历史上三国分立的态势发展到西晋的短期统一。

司马炎建立的晋朝，沿袭了曹魏时期的"九品中正制"，即按世家门第高低将地主阶级分为九品，作为权利分配的标准。部分官吏依仗出身名门，世代相承，子弟均可获得品第和官位，形成了"上品无寒门、下品无士族"的局面。在经济上，西晋实行了依品第占有土地、人口的制度，保证了其特权。世家豪族既有政治地位，又掌握经济特权，还拥有私人武装——"部曲"（另一个意思为家仆）。西晋王朝统治集团上自晋武帝司马炎，下至贵族官僚，奢侈腐朽十分严重。晋武帝本人就公开"卖官鬻爵"，所得之钱均入私囊。他过着荒淫无耻的生活，为了选妃，下令全国老百姓不准结婚，民间秀女待他先挑选完了再说。他有姬妾近万人（原宫女数千，灭吴时纳取吴国宫女五千人），夜晚不知与哪个妃子同房好，遂以坐羊拉车走哪儿算哪儿决定。太傅何曾每天饭钱一万银，还说没有下筷子的地方。其子何劭更厉害，每日饭费二万银。外戚王济用人乳喂养猪仔，每宴以着绫罗婢女百余人持琉璃（矿石质的有色半透明体材料）器进食。官僚石崇请客，命美女吹笛劝酒，客人饮酒不尽，便以劝酒不善或笛声跑调为由，一餐就连杀三人。皇亲国戚王恺（武帝舅父）到处搜刮民财，奴役百姓，过着花天酒地的生活。他与石崇斗富：王惜用麦芽糖刷锅，石崇用蜡烛当柴；石崇用椒（香料）涂屋，王恺用赤石脂（风化石料）涂屋；王恺以紫丝布步障（遮风尘或视线）四十里，石崇作锦步障五十里以敌之；王恺以高两尺的珊瑚树炫耀，石崇以铁棒击碎之，立取高三四尺珊瑚树六七株招摇过市；等等。统治阶级竞相奢侈、害命图财、大量占有田宅且昏庸无能。290年晋武帝死，惠帝继位，他除了吃喝外什么也不知道。当时天下发生自然灾害，千里无人烟，饿莩遍野，非常凄惨。可是当大臣上奏，百姓饥肠辘辘，很多人都已经饿死时，他竟愚蠢地反问："他们为什么不吃肉粥？"上述大量事实加剧了阶级矛盾及西晋政权的垮台。

西晋政权是短暂的。265—316年，凡51年，经过了四代皇帝。西晋灭亡前，内徙的少数民族豪酋利用本族人民对汉族统治者的不满情绪，纷纷起兵反晋，并建立起了许多政权并存的割据势力，史称"五胡十六国"。当时居住在西部、北部地区的匈奴、羯、鲜卑、氐、羌，由游牧生活逐步改进为农业定居生活，迁居内地与汉族杂居。匈奴族居住在今甘肃、陕西、内蒙古、山西一带。曹魏时匈奴人分为左、右、南、北、中五部，设五部帅，派汉人做五部司马，进行监督。晋武帝时匈奴人达20万。羯族是匈奴的一个分支，羯人高鼻深目多须，散居在上党郡（今山西），与汉人杂居，受汉族地主奴役，生活饥寒，羯人石勒就曾被荆州刺史司马腾卖为耕奴。329年它灭掉了前赵，建立了后赵政权。鲜卑族原生活在辽东、辽西一带，分支较多，属游牧部落，西晋末年入并州（今山西太原一带）。氐族居住在中国西部，吸收汉文化，通用汉语。羌族原居住在中国西部，后散居关中一带，和汉族杂居，过着农业定居生活。氐、羌族同羯族一样长期受汉族地主的压迫和剥削。

西晋末年，在各族人民连续不断的起义浪潮下，包括一些少数民族上层分子在内，他们和西晋一些地方长官乘机纷纷割据一方，建立政权，进行争夺地盘的战争。从304年最先起兵反晋的匈奴族刘渊称王起，到439年北魏统一中国止，凡135年，各族统治者先后在北方和巴蜀建立成汉（巴氐李雄，304—347年，建都成都）、前赵（匈奴族刘渊，304—329年，建都平阳，后迁长安）、后赵（羯族石勒，319—351年，建都襄国，后迁邺）、前燕（鲜卑慕容皝，

337—370 年，建都龙城，后迁邺）、后燕（鲜卑族慕容垂，384—407 年，建都中山，位于晋、冀、鲁、豫一带）、南燕（鲜卑族慕容德，398—410 年，建都广固，位于鲁、豫一带）、北燕（汉族冯跋，407—436 年，建都龙城，位于冀、辽一带）、前凉（汉族张寔，317—376 年，建都姑臧，位于陇、新、宁一带）、后凉（氏族吕光，386—403 年，建都姑臧）、南凉（鲜卑族秃发乌孤，397—414 年，建都西平，后迁青海乐都，）、北凉（匈奴族沮渠蒙逊，401—439 年，建都张掖，位于陇）、西凉（汉族李嵩，400—421 年，建都敦煌，后迁酒泉）、前秦（氏族苻坚，350—394 年，建都长安）、后秦（羌族姚苌，384—417 年，建都长安）、西秦（鲜卑族乞伏国仁，385—431 年，建都苑川，位于陇西南）、夏（匈奴族赫连勃勃，407—431 年，建都统万，位于陕北、内蒙古一带）等十六国。此外，还有冉魏（汉族冉闵）、西燕（鲜卑慕容氏）、后蜀等政权。

四、东晋的建立与发展

（一）东晋的建立

317 年（西晋灭亡第二年），在南方以建康（今江苏南京）为中心，出现了司马睿建立的政权，史称东晋。东晋是在北方和南方的世家大族的支持下建立的。司马睿是司马懿的曾孙，司马炎之子。15 岁嗣位为琅邪王，交结了琅邪郡（今山东临沂）大世族王导，在他的大力支持帮助下，为再造晋王室建立了很大的功绩。当时司马睿为镇东大将军，都督扬州、江南、湘水等五州军事，驻建邺（建康）。王导为其高级幕僚，二人"素相亲善"。王导曾为司马睿出过许多好的计谋，如拉拢江南"吴姓士族"，征召百余位名门望族为自己的属官等。东晋政权建立后，司马睿以王导为丞相，掌管大权。所以当时有"王与马，共天下"之说，这也反映了东晋初年的政治状况。

东晋政权的性质既然如此，就决定了它必然千方百计地优抚世家大族。在政治上，"举贤不出世族，用法不及权贵"，多方面加以照顾。在经济上，处处维护大族的利益，纵容他们封山占泽（水），兼并土地，大量荫庇私附佃客，使得大族的经济基础越来越巩固。司马睿对于南下投晋的北方士族，照应更多。太原王娇来归，马上"给钱三十万，帛三百匹，米五十斛，亲兵二十人"，帮助其重建世族经济。这样以世家大族为阶级基础的东晋王朝，由于大族之间相互争夺，彼此倾轧，发生冲突，内部腐朽、贪婪的本性，无疑成为东晋政权致命的弱点，造成了长期混乱的政治局面。

（二）前秦与东晋之淝水之战

淝水之战是我国历史上以弱胜强的著名战例。西晋灭亡之后，当司马睿称帝建都建康，以南方为根据地建立东晋政权时，在北方，357 年，前秦政权氐族苻氏家族成员苻坚即位，称秦王，国力一度强盛，并且统一了北方，占据的地区相当于现在淮河以北及四川等地。苻坚继之不断向南扩展，夺取了东晋的梁（陕南、川北）、益（蜀大部）二州，又攻占了襄阳、彭城（今江苏徐州），并且一度包围了三阿（今江苏高邮）、进击堂邑（今江苏六合区）。于是秦晋矛盾日趋尖锐，终于爆发了淝水大战。当时前秦王苻坚多次击败晋军，志骄意满，东晋在苻坚眼里，是不足道的。苻坚急于攻占南方，统一南北，所以决定调士卒 90 余万南下灭东晋。他不顾大多数大臣的反对，也不听弟弟苻融"军队连年征伐，士卒疲惫；鲜卑、羌、羯等族贵族遍布京城内外，素有仇恨，大军一旦东下，关中会有危险"的劝告，傲慢地称："我以百万大军投鞭于江，足断其流。"故于 383 年 5 月，调遣命令全国平民每十丁抽一兵，共集结军队 100 多万人。其中有鲜卑人、羯人、匈奴人、氐人、羌人，当然大部分是汉人。苻融和张蚝、慕容垂等统率步骑 25 万为前锋，令姚苌率蜀兵顺流东下。苻坚自己则带领步兵 60 万、骑兵 27 万。这样前秦军共 112 万人马，又动员漕船万艘运输粮秣，"水路齐进"，旗鼓相望，前后千里，征晋声势浩大。

前秦国前来进攻，东晋军虽然仅有"北府兵"（流落南方的北方农民兵）8 万人，但他们同仇敌忾，上下齐心。晋军派出了谢石、谢玄和刘牢之为首的数员骁勇善战的将领。当时，前秦军人虽多但不集中，战线拉得太长，先头部队已过河南洛阳，而后卫士兵才到陕西咸阳。同年 10 月，苻坚率领先头部队攻占寿阳（今安徽寿县），慕容垂占郧城（今湖北安陆），取得了连续的胜利，促使苻坚骄傲轻敌日甚一日。同年11月，东晋军迂回到其先锋后侧，断其退路，并强渡洛水（今安徽怀远县），前秦五万兵大溃，亡一万五千余名。晋军反击至淝水（淮河支流、安徽西北寿阳县一带），和前秦兵隔水相对峙。苻坚和苻融站在寿阳城上，看到晋军军阵齐整，将士精锐，内心恐慌，又远望对面八公山上的草木均像人的形状，以为都是晋兵。苻坚由此心想："这么多的强敌，谁说晋军弱呢？"于是不敢过河攻打，只是沿淝水河西岸布阵，等待后面援军（后世以"草木皆兵"这一成语，形容人在极度惊恐时，神经过敏，发生错觉，稍有一点动静，就会惊慌失措非常紧张）。

这时，东晋大将谢玄以激将之法对苻融说："你布阵淝水是打持久战的做法，不如稍退一步，待我过淝水与你决战？"前秦将军都认为有诈，不能让其过河。但是苻坚一意孤行，认为"可以稍退一步，待晋军人马横渡淝水之机，以骑兵夹击砍杀，一定可以取胜"。因为前秦军内部本来就不稳，一些少数民族将士也不愿为之卖命，欲恢复原先政权。所以前秦军刚一后退，自己军阵立刻大乱，前秦将领朱序乘机反叛，于阵后大喊："秦军败了，秦军败了！"前秦军后方闻讯，更加慌乱成一团，争相逃命。晋军乘机猛追。苻融见势不妙，骑马赶到军阵后面整顿秩序，结果被晋兵所杀。是时，前秦军大队人马因长途跋涉，饥饿寒冷，加之惊恐互相践踏，尸首满山遍野，没死者昼夜不停、拥挤着往后逃遁，不敢懈怠，一路上听到风声鹤唳（后用此成语形容惊慌失措或自相惊扰），就认为是东晋的追兵来了。如此几十万前秦军（不含尚未到前线的）逃散和被歼灭的占了十分之七八，苻坚本人也中箭负伤，单枪匹马逃回了洛阳。后来他召集散乱的十余万士卒，各族首领也乘机反秦自立。385年（淝水之战的第三年），苻坚被羌族首领姚苌所杀。

淝水之战加剧了国内矛盾，导致前秦政权很快被瓦解。总结淝水之战失败的原因：前秦内部民族复杂，矛盾严重；南侵是不义战争，士卒和人民并不支持；在军事上由于骄傲自满，特别是前秦军队将领苻坚骄狂轻敌，不虚心听取大多数人的意见，缺乏审慎周密的计划和正确指挥，不能知己知彼，时而过高估计敌人的力量，将草木当成晋军，产生畏敌情绪，时而妄图侥幸取胜，不作通盘考虑打算，以致造成阵势大乱而全军溃败。东晋之所以以少胜多取得胜利，是由于在强敌压境之时，统治集团内部矛盾暂时有所缓和，可谓"君臣和睦，上下同心"。北府兵有保卫江南、恢复中原安定的思想和强烈要求，将士用命，指挥比较正确。这次胜利，稳定了东晋在南方的统治。

五、南北朝的建立与发展

从 420 年到 589 年，是我国历史上的南北朝时期。在南方，自 420 年东晋政权灭亡后，先后出现了几个王朝，即宋（420—479 年）、齐（479—502 年）、梁（502—557 年）、陈（557—589 年）。他们都是以建康为国都，统治长江流域以南的地区，历史上称之为"南朝"。在北方，439 年，由鲜卑族拓跋部贵族建立北魏政权，统一了北方。534 年，北魏分裂为东魏和西魏。旋即东魏被北齐取代，西魏被北周取代。577 年，北周灭掉北齐，统一了北方。这几个相互更替的政权，历史上称之为"北朝"。

（一）南朝（420—589 年）

1. 宋

东晋末年，以孙恩、卢循领导的农民起义直捣东南各郡，加之朝廷统治集团内部长期激烈混战，司马氏贵族和当权士族遭到沉重打击，朝廷军政大权迅速落入寒族出身的北府兵将领刘裕的手中。刘裕于 403 年掌东晋大权，至 420 年称帝，是为武帝，国号宋，史称"刘宋"，年号永初。他在称帝前后几十年中，就东晋积弊已久的政治、经济进行了整顿，主要措施有：

（1）整顿吏治：罢免惩罚、处死不少士族、皇族出身或自己的亲信、功臣中"骄纵贪侈"，不能很好治理政事的官员。

（2）重用寒族中有才识的人，按"九品中正制"初设时的精神选拔人才。

（3）继续实行东晋的"土断"政策（废除侨置郡县，将迁移南方的北方侨人户口编在所在郡县）；禁止兼并土地，户籍不分土著和侨人，严厉清查隐藏户口的世家大族；禁止乱封山占泽，乱收租税，人民可任意樵采捕捞。

（4）整顿赋役制度：不许乱征徭役、车船牛马、物资等，减轻赋税，发展农业生产，以稳定社会秩序。

文帝时期继续实行这样的政策，开垦荒地，下令劝课农桑，贷给农民田粮种子，免除人民历年所欠租赋，赈济灾民等，使"刘宋"政权势力有了一定的壮大。但与此同时，由鲜卑族拓跋氏建立的北魏统一了北方，经常与宋发生战争，并夺取了其青、冀、徐、兖四周和豫州大部分地区。453 年，宋文帝被其长子刘劭所杀。不久，刘劭又为其三弟刘骏所杀。如此相互争夺帝位，皇族之间大战，刘宋政权最终为中领军将军萧道成乘机攻灭。

2. 齐

479 年，萧道成废宋顺帝刘准，自立为帝，国号齐，史称"南齐"或"萧齐"。为稳定社会秩序，他也采取了前朝的一些积极措施，可是在位仅四年就死了。其子孙生活奢侈腐朽，对人民剥削十分残酷。为争夺皇位，子侄间连年争斗，后演变为内战，父子或祖孙相杀。494 年，萧鸾（萧道成侄儿）连杀两个新立皇帝，夺得帝位。以后五年间又几乎杀光萧氏子孙。齐国在政治上之黑暗，是历史上少有的。

3. 梁

502 年，雍州（今湖北襄阳）刺史萧衍在头一年率兵进入建康后，自立为帝，国号梁，史称"萧梁"。梁武帝（萧衍）在位 48 年，统治北方等地的北魏政权日益衰弱，南北战争很少，所以此期是一个相对安定的时期。鉴于宋、齐两代统治时间不长是因为皇族争位，士族、庶族之间相互倾轧，一再削弱统治力量所致，所以萧衍采取了对皇族、官僚、地主在生活上宽容，不过问他们剥削人民的情况，即实行放纵的态度。但是在政治上，严加提防其动向，防止他们暴乱或篡权。他还极力提倡儒学和佛教，于建康城内修了许多寺院，以精神驾驭人民。由是"民尽流离，邑皆荒毁，由是劫抄蜂起，盗窃群行……昔灾荐降，图圄（监狱）随满"，阶级矛盾日益尖锐。549 年，河南道大行台侯景（羯族）拥兵十万反叛，围建康城数月，城内十余万人多被饿死，仅剩两三千人，梁武帝也被饿死。继后侯景纵兵焚烧抢劫，建康城化为焦土，江南一带也成为废墟。

4. 陈

557 年，曾经讨灭侯景的梁朝将军陈霸先废掉梁敬帝（萧方智，武帝曾孙），后自立为武帝，国号陈。可惜他在位仅两年即病亡。由其侄陈蒨继位（文帝），然所辖土地不多，南方一部分为北周所夺，江北则为北齐占领。而江南的土地，中央控制得极少。湘州、桂州、广州等地刺史拥兵自众，割据一方，不听调令。陈朝末年，陈叔宝为帝，大建宫室，奢侈荒淫，政治腐败，官吏"唯以刻削百姓为事"，赋繁徭重，百姓流离失所。589 年，隋军南下，破建康，俘叔宝，陈亡，隋统一中国。

（二）北朝（439—581 年）

淝水战役后，以苻坚为首的前秦势力不仅没有完成对南方的霸业，反使一度统一的北方再次分崩裂土，先后出现了 12 个小国家，寿命最短的国家只存在了 9 年，其他国家也只有二三十年。386 年，鲜卑族拓跋珪在前秦势力瓦解后，于北方乘机复国（鲜卑人于 315 年建"代国"，即北魏的前身，376 年为前秦所灭），不久改国号为魏，史称"北魏""后魏""拓跋魏"或"元魏"。起初建都于盛乐（今内蒙古和林格尔），389 年建都平城（今山西大同）。次年，拓跋珪称帝，是为道武帝。他在位期间重视发展社会经济，使鲜卑人"分土定居"，从事农业生产；重用汉族士大夫，注重改善民族关系。以后经过若干年攻伐，北魏政权相继灭掉各个小国，统一了北方。从此开始，中国北方进入了北朝时期。

1. 北魏的统治及魏孝文帝改革

鲜卑族拓跋氏以一个少数民族建立的政权，竟能统一包括黄河流域在内的北部半个中国，而且其统治时间长达 140 余年，这在中国历史上是第一次。拓跋部本来是很落后的，住在黑龙江嫩江流域、兴安岭附近，过着逐水草而居，以狩猎和游牧为主的生活，处于氏族公社末期向奴隶制过度的阶段，没有文字。进入中原后，由于当地先进的经济、文化的影响，其生产、生活及社会性质都发生了很大的变化，内迁的胡族基本上完成了封建化，和汉族杂居，过着定居的农耕生活。特别是拓跋氏统治者采取的一些进步措施和政策，促进了长期饱经战争蹂躏的黄河流域经济的恢复和发展，加速了中国北方民族间的文化交流与民族融合。北魏政权是386年由鲜卑族拓跋珪（386—409年在位）建立的，经过五朝皇帝80余年，到孝文帝（拓跋元宏，471—499年在位）时，大大地缩短了其封建化进程。尤其是先祖太武帝（拓跋焘，424—452年在位）当政时的分土定居、发展农业、设立太学、重用士人等一系列政策，壮大了北魏的政权势力。但是仍然面临着经济、政治极不稳定的局面。为了维护统治地位，魏孝文帝从485年开始实行改革，历史上叫"孝文改制"。孝文帝改革先后进行了十余年，最初由于他年龄尚轻（18岁），由祖母冯太后主持。490年，冯太后死后孝文帝亲政，继续改革终获巨大成功。改革分两期进行，第一期始于485年，主要改革政治、经济制度；第二期是494年迁都洛阳后，着重改革鲜卑人的生活习俗，促进民族融合。其主要内容共有六点：

（1）整顿吏治。北魏前期行政区划为州、郡、县三级制，长官分别为刺史、太守、令长（县宰）。但吏治混乱，不论政绩好坏，任期均为6年。同时各级官吏没有俸禄，到任后任意搜刮人民。改革后规定任期按政绩优劣决定，不固定年限。俸禄由国家统一筹集，按官阶品级高低发给，不许自筹。严禁贪赃枉法，制定了惩贪办法：贪污帛一匹及枉法者，一律处死。为此先后有40余人被斩首。

（2）均田制。长期战乱使人口大量流动，土地或荒芜或为富豪强占，不少农民成为富豪私家奴隶，国家征赋、调发徭役困难。因此孝文帝下令男子（农民）15岁受给"露田"（即可种植庄稼的土地）40亩、妇人20亩；男子还给桑田20亩。不宜种桑地区改授麻田，男子10亩、妇人5亩；奴婢每户授田30亩、牛一头；土地、桑田等一律不准买卖，身死或年老（70岁）不能耕种时必须还给政府。

（3）三长制。三长即五家立一邻长、五邻立一里长、五里立一党长，其目的是加强地主阶级基层政权的统治力量。三长职责是掌握乡里人家的田地、户口数量、征租调役（徭役）、维持治安。

（4）户调制。重新制定定额租调，即一夫一妇家庭交纳粟二石、帛一匹。民年15岁未娶妻者和从事耕织的壮年奴婢，分别四人和八人共同交一户家庭应交的赋税。产麻之乡，以布代帛，数量同。

（5）迁都洛阳。494 年，孝文帝将都城由平城迁往洛阳，改变了过去对中原遥控的态势，有利于控制整个国家；也解脱了 100 多年来在平城形成的鲜卑贵族保守势力的羁绊和干扰，有利于继续改革。迁都虽不属于具体的制度改革，但其远离、摆脱了保守势力的阻挠，于政令法规的贯彻落实是大有裨益的，因而也可看作是改革的一部分。

（6）改易习俗。北魏政权迁都洛阳的次年（495 年），开始了第二期改革。其内容主要是改革习俗，促进鲜卑族积极接受汉文化。包括易鲜卑服装为汉服；在朝廷上使用汉语，禁用鲜卑语，否则降爵罢官；迁往洛阳的鲜卑人，以当地为籍贯，死后不得归葬原籍；改汉姓，定门第等级，将部落复姓改为单音汉姓，规定以取音近于原鲜卑姓者为准；将拓跋氏定为首姓，取义改姓元氏，为最高门第。孝文帝还设法鼓励皇族和鲜卑贵族与汉族的主要士族通婚，不仅以此为崇尚，还给予奖赏。

魏孝文帝是我国历史上杰出的皇帝之一。他的改革是在我国北方各族人民长期的民族斗争和阶级斗争的影响、推动下进行的，也是北方民族融合和鲜卑族拓跋部封建化的必然结果。改革的意义是重大的：整饬了吏治，始班俸禄，严惩贪赃枉法，消除了百余年来官家鱼肉人民之积弊；在经济上限制了豪强大家兼并土地，实行土地国有，公开授田，以招徕流民和原先依附在豪强大家之下的农民，有助于开垦荒地和提高生产力；由此自耕农增多、户口增殖，有利于国家征收赋税和调发徭役，也削弱了豪强大地主剥削、大量占有人民血汗的势头，加重了其负担，减轻了广大农民的劳动强度和经济负担；再有提倡鲜卑族接受汉文化，推动了中华民族融合的过程，使原先相对落后的鲜卑族迅速发展壮大起来。

2. 北朝其他诸国

魏孝文帝的改革对历史发展作出了一定的贡献。但是到北魏末年，社会两大阶级的矛盾、民族关系依然紧张。鲜卑贵族地主和汉族地主对农民剥削和压迫还很重，沉重的兵役、徭役及租调等，使广大农民破产逃亡。在忍无可忍的形势下，北魏连接不断爆发农民起义，开始少则数千人，多至十万人参加，后来规模愈来愈大。沙门、元镇、关陇、河北等地人民起义，前后斗争八九年时间，各族人民在共同的斗争中加强了联系，打击了北魏政权。

到魏孝武帝时，鲜卑化的汉人高欢自封为大丞相，总揽大权。魏孝武帝不愿做傀儡，逃到长安，投奔西魏大臣鲜卑族宇文泰。当年末，宇文泰毒杀孝武帝，另立宗室元宝炬为帝，是为文帝，以长安为都城。高欢见孝武帝逃亡，另立元善见为帝，即孝静帝，迁都邺（今河北临漳，也有说今河南安阳北），北魏自此分裂为以元宝炬为首的西魏和以元善见为首的东魏。在高欢死后，他的儿子高澄、高洋先后掌政。550年，高洋称帝，改国号齐，历史上称为"北齐"。557年，西魏宇文泰的儿子宇文觉废掉西魏恭帝，改国号为周，历史上称为"北周"。20年后（577年），北周灭掉北齐，统一了北方。

第四章　隋唐宋时期的社会情况

第一节　隋朝的建立与经济发展

隋朝是继北周建立起来的一个王朝。北周末年，皇室、贵族荒淫无度，政治腐败，人民痛苦，上下离心、阶级矛盾激化，统治阶级分裂。在此形势下，北周开国功臣、被封为"隋国公"的杨忠之子杨坚继承父位（杨坚之女为周宣帝皇后），在宣帝死后，杨坚辅佐年幼的静帝，革除暴政，用法宽大，提倡节俭，颇得民心。581 年，他逼迫周静帝禅位，建立隋朝，自立为帝（隋文帝），定都长安，改元开皇，历史上的北朝结束。开皇九年（589 年），隋军进攻建康，俘陈后主，陈朝灭亡。至此时，从 316 年西晋灭亡以来南北朝分裂的局面最后结束，中国又再次统一。

一、隋朝的建立和统一全国

（一）杨坚代周

隋是继承北周而建立起来的王朝。北周建德七年（578 年），周武帝宇文邕病死，继位的周宣帝宇文赟荒淫奢侈，政治腐败，军政大权逐渐落入外戚杨坚之手。

杨坚父杨忠，是府兵制初建时十二大将军之一，北周初，位至柱国大将军，封隋国公。杨坚继承父爵，其妻是鲜卑大贵族八柱国之一独孤信的女儿。杨坚的女儿又是宣帝宇文赟的皇后。因此杨坚在北周政权中有较高的地位。大象二年（580 年），宣帝病死，其子年仅 8 岁的宇文衍即位，是为静帝。杨坚以大丞相身份辅政，总揽军政大权，先后消灭了尉迟迥、司马消难、王谦等反对势力，又将周室诸王调至京师，一网打尽。静帝大定元年（581 年），杨坚废周静帝自立，国号为隋，改元开皇，建都长安。

（二）隋的统一

南北朝后期以来，门阀士族的衰落使割据势力日益削弱；各族人民的逐渐融合使南北对峙中的民族矛盾渐趋消失；南北方社会经济的发展迫切要求打破南北对峙的局面；隋文帝代周以后所采取的强化中央集权、发展社会经济的措施，也使隋朝国力日益增强，打破了南北政权力量的均势。这一切，都表明隋灭陈统一全国的条件已经成熟。

灭陈之前，隋文帝进行了周密的准备。一方面，他命大将杨素于永安（今湖北公安）督造大小战船，扩充水军力量；另一方面，对陈朝发动政治攻势，抄录 30 万份揭露陈后主罪恶 20 条的诏书，散发江南各地，同时采用高颎的计策，派间谍破坏南朝生产，焚烧仓库。他还多次乘江南收获庄稼之际，虚造渡江声势。陈既聚兵，隋又解甲。如此反复，麻痹了陈朝的警惕，消耗了陈朝实力。开皇七年（587 年），隋吞并据于江陵的后梁傀儡政权，扫清了向江南进军的障碍。

开皇八年（588 年），隋文帝以晋王杨广为行军主帅，率 51.8 万大军，兵分八路大举攻陈。隋军"东接沧海，西拒巴、蜀，旌旗舟楫，横亘数千里"，而陈朝兵力不过 10 万。后主陈叔宝迷信"长江天堑"，仍在宫中"奏伎纵酒，赋诗不辍"，不作战守准备。开皇九年（589 年）正月，隋将韩擒虎、贺若弼分别率军渡江，从南北两路攻入陈都建康，俘虏陈后主及其文武大臣，陈朝灭亡。开皇十年（590 年），隋将杨素又平定南方部分豪强势力的叛乱。至此，中国重新统一。

隋的统一，结束了长期的分裂割据局面，为此后数百年的统一奠定了基础，为社会经济文化的发展提供了有利的条件。

二、隋朝的经济发展

（一）继续推行均田制度

隋朝建立以后，三次诏令继续推行北魏以来的均田制度。隋初均田制，大体沿用北齐的规定，一夫一妇受露田 120 亩，丁男另有桑田或麻田 12 亩作为永业田。奴婢受田同于百姓。耕牛每头授露田 60 亩，限于 4 牛。露田在人死以后需要归还，永业田可传授子孙或者买卖。在官僚贵族受田方面，自亲王至都督皆给永业田，多者百顷，少者 30 顷。京官从一品至九品都给职分田，多者 5 顷，少者 1 顷。官署则给公廨田。均田制是封建政府对土地占有的限定，并不是将所有土地重新分配。能够用于还授的土地仅限于部分无主荒田和政府掌握的官田，地主的土地私有制并未受到根本触动。不过，在均田制下，部分无地少地农民多少得到一点土地，地主的土地兼并受到一定限制，这有利于社会生产的恢复与发展。

在实行均田制的同时，隋朝还颁布了租调力役制度。规定一夫一妇为一床，每年要向政府纳租粟 3 石，调绢 1 匹（4 丈）、绵 3 两或布 1 端（6 丈）、麻 3 斤；单丁和奴婢减半。丁男每年服役一月。开皇三年（583 年），又将成丁年龄由 18 岁改为 21 岁，每年服役 20 日；调绢由 1 匹改为 2 丈。开皇十年（590 年），又规定年满 50 岁者可以以庸代役（交纳布帛代替服役）。隋炀帝即位后，下令免除妇女、奴婢及部曲的赋税，男子成丁年龄提高为 22 岁。

（二）"大索貌阅"与"输籍法"

齐周末年，由于赋重役繁，刑罚苛刻，农民隐漏户口、投依豪室的情况十分普遍。隋朝建立以后，首先制定了保闾制度，规定县以下 5 家为保，5 保为闾，4 闾为族，分设保长、闾正、族正。京畿以外县则设保长、里正、党长。开皇五年（585 年），隋在全国"大索貌阅"，按照户籍簿上登记的年龄，和本人的体貌核对，如有谎报年龄、诈老诈小以逃避课役，一经查出，其保长、闾正（里正）、族正（党长）都要流徙远方。鼓励民户互相检举。同时，还规定堂兄弟以下，都要分居，另立户籍，这叫"析籍"。经过"大索貌阅"和"析籍"，共有 443000 丁，1641500 口被重新编入户籍。大业五年（609 年）再次查出 243000 丁，641500 口。

为了防止官吏、豪强在户籍、户等、赋役等方面营私舞弊，隋文帝采纳高颎的建议，实行了"输籍定样"。把划分户等的标准（名"定样"）颁发到各州县，"每年正月五日，县令巡人，各随便近，五党三党，共为一团，依样定户上下"，以此作为征发差役、确定赋税等级的依据。隋朝整顿户籍，打击士族豪门隐庇"浮客"，使农民成为国家的编户齐民，增加了国家赋税收入。

（三）统一货币与度置衡

隋朝以前，币制混乱。货币不仅轻重大小不一，而且币质低劣，严重影响货币流通与商品经济的发展。隋朝建立后，隋文帝下令改铸新五铢钱，"背面肉好，皆有周郭，文曰'五铢'，而重如其文，每钱一千，重四斤二两"。开皇三年（583 年）诏令四方诸关，各以百钱为样品，从关外携钱来者，皆需与样钱核对，相同者才能入关，不同者，没收入官，坏以为铜。开皇五年（585 年），"又严其制。自是钱货始一，所在流布，百姓便之"。同时除北周以来的人市之税，废前代苛敛杂征，开放盐池，罢官营酒坊，发展商业，活跃城乡经济。隋朝又制定标准的铜斗铁尺，颁行全国。隋制以古尺 1 尺 2 寸为 1 尺（合今 29.51 厘米），以古斗 3 升为 1 升（合今 594.4 毫升），以古秤 3 斤为 1 斤（合今 668.19 克）。钱币和度量衡的统一，促进了商品交换的发展。

（四）营建东都和开凿大运河

仁寿四年（604 年），隋文帝次子杨广，指使心腹刺杀正在卧病的父皇，随后又杀胞兄杨勇，登上了帝位，是为隋炀帝。隋炀帝鉴于长安"关河悬远，兵不赴急"，而洛阳地位适中，便于控制全国，水陆交通方便，也利于各地贡赋的输送，因此下令营建洛阳。由宰相杨素和建筑家宇文恺负责设计与营建。新城周回 55 里，规模宏大壮观。东都初具规模后，又迁徙各地富商大贾数万人于洛阳城内。为贮存各地运来的粮食和解决洛阳的粮食供应，在洛阳附近建筑了洛口和回洛两大粮仓。洛口仓穿 3000 窖，每窖可容 8000 石。东都建成后，成为政治、军事及漕运中心。在营建东都的同时，为了加强中央对地方的统治，特别是从富庶的江南掠取更多的财物，隋又利用天然河流和旧有渠道，有计划地开凿了以洛阳为中心、沟通南北的大运河。其工程分为四段：①通济渠。隋炀帝于大业元年（605 年）开凿，西起洛阳城西的西苑，引谷、洛二水到达黄河，再从板渚（今河南荥阳东北）引黄河水入汴水，从大梁（今河南开封）东引汴水入泗水，最后达于淮水。②山阳渎（即古邗沟）。隋初为南下伐陈，文帝曾下令疏浚春秋时吴王夫差所开的邗沟。大业五年（609年），隋炀帝下令修整、扩大邗沟旧有故道，从山阳（今江苏淮安）引淮水至扬子（今江苏仪征）入长江，是为山阳渎。③永济渠。大业四年（608年）开凿，引沁水南入黄河，北达涿郡。开此渠的直接目的是用兵高丽。④江南河。大业六年（610年）开凿，从京口（今江苏镇江）引长江水到余杭（今浙江杭州），入于钱塘江。此外，隋文帝曾于开皇四年（584年）开凿从长安到潼关的广通渠，引渭河入黄河而成。

大运河以洛阳为中心，北到涿郡，南达余杭，全长5000余里，贯穿今河北、河南、安徽、江苏、浙江五省，沟通了海河、黄河、淮河、长江、钱塘江五大水系，成为南北交通的大动脉，是世界历史上最伟大的工程之一。大运河的开凿，对促进南北经济文化交流、巩固国家的统一，具有重大作用。

（五）隋朝社会经济的发展

隋朝时期（主要是文帝时期），由于全国的统一和广大劳动人民的辛勤劳动，社会经济有了较大的发展。

农业的发展，主要表现为农业人口的增加、垦田面积的扩大及官府仓库的丰盈。隋初，北方户口只有360余万，灭陈后又得50余万户，全国共计410余万户，人口约3000万。大业二年（606年），全国户数增加到890余万，人口增至4600余万。人口的增加，使垦田面积不断扩大。开皇九年（589年），全国垦田1940余万顷，隋炀帝时达5585余万顷。这个数字尽管有虚夸成分，但垦田面积的扩大是无疑的。

隋代的水利事业也有发展。如寿州（今安徽寿县）地区农民修复的芍陂，灌溉农田达5000余顷。怀州（今河南沁阳）刺史卢贲组织百姓利用沁水溉舄盐卤，改造了不少盐碱荒田。

隋朝府库的丰盈，历来为史家所称羡。除洛阳附近设有洛口和回洛两大粮仓外，卫州（今河南汲县）有黎阳仓，华州（今陕西华县）有永丰仓，陕州（今河南陕县）有太原仓，西京有太仓，各地还设有义仓，所积粮食甚丰。京师及并州府库的布帛多达数千万匹。隋文帝末年，"天下储积，得供五六十年"。唐朝贞观十一年（637年），隋朝仓库中的粮帛等仍未用尽。

隋朝的手工业也在继续发展，特别是纺织、造船、制瓷等部门，生产更有显著的进步。今河北、河南一带，是北方丝织业中心，相州（今河南安阳）等地所产绫文布，是精美的贡品。四川蜀郡"人多工巧，绫锦雕镂之妙，殆侔于上国"。隋朝造船技艺亦超过前代。在平陈之前，杨素于永安督造的五牙大船和黄龙战船，高百余尺。上有5层楼，可容战士800人，船上并设置拍竿以拍击敌人。隋炀帝游江都所乘龙舟，高45尺，宽50尺，长200尺，上有4层楼。上层有正殿、内殿、东西朝堂，中间两层有120个房间。随行船只有翔螭、浮景、漾彩、朱鸟、苍螭、白虎等，都"饰以丹粉，装以金碧珠翠，雕镂奇丽"，制作技术高超。隋朝制瓷业发展更为明显。安阳张盛墓、西安李静训墓都出土有白瓷器皿，胎质坚硬，色泽晶莹，造型生动美观，为我国早期白瓷中的精品。青瓷生产也有进步，隋处士卜仁墓中曾出土有硬度极高的青瓷。值得注意的是，在李静训墓中，还发现了碧色玻璃瓶，这与《隋书·何稠传》中"时中国久绝琉璃之作，匠人无敢措意，稠以绿瓷为之"的记载，可以互相印证，反映了隋朝的制瓷技术已达到相当高的水平。

随着政治上的统一、全国市场的扩大，特别是农业、手工业的发展，隋朝的商业贸易也呈现出繁荣景象。长安和洛阳是当时最大的商业城市和国际贸易都会。长安城中有两大市场，洛阳有三大市场。洛阳的丰都市有120行，3000余店家，珍奇山积，繁华异常。通远市临靠通济渠，商贾云集，停泊在渠内的舟船，数以万计。东南地区也有许多繁华的商业城市，如江都、宣城、丹阳（今江苏江宁）、毗陵（今江苏武进）、吴郡、京口（今江苏镇江）、余杭（今浙江杭州）、会稽、东阳（今浙江金华）等城，均"有海陆之饶，珍异所聚，故商贾并凑"。特别是丹阳，"人物本盛，小人率多商贩，君子资于官禄。市廛列肆，埒于二京"。成都和南海（今广东广州），是四川和岭南的商业贸易中心。西北河西地区的张掖、敦煌，则是隋与西域各国进行国际贸易的重要都会。

隋朝的对外贸易，主要通过丝绸之路进行。隋朝的丝绸之路，除了汉代已有的两条道路之外，还有一条由伊吾（今新疆哈密）经蒲类海（今巴里坤湖）、铁勒部、突厥可汗庭（今天山北麓），渡北流河（今伊犁河、楚河）到拂麻国（东罗马帝国）的新道路（北道），形成南道、中道（汉代北道）、北道三路并举的局面。贸易范围远及南亚、西亚及欧洲东部。此外，隋朝通过海路，与日本、南洋诸国也进行贸易往来和友好交往。日本倭王曾多次派遣使者来隋朝通好。特别是大业三年（607年），倭王多利思比孤（推古天皇）派遣小野妹子访隋。次年，日使回国，隋炀帝遣使者裴世清同行回访，受到热烈的欢迎。使节互访，密切了两国关系，在中日邦交史上具有重要意义。

第二节　唐朝的建立与统一

一、唐朝的建立

大业十三年（617年），隋末农民起义已取得决定性的胜利，隋朝的主力军或被消灭或被围困，隋炀帝被阻隔在江都，隋朝的覆亡局势已定。隋的官僚和地方实力派纷纷起兵，企图趁机夺取胜利果实。其中主要有：朔方（今陕西横山区）的梁师都、马邑（今山西朔州）的刘武周、蒲城的郭子和、金城（今甘肃兰州）的薛举、武威的李轨和巴陵（今湖南岳阳）的萧铣。还有大业十二年（616年）起兵的幽州（今北京）罗艺、大业十四年（618年）起兵的吴兴沈法兴等。

唐朝的建立者李渊（566—635年）出身于关陇贵族集团，史载是十六国时凉武昭王李暠的后代。其祖李虎，北魏封为陇西郡公，是八柱国之一，并助宇文泰建立北周政权，死后追封唐国公。其父李昞袭爵，官至安州（今湖北安陆）总管、柱国大将军。李渊七岁袭唐国公，他的姨母是隋文帝的皇后独孤氏，因而备受宠信，历任刺史、郡守、殿内少监和卫尉少卿等要职。大业九年（613年），杨玄感反叛时，隋炀帝委李渊以重任，命镇弘化郡，兼知关右诸军事。大业十一年（615年），李渊任山西、河北抚慰大使，曾先后镇压毋端儿、历山飞等起义军，抗击突厥的骚扰。大业十三年任太原留守，此时隋朝已摇摇欲坠，李渊怀有取代之心，"命皇太子于河东潜结英俊，秦王于晋阳密招豪友"，发展自己的势力。李渊借口杀掉隋炀帝派来监视他行动的副留守王威和高君雅，为避免后顾之忧和求得支持，结好于突厥。待准备就绪，李渊以安隋室为名，建立大军府于太原，起兵进军关中。此时，隋朝主力军集中在江淮和河南、河北等地，并被起义军消灭或围困。李渊乘虚于年底攻克京师长安，遥尊隋炀帝为太上皇，立其孙杨侑为傀儡皇帝（恭帝）。大业十四年（618年）三月，隋炀帝死于江都，五月杨侑"禅让"，李渊即位，国号唐，年号武德，定都长安。

二、统一全国

唐朝建立后，在全国范围尚有众多的起义军和地主武装等军事集团。各个军事集团都在准备兼并和消灭对方以完成统一。李渊集团也着手统一全国，次子李世民是军事的主要指挥者。

农民起义军在推翻隋暴政方面，起着决定性的作用，但随着形势的发展，其自身的弱点也逐渐暴露出来。瓦岗军自李密参加领导以来，力量不断壮大，但他的政治野心也在不断膨胀。他在义军内部培植和发展个人势力，并大量收纳隋的降官降将。大业十三年，正是起义军发展的高潮时期，李密阴谋杀害了瓦岗军创建者翟让等人，造成内部力量的削弱。此时宇文化及率兵北上，义军又遭到王世充袭击，李密先后归降于洛阳越王杨侗（皇泰帝）和李渊，瓦岗军就此瓦解。

窦建德在隋亡后，自立为夏王，兵势益盛，认为宇文化及"行弑逆之祸，篡隋自代"，斩杀之，反映了其浓厚的封建正统观念，并听信谗言杀大将（王伏宝）和谏臣（宋正臣），"由此政教益衰"。武德三年（620年），李世民率军东进兵围洛阳，王世充请援，窦建德想趁两败俱伤，挺兵关中，亲自率军10万屯居虎牢。李世民分兵阻击，窦建德恃众轻敌，于武德四年（621年）被俘，后被杀于长安。王世充被困又失去援兵，举洛阳降唐。窦建德余部在刘黑闵率领下抗击唐军，最终于武德六年（623 年）被李建成、李元吉追杀。自此，唐朝控制了河南、河北地区。

杜伏威自起义以来势力大盛，掌握了江淮地区，并直接威胁江都，割断了隋炀帝北返要道，但他胸无大志，隋亡后上表于越王杨侗。李世民围洛阳时，杜伏威又降于唐朝，受封吴王，一直住在长安。江淮义军另一领袖辅公祏，于武德六年在丹阳（今江苏南京）起兵反唐，次年兵败被俘杀。唐朝占有了江淮地区。其他的起义军，或互相拼杀，或降唐，至武德七年（624 年）基本结束。

各方地主武装，拥兵自重割据一方，但都没有作为。唐朝建立后，在攻打起义军的同时，对地主武装采取分化瓦解和军事进攻两种手段，从武德元年（618 年）至贞观三年（628 年），先后消灭了薛仁杲（薛举之子）、李轨、萧铣、罗艺和梁师都等割据势力，完成了全国的统一。

三、玄武门之变

从太原起兵到隋亡后群雄并立，李渊集团的主要精力是全力以赴对付外敌。唐朝建立后，在统一战争接连取得胜利、大局已定的情况下，统治集团内部争权夺利的斗争就上升为主要矛盾。矛盾中的主要人物是李渊的嫡子李建成、李世民和李元吉。按传统的嫡长子继承制，李建成是合法的皇位继承者。李建成自立为太子后，李渊将统一战争的大任交给次子李世民。李世民在长期征讨中，军功卓著，聚集了一批人才并掌握了军政大权，他并不满足于"天策上将，位在王公上"的虚衔，而是企图取代太子之位。李建成亦非庸碌之辈，建唐过程中也立有功勋，并对李世民权势增大怀有戒心。而李元吉无论从权势和地位都不及两个哥哥，但也存有问鼎之心，他站在李建成一边，企图待两败俱伤，坐收渔翁之利。双方的矛盾发展到置对方于死地而后快的地步。李渊了解众子争斗之情，但又无法改变现状。武德九年（626 年），李世民先发制人，伏兵于玄武门，射杀不及防备的李建成和李元吉，并消灭了他们的势力，史称"玄武门之变"。李渊在武装胁逼下立李世民为太子，并于两个月后让位。李世民成为唐朝的第二代皇帝——唐太宗，年号为贞观。

第三节　隋唐时期的文化与社会生活

一、隋唐时期的文化

隋唐时期，尤其是唐代，是我国古代文化光辉灿烂的时期，各种文化艺术在我国文化史上都达到了新的高度，这在当时的世界文化领域也处于领先的地位。隋唐文化之所以这样发展，主要有三个原因：一是政治长期稳定；二是社会经济空前发展；三是大量吸收融合了边疆民族和邻近国家的文化成果。

（一）隋唐时期的文学艺术

唐朝是中国古典文学史上的繁荣时期，也可谓黄金时代。它是以封建经济的发展和商业都市的兴盛为物质基础的。当然，国家的统一、疆域的广阔、中外文化的频繁交流，给各族人民共同创造灿烂文化准备了有利的条件。其中，成就最为杰出的当属唐诗。现在流传下来的四万八千余首唐诗，出自两千两百多人之手。在这些灿若群星的诗人中，李白、杜甫、白居易等，当属著名的伟大诗人。

隋唐时期绘画艺术有很大发展，名家辈出。隋朝有展子虔、董伯仁、杨契丹、郑法士等人。其中展子虔的《游春图》流传至今。唐朝著名画家更多，初唐的阎立德、阎立本兄弟善画人物。阎立本的《历代帝王图》《太宗步辇图》流传至今。《步辇图》中，但见那浓重的眉毛、高高的鼻梁、连鬓的胡须，民族特点异常浓厚的吐蕃使臣禄东赞，身着动物饰样的长袍，足蹬皂靴，头扎免冠带巾，在唐朝礼宾官员和译员的陪同下，为松赞干布请婚，晋谒坐在步辇上的唐太宗李世民。禄东赞全身略向前倾，两脚并拢，双手拱合致礼，神态谦恭，其微微蹙起的眉头与明亮的双眸，揭示了他胸有韬略、善于审时度势和为增进民族情谊的精神。

除阎氏兄弟之外，盛唐时的吴道子（又名道玄），有"画圣"之称，他擅长人物、山水画，尤其是佛道画。他在继承前代技法和吸收西域画派技法的基础上，有所革新创造，绘画作品极富立体感。盛唐、中唐之际还有以擅画仕女图闻名的张萱、周昉等，代表作有《虢国夫人游春图》《簪花仕女图》。

唐朝的壁画在南北朝壁画的基础上有了很大发展，壁画的数量很大，仅吴道子一人即在长安、洛阳的佛寺道观中绘制壁画达数百幅之多。著名的敦煌千佛洞内的许多壁画大部分就是唐朝的杰作。内容多是佛经故事，但也反映了当时的社会生活状况。如其中描绘了耕作、收获、伐木、饲养、挤奶、拉纤、乐舞、战争、狩猎等场面，为研究这一时期的历史提供了珍贵的资料。唐朝墓葬中之壁画水平也很高，如章怀太子李贤（武则天次子）墓中的出行图、仪仗图、客女图、客使图、打马球图，所绘人物各具情态，栩栩如生，色彩也很鲜艳。

隋唐的雕塑艺术也有了很大的发展，主要有石窟造像、陵墓石雕和陶俑等。隋唐以前开凿的石窟寺，如敦煌（今甘肃）、龙门（今河南洛阳）、天龙山（今山西太原）、麦积山（今甘肃天水）、炳灵寺（今甘肃永靖）等此时都在继续建造，在技法和人物造型方面均有很大进步。如武则天时开凿的龙门奉先寺，有雕像九尊，中央的卢舍那佛坐像通高 17 米，气势宏伟。四川乐山的石雕大佛更是规模庞大，坐佛通高 58 米多，其中头 11.7 米、脸宽 7.8 米、鼻长 3.5 米、耳长 6.43 米，发髻为 1200 个，是迄今我国最大的石雕佛像。

敦煌千佛洞则是一座巨大的艺术宝库，现存 492 个石窟，唐窟有 213 个，其中的立体泥塑佛像，形象生动，神态自若，造型工巧，与壁画交相辉映，配置和谐。

唐三彩是以黄、绿、蓝、褐、紫等颜色为主要釉色，经焙烧而成的陶制品。在烧制过程中由于助熔剂铅釉的流动，各色呈现出浓淡层次的交流融合，形成错综复杂、绚丽多彩的色釉，俗称"唐三彩"。唐三彩的出现、发展与唐朝厚葬的风气有直接关系，其多用于陪葬，少部分用于建筑和生活陈设。唐三彩的釉色，是利用矿物中的金属氧化物的性能和呈色机理在高温下烧制而成的。其成分是：①浅黄（氧化铁、氧化锑）；②赭黄（氧化铁）；③褐红（氧化铁）；④绿色（氧化铜、氧化铬）；⑤蓝色（氧化铜、氧化钴）；⑥紫黑色（氧化锰）。辅助呈色料有：氧化铅、氧化硅、氧化钛、氧化钙、氧化镁、氧化钾、氧化钠等。隋唐时期还涌现出许多著名的书法家，现今被公认的楷书四大家，除后世元朝的赵孟頫的赵体外，其他三大家皆出自唐朝，他们是欧阳询、颜真卿、柳公权。欧阳询的楷书笔力劲峭，法度严整，代表作是《九成宫醴泉铭》。唐中期的颜体将篆、隶笔法运用到楷书上，独创一体，其书法气势雄浑，形体敦厚，对后世影响很大，代表作为《千福寺多宝塔碑》。唐后期的柳公权是与颜真卿齐名的大书法家，他兼采欧、颜二家之长，自成一体，世称柳体，代表作有《玄秘塔碑》。除欧、颜、柳三大家外，唐朝书法家还有虞世南、褚遂良，以及擅长草书的孙过庭、张旭、怀素等人。

（二）隋唐时期的科学技术

1. 天文、历算

隋朝的刘焯制作了《皇极历》，这是一部较为精密的历法，隋时未颁行，到唐时行用。该历法岁差为75年差一度，其准确率较当时欧洲的历法数值要高。除《皇极历》外，唐朝289年的历史中，历法变更了10次，其中《戊寅历》《麟德历》和《大衍历》三个历法在当时是确有价值的历法。

唐朝的一行和尚（683—727年）是我国历史上著名的天文学家，他本姓张名遂，魏州乐昌（今河南南乐）人，自幼博览经史，精通天文历算。玄宗时，他受命主持修历工作，有不少发现创造。他是世界上首次发现恒星移动现象的人，比英国人哈雷发现恒星早1000年。他又倡议测量子午线的长短，即在全国13个点测量北极高度和冬至、夏至、春分、秋分那天中午的日影长度，求得南北差351里80步（现代测量为111.2公里）。这个数字虽不精确，但却是世界上人类首次测量子午线的纪录，有着十分宝贵的科学价值。一行和尚还与梁令瓒等人合作，制造了一架表明日、月、星、辰在空中运行和测定时间的水力运转浑天仪（利用漏水激轮转动，昼夜为一周，还能表现日升月落）。奇妙的是，仪器中还立有两个木人，"每刻击鼓，每辰击钟"，是一个巧妙的计时机械，由此将我国天文仪器制造技术又提高了一步。

2. 医药学

隋朝名医巢元方的《诸病源候论》是我国第一部详论病因、分类疫病、鉴别和诊断的著作，书中还记述了用肠吻合手术治疗外伤断肠的技术。唐朝名医孙思邈（约 581—682 年）著有《千金要方》《千金翼方》两部医著，内容极为丰富，收集了 5300 多个药方，记载了 800 多种药物，由于他对医药学的重大贡献，被后人尊为"药王"。

3. 建筑领域

隋朝著名工匠李春设计建造的赵州安济桥是现存世界上最古老的单孔大拱桥，全长 50.82 米，宽 10 米，高 7.23 米。大桥洞两端上方各有两个小桥洞，既可节省工料、减轻重量，又便于排洪，且增加了美感。

二、隋唐时期的社会生活

（一）隋唐时期的服饰和饮食

1. 服饰

隋唐天子有六冕，即大裘冕、衮冕、鷩冕、毳冕、缔冕、玄冕。自隋开皇以来，天子唯用衮冕，其他诸冕形同虚设。隋衮冕垂白珠十二旒，玄衣缥裳，衣绣五章，裳绣四章，被绣三章。唐衮冕金饰，垂珠十二旒，玄衣缥裳，画日、月、星辰、山、龙、华虫、火、宗彝八章在衣，绣藻、粉米、黼、黻四章在裳，这就是后来所谓龙袍的法定样式。天子冠服有通天冠、翼善冠、武弁、皮弁、黑介帻、平巾、帻、白纱帽。

大臣官服分为祭服、朝服、公服、常服四种，都有规定。章服也是玄衣缥裳，一品九章、二品七章、三品五章、四品三章、五品一章，五品以下没有章。所戴弁服，皮制，通用乌纱，故又称乌纱帽。唐初五品以上大臣佩鱼袋，内装鱼符，后改为佩龟，三品以上为金、四品为银、五品为铜。服色上，贞观年间规定三品以上服紫、四品服绯、五品服浅绯、六品服深绿、七品服浅绿、八品服深青、九品服浅青。

庶人只能服黄或白，士人亦服襕衫。一般服装有衫、襦、袍、袄、裤。衫就是单衣；襦是齐腰的短衣，且是絮衣；袍是寒衣，内有絮棉，其长至脚；袄是袍的一种，比袍稍短，比襦长；裤就是裤子。唐朝盛行幞头，又称折上巾，开始是军旅所服，后来无论贵贱，都通用幞头，只是式样不同。帽子有席帽、毡帽和搭耳帽。席帽本为羌人之帽，用藤制成，可以挡雨，较薄，不御寒。毡帽是用羊毛或其他动物毛加工而成的，原北方游牧民族所喜用，隋唐时渐入中原，史载长孙无忌曾用乌羊毛为浑脱毡帽，结果风行一时，被称为"赵公浑脱"；名臣裴度还因为戴着厚实的毡帽而躲过了刺客的致命一击。搭耳帽原来是军士戴的，后来士民也戴此帽。靴子亦是北方游牧民族的服饰，后逐渐在中原普及，唐朝上至贵族官吏，下至平民姓，穿靴成风，甚至妇女也有穿靴的。

隋朝皇后服饰分袆衣、鞠衣、青衣、朱衣四等，唐朝皇后服饰分袆衣、鞠衣、钿钗禕衣三种。命妇法衣是翟衣，分为九等；其次是钿钗礼衣，以所贴花钿数量分等级，一品夫人九钿、二品八钿、三品七钿、四品六钿、五品五钿；常服服色与其夫服色相同。

女装大体由衫、裙、帔三部分组成。上衣为衫子，一般下摆系在裙腰中。裙子流行肥大，裙长拖地，常用六幅布帛制成，唐朝帝王多次下诏禁止裙长拖地，但屡禁不止。肩上披帛，称为帔服，飘垂至腰间。还有一种半臂，即短袖上衣，多半用较薄的织物制成。鞋主要是线鞋或履，鞋头往往成凤头形。

穿胡服、戴胡帽是唐朝妇女的一个爱好。瘦袖紧身、翻领左衽的胡服也深受妇女喜爱，盛唐时又时兴骑马戴胡帽。唐朝宫廷妇女还以穿戎装、男装为美。高宗时，太平公主以武官服装在宫中表演歌舞；武宗时，王才人常与武宗穿同样的衣服参加围猎，使奏事的人常常认错人。唐朝妇女居家装束较为开放，从唐朝壁画中可以看到袒胸露乳的服装，这在中国封建社会是较为少见的，反映唐朝社会风气开放，妇女受礼教束缚较少。

唐朝妇女重视化妆，除一般在脸、胸、手、唇等部位施粉、胭脂，使皮肤白皙娇艳外，还很重视画眉。玄宗时曾命人画"十眉图"，有横云、斜月等名目。此外，还常在额上涂黄粉，称额黄；又用金箔、彩纸剪成花样，贴在眉心，称花钿、花子；还有在两颊点上红黄色斑点或图样，称为妆靥。发髻更是名目繁多，有半翻髻、乐游髻、双环望仙髻、回鹘髻等。唐朝妇女化妆也大量吸收了少数民族的化妆方法，"乌膏注唇唇似泥，双眉画作八字低"。

2. 饮食

隋唐时期，食品有汤、料、臛、炙、脍、蒸、丸、脯、羹、脔、饤、饯、饼、馄饨、糕、酥、包子、面、粽子等名目。主食南方以稻米为主；而北方人则多食菽麦，主要是以菽麦制饼食用，但北方豪侈之家亦食稻米。

唐朝长安盛行一种胡麻饼，此饼原是西域少数民族的食品，汉时传入内地，至唐朝则风行一时。白居易在任忠州（今四川忠县）刺史时，曾仿长安胡麻饼的制作技术亲手制作胡麻饼送给当时的万州（今四川万州区）刺史杨敬之品尝。唐朝还有一个叫张桂的人，由于专卖胡麻饼而出名，后来还做了官。唐朝御膳中有一种红绫饼餤，可能是一种烙烤而成、较为硬脆的饼，昭宗和僖宗时，曾以红绫饼餤赏赐给新进士品尝。

隋唐时期，猪羊肉等肉类还不是一般人家平常能食用的。唐太宗曾下令禁止刺史出巡时向州县索取猪羊肉食用。据记载，唐朝官宦之家都是以菜蔬为主，有的甚至以菜蔬招待客人，而肉食是很少的。肉类非常馔，主要是指猪羊牛等，而鸡鸭等家禽在餐桌上出现的机会则更多一些。

樱桃是唐人喜爱的水果，白居易、王维、杜甫等人在诗中都曾提及，在一些大型宴会如新进士的曲江宴上更是必备之物，京兆府的樱桃还被列入税赋之中。荔枝也被视为美味，相传杨贵妃十分喜食，故驿站每天为她快马运送，"一骑红尘妃子笑，无人知是荔枝来"。

唐人嗜茶成风，达官贵人、贩夫走卒、山林隐士都喜饮茶。陆羽写有《茶经》3卷10篇，是世界上最早的一部茶叶专书，从此书中，我们也可以看出唐朝饮茶之风盛行。

（二）隋唐时期的居住和交通

1. 居住

隋朝宫殿建筑继承了"三朝五门"的周制，外朝、中朝、内朝纵向排列，改变了汉晋以来的东西堂制。唐朝宫殿有三大建筑群：太极宫、大明宫、兴庆宫。隋唐时期宫殿建筑中琉璃瓦的使用较前代有所增加，琉璃瓦以绿色居多，黄色、蓝色次之，但建筑用瓦主要还是青棍瓦和素白瓦，琉璃瓦仅用在屋脊和檐口部分。

隋唐时期，贵族宅第的大门采用乌头门，作为地位高低的标志。住宅内的房屋用直棂窗回廊连接，绕成庭院，使整个住宅成为一个四合院。普通住宅也主要是三合院或四合院的形式，只是没有连接房屋的回廊，房屋与房屋直接相连。隋唐住宅布局上有显著特点，大多数都有中轴线，房屋明显地左右对称。贵族官僚在住宅后面或房边修建园林的现象十分普遍。这些园林多以人工挖池造山，内有土山、钓台、曲沼、重阁。一些文人画家还把自己出众的想象力用于园林的布局，修建出艺术性较高的园林建筑，如白居易在洛阳履道坊的宅第共占地10余亩，其中10亩是园林，园内有水池、竹林、树林花草、桥梁道路，水池中还有小岛，岛上建有亭子，整个宅园布置得美如图画。还有的人在风景优美、依山傍水的郊外修造山居别墅，以自然山林的景色为主，略加人工建筑，比住宅园林更富有自然意趣。

2. 交通

隋唐时期，天子的车式样仿辂车，但没有车轮，用人抬着走。皇后则乘重翟车。男子出门多骑马，此外，还骑骡、驴、牛、骆驼。女子出门，最初以乘车为主，唐高宗永徽年间，轿子逐渐取代了车。唐朝妇女骑马出行的也较普遍，宫女们从驾出游都是戎装骑马，贵族妇女进宫也有骑马的，史载虢国夫人常骑马入宫，士大夫妇女亦常骑马出行，甚至有的在大街上"露髻驰骋"。

水路交通也很普遍，船舶制造技术已很发达，炀帝造的龙舟分4层，高45尺，长200尺，上层建有正殿、内殿、东西朝堂，中间两层建有120间房间，下层居住内侍，如此庞大的建筑充分显示了劳动人民的聪明智慧。唐朝海舶交通也很发达，安史之乱后，唐朝和中亚的交通就完全依赖海路交通。

（三）隋唐时期的婚姻和丧葬

1. 婚姻

隋唐时期，民间婚礼纳彩，有合欢、阿胶、九子蒲、朱苇、双石、棉絮、长命缕、干漆、嘉禾九样，每样都有说词，如阿胶喻义牢固，棉絮喻义调柔，九子蒲喻义其心可伸可屈，嘉禾喻义分福等。迎新娘的时候，用三升粟填臼，用一张席子盖在井上，用三斤絮塞住窗户，在门口放三支箭。新娘上车后，新郎骑马围着车绕三圈。新娘入门时，舅姑以下，都要从便门出去，然后再从正门进入。新娘进门以后，要先拜猪圈和灶。腊月结婚的新娘，不与姑娘相见。隋唐婚礼，还有障车和却扇的习俗。障车即在迎娶新娘的途中，女方亲属阻车索要酒食，以为戏乐。却扇是指新娘在成亲时以扇障面，相见时却扇。唐代有却扇诗，可见此风盛行。

唐朝婚姻较为自由，不像后世受到那样多的束缚，一定程度上允许自由择偶，如李林甫有 5 个女儿，他在厅壁上开一横窗，蒙上绛纱，遇到贵族子弟谒见，就让女儿们隔窗挑选意中人。离婚也有一定的自由，官吏不能强行阻挠。妇女再嫁也较普遍，以皇室之女为例，自高祖之女至肃宗之女共有公主 98 人，改嫁者达 27 人之多，其中四人三嫁。

唐初卖婚现象十分普遍，士族高门在嫁女时往往收取大量财物，称之为陪门财，所谓陪门财是指男家门望不及女家门望，故用财物以陪门望。太宗时曾下诏禁止卖婚，高宗时又规定了嫁女收取财物的最高限额，然而，社会风气不是皇帝的禁令所能改变的。唐朝婚俗还受到少数民族婚俗的影响，异辈婚现象较为普遍，尤其是皇室婚姻，如高宗娶太宗才人武则天是儿子娶庶母，玄宗娶杨玉环是父亲娶儿媳。唐朝法律虽然禁止异辈为婚，但皇室带头破坏禁令，因此民间异辈婚也屡见不鲜，据考证白居易父母即是异辈为婚，是舅舅娶了外甥女。此外，唐朝贞节观念也较为淡薄，女子婚前失贞并不罕见，婚后另觅情人更是屡见不鲜，唐人对此并不视为奇耻大辱，只作为风流韵事。如杨国忠出使在外，其妻存家身怀六甲，杨国忠还自我解嘲说是夫妻情深所致。

唐朝上层社会中，男子惧内之风极盛，几乎成为通病。房玄龄的夫人至"妒"，唐太宗赐给房玄龄美女，房玄龄不敢接受，太宗让皇后召见房夫人，对她说再妒忌就处死，房夫人回答宁死也不改，于是太宗就赐毒酒给她，房夫人一饮而尽。后人说那毒酒实际是醋，房夫人未死，但"吃醋"之说却流传下来。贞观中，桂阳县令阮嵩的妻子阎氏以妒悍出名，一次阮嵩在家宴请客人，召家中女奴唱歌助兴，阎氏知道后，拔刀至席，把客人和女奴都吓跑了，阮嵩也躲到了床下。唐末宰相王铎带姬妾赴镇抗黄巢，半路上听说夫人已经离京而来，他竟向幕僚说："黄巢南来，夫人北至，何以安处？"而幕僚则回答说："不如降黄巢。"甚至贵为天子的皇帝也不例外，中宗和肃宗都以惧内而闻名。所谓皇帝女儿不愁嫁在唐朝也不很适用，许多士子视作驸马为畏途，避之唯恐不及，主要原因就是公主骄恣不守妇道。

2. 丧葬

隋唐时期重厚葬，唐朝帝王虽然多次下令禁止重葬之俗，但由于统治者自己大造陵墓，实行厚葬，故上行下效，厚葬之风久盛不衰。李义府为其祖父改葬时，三原县令为他征发丁夫车牛，载土筑坟，昼夜不息，送葬时的羽仪、导从、輼輅、器服，无不穷极奢侈，送葬的人 70 里间相继不绝，唐人厚葬之风由此可见一斑。唐朝还很重视归葬，即将父母的遗体运回故乡安葬，这一风俗到了五代时更盛，周太祖甚至下令凡没有将父母及祖父母迁葬故里者不准做官。

唐朝民间葬俗，把死者放入内棺时，要将死者衣服后幅留下；内棺加盖后，在棺材前放置肉饭黍酒，然后摇盖叩棺、呼唤死者姓名，让他起来吃饭，如此三次。在钉棺和漆棺的时候不能哭，据说一哭漆就不会干了。另外，不能让狗看见尸体，不然会有重丧；也不能送韦革、铁物及铜磨镜。为死者做七七斋也很盛行，纸钱的使用也已经较普遍。

第四节　北宋的统一及其社会经济发展

一、北宋的建立和统一

（一）陈桥兵变

显德六年（959 年）六月，周世宗病死，其子柴宗训即位，是为恭帝，年仅七岁，"主少国疑"，政局不稳，后周禁军统帅殿前都点检赵匡胤兼领宋州（今河南商丘）归德节度使，防守京师。军权在握，"士卒服其恩威"，众望所归。显德七年（960 年）正月，赵匡胤以镇（今河北正定）、定（今河北定州）

二州名义，谎称契丹与北汉联军南下，大举向后周进攻，太后符氏派赵匡胤率领禁军出师御敌，军队行至开封东北 40 里之陈桥驿，赵匡义与掌书记赵普等指挥将士，发动兵变，拥立赵匡胤为天子，赵佯装辞谢，可是拥立赵匡胤的将领们却把象征皇帝登基用的黄袍加到他身上，然后回师开封，殿前都指挥使石守信为内应，"开关纳之"，轻而易举地夺取了后周政权，建国号为宋，史称"北宋"。赵匡胤正式当了皇帝，是为宋太祖。此事件史称"陈桥兵变"。

（二）平定叛乱

赵匡胤代周以后，立即引起后周地方藩镇势力的不满和反对，如昭仪节度使李筠和扬州淮南节度使李重进，他们都积极准备力量，想与赵匡胤争夺天下。首先起兵的是盘踞在上党（今山西上党区）八年之久的四朝元老李筠，他"自擅征赋"，"召集亡命"，于四月举兵。五月，赵匡胤亲率大军进讨。战争一开始，宋军就发动猛烈的攻势，包围李筠于泽州（今山西晋城）。六月，宋军攻破泽州，李筠自焚身死。其子李守节以上党降宋，叛乱平定。扬州淮南节度使李重进，系后周太祖郭威的外甥，周世宗时曾与赵匡胤分掌内外兵权，后来出镇淮南。李筠失败后，李重进于九月正式起兵反宋。他先向南唐求援，南唐慑于宋的威力，不敢支持。十月，宋军攻破扬州，李重进全家自焚死，淮南叛乱平定。李筠、李重进两股势力，虽然一时气势很盛，但在半年多时间内就被平定，说明反对宋朝的后周地方势力，都没有足够的力量与中央抗衡。赵匡胤取得决定性胜利，北宋政权得到巩固。

（三）"先南后北"统一战略的制定

赵匡胤建宋之后，面临着国内四分五裂的局面。南方还有南唐、后蜀、吴越、南汉、荆南、湖南、漳泉等封建割据政权，北方也有称臣于辽朝占据今山西部分地区的北汉，这种四分五裂、各据山头、互争雄长的混乱局面，极大地阻碍了南北经济文化的交流和社会生产力的进一步发展。因此，赵匡胤决心要统一中国。平定南方各国和攻取北汉以及收复燕云诸州，是完成全国统一的两大历史任务，但这两件大事不可能同时进行，只能根据实际力量，按照轻重缓急，来确定用兵先后。赵匡胤采用了"先南后北"的方针，在战略上先易后难，先南后北；在战术上避实就虚，避强击弱；在策略上，分别对待，先诱以恩信，后制以强兵。而以当时赵宋王朝本身的力量来看，在统一南方之前，其经济力量和军事力量都是难以摧垮北汉、打败契丹、收复燕云的。

南方各个割据势力奢侈腐朽，内部矛盾复杂尖锐，相互攻击，实力不断削弱，但经济比较发达。所以先取南方各国，既易于制胜，又可以增加财政收入，有利于随后对北边用兵，统一中国。宋太祖实行"先南后北"的统一战略，是总结历史和现实的经验教训而确定下来的，是周世宗时王朴《平边策》的继续完善和发展，是在全面考察、权衡利弊之后，作出的符合宋初军事、经济实力的一种稳妥决策。

（四）北宋的统一

北宋平定南方的战争，首先从湖南开始。建隆三年（962年）建都于湖南朗州（一名武陵，今常德）的周氏政权向宋请兵助平内乱，这显然是宋对荆南（即南平）、湖南用兵讨伐的大好时机。宋军于次年，即乾德元年（963年）初，假道荆南而出兵湖南，沿用晋国"假虞伐虢"的办法，"一箭双雕"，前后仅仅用了一个多月的时间就灭掉了荆南和湖南两个最弱小的割据政权，切断了南唐和后蜀这两个南方最大势力之间的联系，也切断了南汉和后蜀的联系，从战略上讲对宋的统一战争是非常有利的。乾德二年（964年）底，北宋开始攻蜀，仅用了60多天时间，于乾德三年（965年）正月就迫使后蜀孟昶降宋，清除了长江上游这个重要的割据势力。灭蜀后，宋太祖曾诏"取蜀宫殿材，造船二百艘，装载物帛铜钱器皿及银腰带十万，应付江南军前"。开宝三年（970年）底，宋军从湖南南下攻南汉，用了不到半年时间，就削平了南汉。开宝七年（974）九月，赵匡胤派了10万大军开向南唐进攻。次年冬，宋军攻陷金陵，南唐灭亡。

灭南唐的次年，即开宝九年（976）十月，宋太祖死去。这时北宋的统一大局已定。其弟赵光义（即匡义，避讳改光义，即位后改名炅）即位，他继续完成了宋太祖未竟的统一大业。太平兴国三年（978年），漳、泉二州的陈洪进和吴越的钱俶，在北宋的强大军事、政治压力下，相继纳土归附。至此，北宋前后用了十五六年时间统一了南方，得州 157、军 4、监 1、县 745、户 230 多万。北宋在统一了南方各割据政权以后，"储积充羡"，又自平南唐之后，每年从那里漕运来京师的稻米就有数百万石之多。北宋的国力大大增强，于是开始将兵锋转向割据太原的北汉和辽朝。太平兴国四年（979 年），宋太宗亲自领兵进攻北汉，北汉主刘继元出城投降，"十国"中的最后一国北汉亡。这时，除了燕云等地区还由辽朝占据，陕北地区被党项贵族统治，边疆地区尚有西北的高昌、龟兹、于阗，西南的大理和吐蕃等政权以外，中国的内地从黄河流域、长江流域到珠江流域的广大地区都被北宋统一了。安史之乱以来延续了 200 多年的分裂割据局面基本结束。统一的中央集权国家在中国的再度出现，大大有利于先进的生产力的发展和国内外交通的活跃，促进了宋代经济文化的全面繁荣和高涨，这无疑是历史上的一大进步。

二、北宋农业生产的发展

北宋的统一，结束了中唐以来 200 多年的分裂割据局面，使南北生产技术和经济得到更为广泛的交流，为社会经济的发展创造了许多有利的条件。在唐朝出现的租佃契约关系，到了北宋已经普遍发展起来，农民对地主的人身依附关系相对削弱，获得了一些人身自由，直接用于生产劳动的时间相对增加，生产积极性有所提高。加上北宋统治者为了发展生产，巩固统治，也采取了一系列奖励农业生产发展的措施。经过广大劳动人民的辛勤劳动，北宋的农业、手工业、商业在唐、五代的基础上有了长足的发展，达到了中国封建社会的高峰。

（一）生产工具的改进

为了省力、提高工效及深耕细作的需要，宋朝的农业生产工具比唐朝有了很大的改进与提高。在北方地区，为了适应不同土壤的需要，已普遍使用犁铧，形式多样，主要有尖头、圆头、桃形等种类。犁铧的边刃大多为优质钢锻制，犁壁呈桃形，便于深耕，是一种先进的深翻工具。在缺乏耕牛的地区，诸如宋州（今河南商丘）、亳州（今安徽亳县）等地又推广"踏犁"，四五个劳动力相当于牛耕的一半功效，解决了耕牛不足、地区耕田翻土的困难。一种带犁铧的耧车也在北方地区普遍使用，大大提高了播种速度。南方地区已普遍使用手摇和脚踏的龙骨水车，进行戽水灌溉。在一些丘陵山区，还使用比龙骨水车运转力更大的筒车，引水上山，灌溉山田。鄂州（今湖北武昌）地区的农民还发明了秧马，大大减轻了劳动强度。

（二）农田的垦辟和水利的兴修

宋朝农田的垦辟取得了显著的成就。各地劳动人民因地制宜，在江畔、海边、沼泽、丘陵、山区开垦了不少圩田、淤田、沙田、坝田、海塘田、海涂田、梯田、山田。其中，最突出的是圩田的兴修。圩田即筑堤围田，是一种能防止水旱的水利田，大多分布在长江沿岸和太湖流域的水网地带。有闸门与水车，旱时放水灌溉，涝时排水。仅宣州（今安徽宣城）至池州（今安徽贵池区）一带就有千区以上。为了扩大耕地面积，与山争田，在江西、福建一带山区还垦山垅为田，"层起如阶级然"，称为"梯田"。温州冯公岭一带，"百级山田带雨耕，驱牛扶耒半空行"。江西、福建、湖南、浙江的山区都大量开垦山田种稻。婺州（今浙江金华）所属的浦江县"居山僻间，地狭而人众，一寸之土，垦辟尤遗"。宁宗时，台州（今浙江临海）一带有"涂田"，两浙有"沙田"，太湖附近有"坝田"。

北宋时的水利兴修也取得了很大的成就。对黄河、汴河堤防经常修治；在河北一带大兴陂塘，还修筑了堤堰600里；在南方地区也修建了许多水利工程，比较著名的有江北捍海堰、浙江捍海塘、钱塘江堤以及杭州西湖、越州鉴湖、明州广德湖，福建莆田的木兰陂等。

（三）优良品种的推广

由于农业生产的发展，宋朝劳动人民对种子引进、选择、培育以及优良品种的交流推广都很重视，特别是占城稻的引进和推广，对粮食的增产增收起了积极的作用。占城稻穗长，无芒，抗旱力强，生产期短，一年可种两次，且"不择地而生"。北宋真宗祥符四年（1011年），江淮、两浙诸路大旱，政府派人从福建取占城稻3万斛，分给江淮、两浙等路推广，并将种植方法写成榜文，公布于众，指导农民种植，在尔后的种植中又得到不断的改良和更新，并推广到北方。太平兴国年间（976—984年），太宗鉴于"江南专种秔稻"，而不像"江北之民杂种诸谷"，下诏指出，为防备水旱，作物种植不可单一，而应"杂种"。如缺乏粟、麦、黍、豆种者，由淮北各州郡供应。南方地区因而普种麦、粟、黍、豆等粮食，既增加了粮食产量，又丰富了人民的生活。

（四）施肥与经济作物的种植

陈旉的《农书》是农民深耕细作，获得粮食增产、高产的经验总结。书中对整好秧田、选好种子、施肥方法等方面都有精辟的论述。最为可贵的是驳斥了所谓"田土种三五年，其力已乏"的地力减退论，强调只要"以粪治之"，地力就不会减退，从而提出"用粪犹用药"的真知灼见。

宋时经济作物也有发展。茶的种植遍及江、浙、皖、赣、闽、荆湖及四川等广大地区，作为农民的家庭副业。淮南地区出现了许多"园户"，专以种茶为生。茶叶不仅是北宋与辽、西夏贸易的主要商品，也是国内市场上的重要商品，成为人们的生活必需品。北宋养蚕及种植桑麻的地区也比唐朝有所扩大。棉花的种植，也从闽广等地逐渐向长江流域发展。甘蔗也是主要的经济作物之一，以广州、明州、福州等地最为有名，并出现"糖霜"专业户。

由于农民的精耕细作，水利的大批兴修，生产工具的改良和生产技术的进步以及优良稻种的培育与推广，农田单位面积产量有显著提高。平常年景，亩产米一石，福建、两浙一带亩产米二至三石。明州城西广德湖灌溉区一带七乡，由于水利条件好，每亩可收稻谷六七石（可收米四五石），达到了封建社会空前的水平。

三、北宋手工业生产的发展

在农业发展的基础上，宋朝的手工业也有显著的发展，无论生产的规模、分工的细密、产品的数量和质量、技术水平，都超过前朝，在我国手工业发展史上占有突出的地位。

（一）矿冶业的发展

矿冶业在北宋手工业生产中占有重要的地位，其开采规模的扩大、产量的增加都远胜唐朝。唐朝有采矿区 186 处，而北宋英宗治平年间（1064—1067 年）有 271 处。徐州利国监，有铁冶 36，每冶百余人，合计约有 4000 余工人。而江西信州（今江西上饶）及其附近盛产铜、铅，"常募集十余万人，昼夜采凿，得铜、铅数千万斤"。韶州（今广东曲江区）的永通监有屋八百楹，"四方之人弃农亩，持兵器，慕利而至者不下十万"，铜年产量达 600 万斤。河北省沙河市綦阳村是北宋中期冶铁业的集中地，生产规模大，仅残留在炉旁的铁汁凝块，每块竟达数吨重。北宋时还能用生铁熔液灌注熟铁的灌钢法进行炼钢，磁州（今河北磁县）的冶坊里，使用灌钢法生产出许多优质钢，这对生产工具的改进，起了很大的促进作用。宋神宗时，年产铜 7000 万斤，银 100 多万两，产量是唐朝的数倍。冶炼技术也大为提高，五代时发明的淡水浸铜法这时也普遍应用于生产。用煤冶铁炼钢所制兵器"犀利胜常"。同时还出现了增加强度的冷锻技术，经过冷锻所造的铁甲，"强弩射之，不能入"。北宋时金的采掘也相当可观，登州（今山东蓬莱）是著名的产金区，有重 20 两一块的生金，"取之不竭"，每年能冶炼黄金数千两之多。

（二）采煤业的发展

宋人称煤为石炭。河北、山西、山东、陕西、河南、安徽、江西等地，均有开采，而且出了许多大型煤矿。1954 年河南鹤壁市发掘的北宋煤矿遗址表明，其开采方法是向地下开凿圆形竖井，直径 2.5 米，井深 46 米左右，井下依煤层自然延伸，开掘巷道，将煤层分成若干小块，然后进行分区回采。煤除用作冶铁炼钢之外，更多是用作燃料，汴京居民"数百万家，尽仰石炭，无一家燃薪者"。

（三）造船业的发展

北宋时由于经济的发展，造船技术的进步，水上交通及航海贸易的需要，加之建都开封，东南漕运依赖船舶，因此造船业特别发达。船的体积大，结构有所创新，船的形状上宽下窄。这种尖底船吃水既深，抗风能力又强，便于破浪向前行驶。船上又有隔离舱，船舱分段且又密封，坚固稳定。船上设备完善，设有帆、锚，备有指南针。船桅还有转舳设备，能够自由起倒。官营作坊以造纲船（漕运船）为主，也兼造座船（官员客船）、战船、马船（运兵船）。民营作坊则造商船和游船。荆湖、江南、淮南、两浙及陕西等地都设有大型的造船场、务。太宗晚年，全国各地仅所造漕运船一项，就达3300百余艘。明州、温州、处州（今浙江丽水）、婺州、虔（今江西赣州）、吉（今江西吉安）、潭（今湖南长沙）、衡（今湖南衡阳）等地为主要造船基地。荆湖地区最大的内河航行船载米12000余石，载重量约为660余吨。而两浙所献龙船，长20余丈，上为宫室层楼，同时还"设御榻，以备游幸"。神宗时，为了修理龙船，在开封西郊金明池还建造了世界上第一个船坞。徽宗时，民间所造通往高丽的海船叫"客舟"，"长十余丈，深三丈，阔二丈五尺，可载二千斛粟，每舟篙师水手可六十人"。船内构造十分科学，"上平如衡，下侧如刃"，以便划水破浪。船舱分隔为三：前一舱底作为炉灶与水柜安放处，中舱分为四室即隔离舱，后舱叫"廒屋"，一丈余，四壁有窗户。这种分舱设置可以避免一处受损而全舱覆没的危险，坚固而安全。

船上使用指南针，夜观星，昼观日，"若晦冥则用指南浮针，以揆南北"，"乃火（伙）长掌之，毫厘不敢差误"。宣和年间派使臣去高丽，在明州造了两艘巨型海舰，"巍如山岳，浮动波上，锦帆鹢首，屈服蛟螭"，当行驶到高丽时，高丽人民"倾国耸观"，"欢呼嘉叹"。这种"神舟"，长阔高大，什物器用，乘坐人数，都比"客舟"大三倍，是一种大约可装载两万石以上的巨型大舰。

（四）纺织业的发展

北宋的纺织业有丝、麻、毛、棉等，其中以丝织业最为发达。两浙和四川已成为丝织业中心。两浙及江南地区，尤其是太湖流域一带，一般人家几乎都从事丝织业生产，"茧箔山立，缫车之声，连甍相闻"。从全国上供的丝织品来看，两浙路约占总数的三分之一以上（全国上供丝织品约300万匹，而两浙路约占100余万匹）。丝织品种类繁多，技术精巧，绢有50多种，绫有27种。北宋时，河北的丝织业虽已退居次要地位，但北方地区有一些城镇仍然保留着一些传统的丝织业名牌产品。首都汴京设有绫锦院，规模宏大，专为宫室织造高级织品。定州（今河北定州）的刻丝（一作缂丝），用各式丝线，经纬交织出各种逼真的花草鸟兽，犹如雕刻一般。单州（今山东单县）的薄缣，每匹"重才百铢，望之如雾"，为丝织品中之珍品。此外，鄂陵的缯，亳州的轻纱，四川的锦、绮、花纱，越州的麦穗纱及尼姑织的寺绫，婺州的红边贡罗等，都是全国有名的产品。由于商品经济的发展，丝织业的发达，北宋时南、北方一些地区都出现了一批初步脱离农业而从事丝织业生产和经营的机户。成都、徽州、河北、京东路等地，都有关于机户的记载。婺州一地"万室鸣机杼，千艘隘舳舻"。州治所在地的金华城中，更是"民以织作为生，号称衣被天下，故尤富"。

（五）瓷器业的发展

北宋瓷器，无论产品数量、质量，还是制作技术，都在隋唐、五代的基础上有了新的突破。官、私瓷窑遍布全国各地，所产瓷器各具特色，产品琳琅满目，千姿百态，美不胜收。不仅畅销国内，还打入国际市场，远销日本、高丽、南洋、印度、阿拉伯、伊朗和非洲等地。从此，中国被誉为"瓷之国"。北宋时，全国逐渐形成了五大名窑：定窑（在今河北曲阳），以白瓷为主，胎质莹白如粉，薄而轻，造型工巧，有划花、绣花、印花等品种；汝窑（在今河南汝州），产品敦厚温润，胭脂朱砂兼备，色釉莹澈，有蟹爪、冰裂、芝麻花等纹样；钧窑（在今河南禹州），土脉细，釉具五色，光耀夺目，有兔丝纹，红如胭脂，青若葱翠，紫若墨黑；官窑（在今河南开封），产品土质细润，胎薄色青，浓淡不一，以粉青为上；哥窑（在今浙江龙泉），盛产青瓷，产品有"千峰翠色"之称，冠绝当世。北宋时崛起瓷坛的还有景德镇瓷窑，真宗景德年间（1004—1007 年），所造瓷器的器底皆书"景德年制"四字，景德镇瓷器从此名扬天下。此外，陕西的耀州窑（今陕西耀州区），河南唐州窑、邓州窑，安徽的宿州窑、泗州窑也很有名。

（六）造纸和印刷

北宋的造纸业也很发达。造纸的原料除麻、竹、藤、楮之外，稻秆、麦秆、桑皮等也都大量使用，既增加了原料的来源，又降低了成本。印刷术的发展又给造纸业广开市场，进一步推动了纸张生产。造纸作坊在各地兴办起来。名纸如林，其中以浙江的藤纸，温州的蠲纸，富阳（今浙江富阳区）的小井纸，歙州的澄心堂、凝霜，宜州的栗纸，四川的布头笺、冷金笺等最为有名。有的纸质坚韧，被制作纸衣、纸袄，甚至纸被和纸甲。

造纸业的发展，为印刷术的发展提供了物质基础。北宋时，雕版印刷术发展迅速，广泛被用来刻印各种书籍。当时有国子监刻印的书，后被称为"监本"。民间私人书坊刻印的书，被称为"坊本"。两浙、四川、福建的印刷术最为发达。宋版书不仅纸墨工料多选上等，刊印讲究，而且在刊印时都按古写本经过详密校勘，错误甚少，为后世藏书家所珍爱。

此外，北宋的制盐、制糖、制茶业也比前代有了很大的发展，而且制作技术也有所提高。同时，全国各地都涌现出一大批手工业名牌产品。

第五节　南宋与金对峙时期的发展

1127 年初北宋灭亡后，5 月金兵北撤，宋徽宗的第九个儿子赵构逃到南京应天府（今河南商丘），登上了皇帝的宝座，改用"建炎"年号，他就是宋高宗。后来，赵构将所建王朝国都迁至临安（今浙江杭州），历史上称之为"南宋"。人们又把"北宋"和"南宋"合称为"两宋"。

南宋王朝所采取的方针同北宋并无两样，即对女真族贵族甘心妥协求降，对人民群众进行残酷压迫。赵构仓促登上皇位，在大敌当前、人心未定的情况下，为了欺骗人民以保护自己的统治地位，表面上"抗金"，起用主战派代表李纲为宰相。李纲上任后积极布置抗金，提出十条建议，反对割地求和，改革军制，整顿纪律，募兵买马，以加强军事防御力量。他还颁布新军令 21 条，明确赏罚制度。尽管如此，朝廷内还是形成了以宋高宗赵构、汪伯彦、黄潜善为代表的投降派集团，他们全然不顾国人杀敌雪耻的激愤情绪，一心只想保存一定的实力，不与金人对抗，苟且偷安。对于李纲、宗泽等主战派为抗金采取的积极措施大力阻挠和破坏，结果李纲只做了 75 天宰相便被罢免，他所规划的一切改革方针都被废除。同年（1127 年）底，金军又一次南下进攻宋朝，高宗立即逃到扬州，宗泽 20 余次上书请求北伐未被采纳，悲愤成疾而卒。次年，金兵分四路大肆进攻中原腹地及南方广袤地方，先后攻陷了徐州、扬州、济南、大名、应天府等地。宋高宗被金朝将领金兀术追杀而四处逃命。

与此同时，宋人深受金人迫害，房屋尽毁、田园荒芜、尸首遍地；男人被迫削发，为他们担运掠夺的物品，女人被奸淫杀伤，中原晋、冀等地人民不甘心受金人的欺凌，纷纷组织武装。其中，北方太行山区王彦领导的起义军在脸上刺上"赤心报国，誓杀金贼"八个字，表达抗金的决心，因之被称为"八字军"；在河北赞皇县五马山有赵邦杰组织的义军抗金；还有山西河东地区以红巾为标志，民间自发的抗金大军。这些斗争对牵制金人南侵起到了重要的作用，极大地鼓舞了南宋军民抗金的斗志。除了王彦、赵邦杰等抗金英雄外，特别值得一提的岳飞、刘锜、吴玠、吴璘、韩世忠等人领导的抗金斗争，名闻遐迩。

岳飞（1103—1142），字鹏举，相州汤阴（今河南汤阴）人，出身佃农。家境虽苦，自幼在母亲的抚育下刻苦学习，遍读《左传》《孙子兵法》等书，又练就了一身好武艺。他目睹了金兵的残暴，立志献身抗金事业。年轻时投奔宗泽部队担任一名军官，以小股兵力屡胜金军，逐渐成为宋军中的重要将领。1129 年，金兵再次南侵，宋高宗急信金人，甘当儿皇帝。金军不理继续进兵，高宗只好南逃。岳飞于广德（今安徽广德）、建康（今江苏南京）等地多次打败金兵，于 1130 年收复了江南重镇——建康。"岳家军"纪律严明，处处爱护人民，享有"冻死不拆屋，饿死不掠夺"的美誉。岳飞和士兵们同甘苦，经常替病号调汤熬药；对于将士远征，经常慰问其家属；对于烈士，抚养其子女。他还善于用人，战前共商谋略，深受军民拥护。由于岳飞等人知人善任，作战勇猛且有计谋，又得到了广大人民的支持，因此在几年的战争中，使金军主力受到很大削弱。32 岁的岳飞身为大帅，统领上万人的独立精锐部队，陆续收复了被金人占去的襄阳、郢、随、唐、邓、信阳等六州大片土地。可是，在大好形势下，高宗不但不听从岳飞的北伐建议，反而在奸臣秦桧的谋划下，接受金人"归还黄河以南的地方，以新黄河为界"的所谓"和谈"条件，加紧投降活动。岳飞对此怒火万丈，上表斥骂秦桧的卖国主张，表达自己"唾手燕云，终欲复仇而报国"的壮志，同时加紧部队训练。1140 年，金军又大举南侵。在民族生死存亡的紧急关头，岳飞不顾秦桧的百般阻挠，挺身而出，亲自率兵北上收复郑州、洛阳等重镇，一直打到黄河边。金朝统帅金兀术气急败坏地反扑，双方数万人在河南郾城进行了一场大战。岳飞下令步兵用绳索将刀捆在长柄上，专砍敌骑兵的马腿，由此大胜金军。金兀术败阵叹道："从我起兵以来，没有受到今天这样的挫败。撼山易，撼岳家军难！"尽管岳家军连打胜仗，使中原地区民心大震，金兀术拟放弃汴京逃跑，失地收复指日可待，可是投降派对抗金斗争百般破坏，不拨给他们军械粮草。宋高宗和秦桧又急召岳飞撤兵。岳飞回来后被解除兵权，和他的儿子岳云被秦桧以"莫须有"（也许有、恐怕有）的谋反罪名，打入监狱下毒杀害。

岳飞一生爱憎分明，在反抗女真族贵族的武装掠夺的斗争中，体现了中原人民的意志和愿望，为保卫人民利益做出了巨大的贡献。为缅怀他，后人于杭州西子湖畔铸造了岳飞像，并铸秦桧的铁像，跪在岳飞墓前，遭万人唾骂。

第五章 元明清时期的社会情况

第一节 元朝的建立与发展

一、元朝的建立与中国的统一

（一）忽必烈改革

忽必烈（1215—1294年）是成吉思汗的孙子，蒙哥大汗的弟弟。蒙哥在位时，他就受命管理漠南汉地的军政事务。他非常重视汉文化的学习，并以王鹗、元好问、刘秉忠等名士为师，学习以儒学治国之道。他"首聘公（王鹗）于保州……朝夕接见，问对非一，凡圣经所谓修身、齐家、治国、平天下之道，无不陈于前"。忽必烈广泛接触中原士人，学习汉文化之后，更加认识到，"今日能用士，而能行中国之道，则中国之主也"。正因为忽必烈能主动学习儒学，仿效汉法，所以在宪宗九年（1259年）蒙哥大汗死后，他比较顺利地战胜了保守派，于中统元年（1260年）继承大汗位。

忽必烈即汗位前，看到蒙古军南进行程中大肆烧杀抢掠，中原地区的社会经济遭到严重的破坏。每攻下一地，便实行野蛮的屠杀政策，如攻占保州（今河北保定）、密州（今山东诸城）、卫州（今河南卫辉）时，除工匠不杀外，其余全部杀死。另外，还把俘获的人口，变为"驱口"（即奴隶）。"掠者私其主"，实行谁掠夺归谁所有的政策。"时诸王大臣及诸将校所得驱口，往往寄留诸郡，几居天下之半。"蒙古贵族不重视农业生产，企图用畜牧业代替农业，主张尽杀汉人，改农田为牧场。如近臣别迭等人就曾提出："汉人无补于国，可悉空其人以为牧地。"有的贵族已经着手圈占农田为牧场，面积之大，有达十余顷者。例如山东沿海登、莱一带，都成了广袤千里的牧场。蒙古军的这种暴行必然引起中原人民的誓死反抗。以忽必烈为首的一些开明的蒙古贵族意识到落后的军事奴隶制不可能取代中原的封建制，只有接受汉族的先进文化，采用汉法，以"文治"取代"武治"，才能巩固蒙古汗国的统治地位。所以忽必烈即大汗位之后，便着手进行经济、政治方面的改革。

经济方面："以农桑为急务"，改变过去把农田变作牧场和掠夺人口为"驱口"的做法。把许多牧场重新改为农田，有的直接退还农民，有的以租佃方式招募农民耕种。下令禁止掠人为奴，将"驱口"释为良民，为发展农业生产增加劳动力。另外，还专门设立管理农业生产和水利兴修的司农司、营田司等机构，负责农田的恢复、农业劳动力的保护，促进农业生产的发展。忽必烈的改革，抛弃了蒙古贵族原先在汉族地区推行其落后的游牧经济和奴隶制的剥削方式的企图，接受了封建的生产关系和剥削方式。在改革过程中，蒙古奴隶主贵族也逐渐转化为封建地主。

政治方面：反对封建割据，加强中央集权。蒙古贵族进入中原地区之后，曾经一度实行裂土分封，藩王在封地内拥有治民权，可以自征赋税，自置官吏，自断刑狱，实际上是一个独立王国。忽必烈的改革，便是将封地改为赐田，使原来拥有封地的贵族，成了一般的地主，削弱其政治权势，从而使中央集权得到加强。另外，废除汉人诸侯的世袭制度，解除他们的兵权。蒙古贵族进入中原以后，有些豪强地主投靠了他们，成为拥有军权的诸侯，而且享有子孙世袭的特权。中统三年（1262年），益都行省李璮起兵反叛，引起了忽必烈的警惕，为了消除地方割据势力，忽必烈下令废除诸侯世袭制度，在地方上实行军民分治，作为加强中央集权制度的又一项政治措施。

忽必烈在经济、政治等方面进行了一些改革，虽然对元朝的统一起了重要的作用，但是改革是在维护蒙古贵族统治特权的前提下进行。推行汉法的改革是很有限的、不彻底的，如分封采邑制、驱奴制、官手工业匠户制，民族歧视的政策都给元王朝的统治带来隐患，使阶级矛盾和民族矛盾长期处于尖锐的对立状态。

（二）元朝的建立与南宋的灭亡

在贵由和蒙哥掌权时期，忽必烈率军南下。为消灭偏安江南的南宋朝廷，他采取了迂回包抄的战略，先进军西藏、云南、贵州、四川以至安南、台湾等地，使当时的吐蕃政权、云南的大理政权归入元王朝的版图，形成从北、西、南三方面包抄南宋的形势。南宋开庆元年（1259年）七月，蒙哥在四川合川县东钓鱼山亲自上阵督战，结果为宋军炮石所伤，不久死于军中。忽必烈为了与留镇漠北的幼弟阿里不哥争夺汗位，秘不发丧，而接受南宋权相贾似道的乞和要求，率军北还。后经四年争夺帝位的战争，忽必烈终获胜利。

1260年，忽必烈仿效中原王朝以"中统"为年号。至元八年（1271年），废除"蒙古"国号，取《易经》中"大哉乾元"之义，定国号为"大元"，（意即大的开始）。至元九年（1272年）迁都北京，当时称大都，也叫汗八里，意即大汗之城，忽必烈便是元世祖。

南宋末年，皇帝昏庸无能，奸臣恣意专权，政治更加腐败，特别是宋理宗和度宗时期（1225—1274年），宰相贾似道专权，一切朝政取决于他，甚至大臣都得拿着文书到他家请示。正直的官吏受到排挤打击，贪污行贿受贿却能得到提拔重用。他大兴土木，广造亭台楼榭，整日与姬妾以斗蛐蛐为乐，沉湎于花天酒地的生活。为了弥补财政赤字，政府滥发纸币，引起币值下跌，物价上涨。在这种极端黑暗的统治下，"田里荒寂，州县萧条"，广大人民被迫鬻妻卖子。面对北方的强敌，南宋把苟安的希望寄托在长江天险上。

忽必烈针对南宋的形势，根据南宋降将刘整的建议，先集中力量进攻江、汉之间的军事重镇襄、樊二城，然后沿江而下，直取临安。元军从至元五年（1268年）起，动员了10万以上兵力，围困襄阳和樊城。两城军民凭借比较丰富的物资储备，坚持斗争达5年之久。当时南宋军队总数不下70万，财政收入也远远超过北方的元王朝，但是以贾似道为代表的统治集团贪生怕死，对于襄、樊的告急文书置之不理。至元十年（1273年）正月，襄、樊二城被元军攻破。樊城守将范天顺仰天长叹："生为宋臣，死为宋鬼。"遂自缢而死。襄阳守将吕文焕开城降元。

襄、樊失守之后，长江上游门户洞开，天险已不能阻挡元军前进。至元十一年（1274年），忽必烈大举伐宋。元军分兵两路，东路以博罗欢为统帅，从两淮方面进攻，目的是牵制宋朝的兵力，西路以伯颜为统帅，率主力20万人，从襄、樊沿汉水、长江而下，相继攻陷鄂州（今湖北武昌）、黄州（今湖北黄冈）、蕲州、江州（今江西九江）等地。至元十二年（1275 年）二月，宋、元两军在丁家洲（今安徽铜陵境内）相遇。东下的元军约十余万，与宋军兵力相当，从物资供应、地理条件和群众条件来说，宋军都占有明显的优势。但是贾似道一心求和，与元军谈判，向伯颜表示愿意"称臣纳贡"。元军利用谈判，乘机备战。待谈判破裂，元军发起进攻，宋军大败，溃不成军。贾似道被贬废，在押送途中被杀。至元十三年（1276 年，宋恭帝德祐二年），元军进抵临安城下，南宋遣使乞和，伯颜不许，宋军没有进行任何抵抗，元军不战而取临安，恭帝被俘。

（三）文天祥等人的抗元斗争

临安陷落时，宰相陈宜中从城中逃出，与陆秀夫、张世杰为首的南宋政府中的少数抗战派在福州拥立恭帝的庶兄益王赵昰为帝，是为端宗，继续抗元。在东南沿海的福建、广东一带进行艰苦卓绝的斗争，涌现出许多可歌可泣的事迹。民族英雄文天祥顽强不屈的斗争精神，为宋末人民的抗元斗争写下了光彩夺目的一页。

文天祥（1236—1283 年），江西吉安人。恭帝德祐元年（1275 年），元军进逼临安时，担任赣州知州的文天祥响应朝廷下令各地勤王的号召，组织民兵万余人，赶赴临安勤王。德祐二年（1276 年），他被任命为右丞相兼枢密使，到元军营中议和。他不受伯颜的威胁利诱，坚持先撤走元军再谈判的立场，而被扣留。临安陷落后，被押解北上。到镇江时，文天祥逃脱，辗转到达福建，端宗任命他为右丞相。接着他又领兵攻入江西，收复了宁都、零都等地，一时军心大振。年底，端宗逃到广东，文天祥在广东继续组织抗元斗争。

景炎三年（1278 年）二月，端宗逃往南海，死于碙州（今广东吴川）。文天祥、张世杰、陆秀夫又另立卫王赵昺为帝，流亡于南海的崖山一带（今广东新会区）。十二月，文天祥在五坡岭（今广东海丰北）与元将张弘范战斗中失败被俘。张弘范劝他投降并叫他写信招降张世杰，文天祥大义凛然地写了《过零丁洋》，诗的最后两句"人生自古谁无死，留取丹心照汗青"，表达了他坚贞不屈的决心。文天祥被押送大都，1283 年 1 月从容就义于大都菜市口，时年 47 岁。

祥兴二年（1279年）二月，元军对崖山守军发动进攻，南宋水军大败，陆秀夫抱赵昺投海死，张世杰突围后欲奔海外，以图再举，不幸遇风覆舟牺牲，南宋政权彻底灭亡。

（四）元朝统一的历史意义

元朝的统一，结束了唐末五代以来300多年的分裂割据局面，促进了空前规模的统一多民族国家的形成，在我国历史发展过程中，具有重大的意义。

元朝的统一，使我国出现了空前规模的统一，使广大地区统归于一个中央政权的直接管辖之下，巩固和发展了多民族的统一国家。元朝中央政府管辖的地区，"北逾阴山，西极流沙，东尽辽左，南越海表"，实现了全国的大统一。原来南诏、大理等政权控制的地区，至元十三年元朝政府在那里设立了云南行省。西藏也正式成为中国领土的一部分，元朝政府在那里设立乌斯、藏、纳里速古鲁孙三路宣慰司和都元帅府，中央设置宣政院，专管西藏事务。在台湾设立澎湖巡检司，在东北、北、西北广大地区设立辽阳、岭北、甘肃行省，实行有效的管辖。元朝的统一为疆土的开拓、中华民族的发展作出了重要贡献。

元朝的统一，加强了我国各族人民之间的联系，促进了更大规模的民族融合。这一时期各边疆地区和中原地区的政治、经济、文化得到了前所未有的发展。汉族人民大批向边疆迁移，边疆各族向中原和江南迁徙，各族人民互相通婚，共同从事生产活动，交流生产技术，推广先进的生产工具，对促进边疆地区的开发和建设都有着积极的作用。各族长期交往融合使进入中原、江南地区的蒙古人放弃了原先的游牧生活，转而从事农耕。

元朝的统一，促进了中外经济文化的交流。元朝中西交通空前活跃，当时从东亚到西亚的陆路交通主要有两条道路：一条为钦察道，经敦煌、哈密、别失八里、土库曼斯坦到克里木半岛；一条为波斯道，经敦煌、罗布泊、天山南路到土耳其。元朝的皇帝名义上仍然是各大汗国的大汗，各大汗国与元中央政府有一定的联系，所以通往西方的商路能得到保护，安全畅通。

对外贸易也十分发达，东南沿海的广州、泉州、温州、宁波等城市都是对外开放的港口，设立市舶司。泉州是对外贸易的第一大港口，造船业也很发达。当时中国的商船，远航印度洋、波斯湾、红海、地中海，直到非洲北岸。忽必烈还多次派畏兀儿人亦黑迷失出使南洋、马来半岛、印度等地区和国家，开明朝郑和下西洋的先河。

这个时期，随着中外交往的增多，一些外国宗教进一步在中国传播。中国的印刷术、火药、罗盘等科技发明传到西方。西方的文化，特别是阿拉伯文化，如天文学、医学、建筑、数学等也对中国产生很大影响。当时，不少中国人移居国外，同时也有不少外国人前来中国，出现了一系列中国人记述外国和外国人记述中国的著作。如中国人汪大渊著《岛夷志略》，周达观著《真腊风土记》，意大利人马可·波罗著《马可·波罗游记》。马可·波罗以西方人的眼光，对中国的历史、地理、民族、宗教进行观察，对中国的大都、杭州、泉州等许多城市作了具体生动的记载。此书的问世，大大刺激了西方人对东方的兴趣。哥伦布远航的目的本来是要到中国，只不过航行中意外地发现美洲新大陆。随着中外经济、文化交流的加强，中国作为当时世界上最强大的国家之一，在国际上的地位空前提高。

二、元朝时期社会经济的发展

元统一全国，结束了长期南北分裂的政治局面，加强了国内各地区、各民族间相互联系。由于各族人民坚持生产，反对民族分裂，为元朝生产力的发展开辟了渠道。元初，北方的农业生产遭受战火的严重破坏，田园荒芜，物资枯竭。蒙古贵族将大片农田变为牧场草地，广大劳动人民沦为"驱口"（即战俘或"罪犯"，他们世代为奴，受主人鞭挞、凌辱、买卖，生活极为悲惨），这些极不利于社会经济的发展。为了固政权，安（社会）秩序，充（国家）赋税，必须迅速改变生产衰退的局面。忽必烈强调"以农桑为急务"，将恢复发展农业摆在首位。1270年，国家成立了管理农桑水利的机构——司农司，限制牧场，禁止贵族、士兵因打猎、战斗糟蹋农桑，推广农业技术，开凿陂塘河渠，兴修河坝水闸，奖励人民垦荒，兴办屯田。为此，忽必烈还专门命人编成《农桑辑要》

一书，于1273年颁行天下，并大力宣传推广此书，旨在总结农事经验，指导农业生产。诚因如此，在不长的时间内，元朝南方年产粮食350万～500万石，到了元中期，又出现了"桑麻蔽野"的喜人景象。

棉花是元朝普遍发展起来的重要经济作物，其播种扩大到全国，尤以维吾尔族和黎族人民在这方面作出了重大贡献。特别值得一提的是黄道婆（1245年生，上海华泾镇人），为躲避童养媳之非人待遇，她逃往崖州（今海南三亚），向擅长纺织的黎族人民学习二三十年，后返回家乡改变了当地落后的棉纺技术，带动了棉纺技术的革新和推广。元朝的手工业生产，除官办作坊外，民间手工业也比较发达。手工业工人当时统称为"匠户"，由于统治阶级的奢侈享受和对军用品的大量需求，官方手工业主要是控制军工生产和贵重工艺品生产。是时，手工业生产兴旺昌盛的主要行业有丝织业、棉织业、陶瓷业、冶炼业、造船业等。今苏州、南京、杭州、吴兴都是当时丝织业比较集中的城市。《马可·波罗游记》记载了1292年杭州丝织作坊非常兴盛，每一作坊有匠户10～40人不等。

瓷器业方面，当时江西景德镇有瓷窑300多座，以生产高质白瓷为主。此外，浙江龙华青瓷，山西、河北的青花瓷造型优美，色彩清新，显示了当时高超的工艺水平。

中外交通的发展，使元朝造船工业居于世界先进水平。远航的船舶，特点是船体大、结构坚实，可容纳上千人；船吃水深，阻力小，航速快，并装有先进的导航设备，有数十面能转动的船帆，能适应各种风向，确保了远航海上的准确性和安全性。元朝国际贸易交往东到高丽、日本；南到印度和南洋各地；西南通阿拉伯、地中海东部；西边远达非洲。为便利国际贸易，元朝在泉州、宁波、上海、温州、广州、杭州等处专门设市舶司，以管理之。

我国少数民族地区社会经济的开发，是元朝社会经济发展的又一个特点。为解决蒙古地区军民的粮食供应，忽必烈先后十多次调动大批蒙、汉军民，发给他们农具、耕牛、种子、衣着和钱钞，在和林（今外蒙古乌兰巴托）、上都（今北京）以及阿尔泰山地区，大量开发屯田，甚至在叶尼塞河上游的谦州、益兰州（均属岭北行省的唐努乌梁海地区），也开辟了屯田。这些地方有不少汉人和回人从事军器、陶瓷及日用品的生产劳动，这对于发展蒙古地区的多种经济起到了促进作用。此外，维吾尔族和黎族的棉织业、彝族的丝织业都是闻名全国的。总之，元朝少数民族地区生产力水平的提高，是整个中华民族经济发展的重要因素。

第二节　明朝的建立与发展

明朝开国皇帝朱元璋（1328—1398 年），安徽凤阳人，出身贫穷家庭，幼年给地主放过牛羊。17 岁那年，他的家乡江淮一带发生了严重的灾荒和瘟疫，父母与兄长相继死去。朱元璋孤苦无依，被迫投身皇觉寺当了和尚。不到两月寺内无粮，朱元璋被遣散，无处栖身，只好外出作了游方僧，沿途乞讨，靠化缘度日，在外整整流浪了 7 年。之后受红巾军影响，朱元璋在郭子兴部下当了一名九夫长。由于他作战英勇机智，深受赏识，郭子兴将养女嫁给他。郭子兴死后，朱元璋当上该支队伍的统帅。1356 年，他打过长江占领了南京，自称吴国公，形成了独立政权的雏形。1364 年，他改称吴王，设文武百官，建置地主阶级封建专制政权，抛弃了农民起义的目的。之后，朱元璋又采纳地主阶级学者朱升等人"高筑墙、广积粮、缓称王"的建议，即巩固根据地，努力发展农业生产，缩小被攻击的目标，谋取实效的策略。他还"访问贤才"，高官厚禄之，听取地主阶级学者、文士及社会名流之言。由此与农民群众距离逐渐拉远，最终转变到农民阶级的对立立场上去了。1366 年，朱元璋公开污蔑白莲教是"妖言"惑众，咒骂红巾军是"妖寇"，"焚荡城郭、杀戮士夫、荼毒生灵"。他派人害死了韩林儿，公开叛变了农民起义军。两年后（1368 年），朱元璋的北伐军攻克元大都，结束元朝统治，元顺帝及后妃、太子、大臣等逃遁漠北。同年，朱元璋正式建立地主阶级政权，建国号为"明"，改元洪武，定都南京。他就是历史上的明太祖。

朱元璋做了皇帝以后，一是担心元朝降官、地主和文人对他不服；二是担心共定天下的农民军将领对他不忠。因而采取多种手段，建立了皇帝私人卫队——锦衣卫，它与别的卫队不同，可以直接贴近皇帝，有权对官员、将领暗地侦察，有权直接逮捕、审问，诛杀任何人，而不受法律的限制。与锦衣卫并称的是"厂"，分"东厂"和"西厂"，是负责侦缉和刑狱的特务机关。专制加猜疑，使明朝建国不久，就建立起皇帝高度集权的恐怖统治。

明初，中央机构仍沿袭元制，设立中书省，综理政务。其下设吏、户、礼、兵、刑、工六部，各部由尚书、侍郎负责。六部由皇帝直接统领，由此原来各行省的权力集中于朝廷后，又进而集权于皇帝一身，出现了绝对君主独裁的政治体制。六部外有五府（即军事机关，分左、右、中、前、后五军都督府）、都察院（负责监察）、大理寺（统掌司法）、政通司（明创设，掌收内外一切奏章、封驳和臣民申诉事件）。洪武九年（1376年），朱元璋废除元设置的"行中书省"，各地方建立承宣布政使司、都指挥使司和提刑按察使司，相互制约，分别担负原"行中书省"的职责，统属于朝廷中书省。洪武十三年（1380年），朱元璋借口丞相胡惟庸"谋反"，废中书省及丞相，规定子孙以后不准设丞相，原中书省政务由六部分别处理。

在军事上，朱元谭发迹于农民战争，深知军队对巩固政权的重要性。故他与谋士策划、制定了"卫所"制度，即军队基层组织分为卫、所两级。大致5600人为一卫，称为卫指挥使司。卫的长官是指挥使（正三品），一卫辖5个千户所，每千户所有1120人，设千户一人（正五品）。千户所辖10个百户所，每百户所112人，设百户一人（正六品）。百户辖总旗二、小旗十。约50人为一总旗（领5个小旗），约10人为一小旗。卫、所遍布全国，由中央的五军都督府统辖。五军都督府只掌军队的组织管理和训练。军队将帅的任免及军队的调遣权都归兵部。若遇战事，调遣哪部分军队、谁任统帅等，都必须由皇帝决定。这样做是为了防止地方割据的发生。

明初有学校制度和科举制度两个并行培养和选拔官吏的制度。学校与科举密切相关，学校用以养育人才，科举用以晋升人才。但学校所育人才的出路，唯有通过科考做官，舍此则无所用。因此，学校实为科举而设，为造就官吏而设。反过来说，凡应科考者，一般又必须是来自学校。学校在明朝大为普及，大都为官学。在中央的学校称为国子监，又名国学、太学；在地方上的，称为府学、州学、县学、社学、乡学。又有武学（专教武官子弟）。国子监设于京师（明初位于南京，后迁北京），负责人称祭酒，学生称监生。监生来源由府、州、县学保送而来，或为官僚、功臣子弟、少数民族酋长子弟及外国留学生等。多时达八九千人。所学功课有四书、五经（四书即《大学》《中庸》《论语》《孟子》；五经指儒家五部经典：《诗》《书》《礼》《易》《春秋》，内含古代丰富的历史文化资料）、大明律令、刘向《说苑》等。监生在明初不专重科举时，毕业后可直接做官，特别是建国当初急需人才之际往往被大批擢（提拔）用。以后进士科独尊，监生做官困难，国子监门庭冷落。

明朝科举制是选拔官吏的考试制度，分两级：低一级是乡试，高一级是会试和殿试（均为一级）。科考每三年举行一次，称"大比"。乡试在前，会试、殿试在后。乡试在各省省城举行，考期在秋季八月，故又称"秋闱"。乡试考中者均称"举人"（俗称孝廉或登贤书）。举人中第一名称"解元"。在乡试的次年，全国举人皆赴京师于礼部参加会试，皇帝钦命主考官主持，在春季二月举行，故称"春闱"（因在礼部举行，又称"礼闱"）。会试考中者均称为"贡士"，第一名称为"会元"。会试考中者，再参加由皇帝出席的御殿考试（旁有助考官），考期在三月一日（后改十五日），称"殿试"或"廷试"。殿试考试为策问，大多就当时政治、经济问题发问，应考者作文对答。殿试出榜分为三甲：一甲三人，赐进士及第。第一名"状元"（又称"殿元"），第二名"榜眼"，第三名"探花"，合称"三鼎甲"。二甲若干人，赐进士出身。三甲若干人，赐同进士出身。一、二、三甲总称"进士"，均可授官。明朝科考以八股文（股是对偶、议论之意，即文章要分为八股，用八个排比对偶组成，加以议论）为写文章的格式，并非某人规定，萌芽于宋、元朝。其结果导致读书人为取得功名，唯知敷衍一篇形式死板的八股文，此外不闻它事，既不通经史，又不谙子集，禁锢了人们的思想和智慧，妨碍了科学文化的发展。

明朝的主要法律是《大明律》，它依据唐律及明初实际情况写就。全书分三十卷，四百六十条，刑名有笞、杖、徒、流、死刑五种，还有凌迟、刺字、充军等刑，旨在维护封建社会秩序和封建统治制度。《大明律》把谋反、谋大道、谋叛、恶逆、不道、大不敬、不孝、不睦、不义、内乱定为十恶。犯十恶者从重治罪，并遇赦不赦。对于结党营私、隐匿户口、偷逃赋税等无不加以处罚。当然，《大明律》与其他封建法律如出一辙，在各阶级和各等级上有着不平等的地位。如有"八议"之条，即议亲、议故、议功、议贤、议能、议勤、议贵、议宾，用以优待皇亲国戚及勋贵显官之家。除《大明律》外，朱元璋还亲撰《大浩》，书内列举了明政府用严刑酷法（凌迟、枭首、族诛、挑筋、去指、断手、砍脚等 30 余种）处理的种种案件，目的在于威慑及惩戒臣民，使之安分守己。

第三节　清朝的建立与发展

一、统一多民族国家的巩固和发展

（一）平定三藩

藩即"藩镇"，"三藩"即三个跋扈的地方势力：云南平西王吴三桂、广东平南王尚之信（尚可喜之子）、福建靖南王耿精忠。三藩的建立及其势力的养成，是清廷利用降将平定及镇守南方的结果。清廷入关后，因为八旗兵力不足，为对付农民军及南明政府（明亡后，其残余势力在南方建立的政权）的反抗，不得不依靠明朝的投降军官，使之充当前驱，从事招抚工作及武力镇压。这些人中由于对清出力颇大，故被授封为王。他们率军成为八旗以外的重要武装，在 20 余年的清初消灭农民军及南明政权的战斗中效尽犬马之劳。此后，清廷将八旗势力放在北方，以保卫京师及驻防各重要城邑。而云南就暂让吴三桂镇守，尚可喜驻广东，耿精忠驻福建，这样便形成了"三藩"。三藩中吴三桂势力最大，其藩兵定制有 53 个佐领，每一佐领有甲士 300 人，计有壮丁近 16000 余人。此外，又有绿旗兵 12000 人，还有其他大量的地方武装力量。这些军队均为其私属，将领皆其死党，其军事实力雄厚，总兵数不下 10 余万。因此清廷对之颇存顾忌，一切不敢过问，假以专制云、贵二省大权。吴三桂得势后，收买了朝廷派到云南的文武官员，培植亲信为己所用。在经济上他占据了 700 顷土地为藩庄，与藏区进行茶马贸易，贩运东北人参、四川黄连和附子等，还大量贷款给商人，强征关税、开矿鼓铸，牟取大量利润。总之，在地方上各方面势力得到强大。尚、耿二藩也和吴三桂一样，不仅有数万兵力，且经济实力不俗。他们遍置私党，坐地称霸。三藩各据一方，形成独立的王国，其势力严重地威胁了清政权。不仅如此，在经济上清廷每年还要消耗兵饷 2000 余万两，成为沉重的经济负担。所以，清廷决定借机撤藩。结果吴三桂于 1673 年（康熙十二年）起兵反叛，戕杀云南巡抚朱国治，自称"天下都招讨兵马大元帅"，蓄发、易衣冠，发布檄文，倡言"兴明讨虏"，称呼清帝为"满酋"。在短短的一两年里吴三桂叛军，以破竹之势，将滇、川、黔、湘很快纳入自己势力范围内。是时，广东尚之信和刘进忠、广西孙延龄、陕西王辅臣、湖南杨来嘉、河南蔡禄等割据势力亦相继粉墨登场，纷纷骚动起来，一时战火烧及十数省。然而，吴三桂反清阵营是虚弱的，内部互相利用、矛盾重重，经不起持久的军事攻击和政治瓦解。

为此，康熙帝采取了坚决打击主要叛乱者（吴三桂），对其他叛变者实行招抚的政策，只要投降，不咎既往，以此分化敌人，孤立吴氏。1676 年（康熙十五年），陕西、福建等地叛军投降。次年，广东尚之信也降清。1678 年（康熙十七年），年届 67 岁的吴三桂在 5 年起兵反清的绝望声中病死。树倒猢狲散，在一些汉族将领的协助下，清军最后攻占了云、贵、川，三藩终被削平，国家得到统一。

（二）平定准噶尔等内乱

明清之交，蒙古族聚居地分为漠南蒙古（内蒙古）、漠北喀尔喀蒙古（外蒙古）和漠西厄鲁特蒙古（新疆）三大部。其中漠西厄鲁特蒙古分为准噶尔、和硕特、杜尔伯特和土尔扈特四部。他们各有其牧场，准噶尔部游牧于新疆伊犁。康熙初年，噶尔丹做了准噶尔部汗王后，野心勃勃，不仅征服了天山南北，称霸厄鲁特蒙古，且威震青海、西藏等地。以后噶尔丹在俄国人的策动支持下，与清对抗，蹂躏侵扰漠北喀尔喀蒙古各部及漠南蒙古。

为了维护国家统一，康熙帝被迫于1690年、1696年和1707年三次御驾亲征，最终在昭莫多（今外蒙古乌兰巴托）打败敌手，噶尔丹自杀。噶尔丹死后，其侄策妄阿拉布坦继任准部汗王，在以伊犁为中心发展势力的同时，继续向外扩张，常与清军发生冲突。1717年，策妄阿拉布坦派兵袭扰西藏，借口为第巴·桑结嘉措报仇，消灭拉藏汗，实际欲取代和硕特部统治西藏。同年，准部占领拉萨，杀死拉藏汗，至此蒙古和硕特部在藏75年（1642—1717年）的统治结束。但是，准军入藏后烧杀抢掠，无恶不作，西藏人民迫切希望驱准，重建家园。为此，1718年和1719年（康熙五十八至五十九年）清廷两次出兵西藏，平定了当地动荡的政局，驱除了准噶尔入侵者，将七世达赖喇嘛格桑嘉措迎入拉萨"坐床"。以后颇罗鼐掌理藏政近20年，致西藏"生产发展，人民安宁，政教兴盛"。1727年（雍正五年），清廷又首次向拉萨派设驻藏大臣僧格、玛拉等人，正式将原先间接掌管藏政改为直接派官统理。除上述两次大的军事行动外，1723年（雍正元年），清廷平定了青海蒙古和硕特部罗卜藏丹津发动的叛乱，最后于当地设立了西宁办事大臣衙门，派置了常驻官员。1746年（乾隆十一年）和1771年（乾隆三十六年）还平定了四川金川土司莎罗奔及其后裔索诺木发动的土司之间的内乱等，有效地维护了地方局势的稳定。

（三）"改土归流"

土司制度是元明以来，中央王朝在滇、黔、湘、粤、桂、川、陇、青等少数民族地区经济落后、社会发展水平低下，在军事征服和政治臣服之后，实行的一种"以夷治夷"的特殊制度。内分土司和土官两种：土司虽接受皇帝封赐的官爵名号，但实际它的统治权世袭继承，沿行落后的统治制度，管辖着所属土地和人民。土官是按照中原汉族地区行政制度设立府、州、县，委派少数民族头人担任土知府、土知州、土知县等。这些头人实际上是有土官之名，而行土司之实。土司制度在初创时期固然有其必要性，但随着时间的推移和社会经济的进一步发展，它就成为日益保守消极的势力，既阻碍了当地社会生产的发展，也不符合国家统一的要求。因为这些土司作威作福，横行乡里，使各民族人民深受其政治经济剥削压迫；土司制度的最大弊病还在于构成了地方割据势力。土司世袭继承权制，使之得以世代统治其土地和人民，名义上虽是朝廷的命（委任）官，实际上完全是一个个小的独立王国，极容易发生叛乱，与封建朝廷对抗。所以，从清雍正年间开始，便有计划、大规模地开始实行了改土归流。

所谓"改土归流"就是废除西南等各少数民族地区永久世袭的土司（土官），改由中央王朝委派随时任免的流官直接进行统治。这种政策在明朝已实行，到了清雍、乾时期，开始在西南地区大规模推行。1726年（雍正四年），钦差大臣鄂尔泰任云南巡抚兼总督后，首先将四川的乌蒙、镇雄、东川三个土府改属云南管辖。以后几年里，雍正帝还命鄂尔泰负责云、贵、桂、川的改土归流，广袤数千里内，大量的土司被撤销。改土归流后，清廷在原土司地区设立府、厅、州、县，实行和汉族地区相同的制度，如清丈土地、按亩征税、编制户口、组织乡勇等。改流后虽然清廷依然实行的是民族和阶级压迫政策，把封建的政治压迫和经济剥削强加在少数民族人民身上。但是，其结果是减少了土司们为争权夺利、煽动民族情绪而发动战争的机会，在一定程度上瓦解了少数民族地区的奴隶制、农奴制等落后的生产关系，加强了各族人民之间经济、文化的交流，有利于少数民族地区人民生产、生活的改善，更有利于国家的巩固和统一。所以说，"改土归流"是进步的措施。

不过雍正年间改土归流后，土司制度并未因此退出历史舞台，未改流的土司依然占据相当的数量，主要分布在云、贵、川、桂等省，少部分散布在甘、青、藏地区，直至清末。

二、清朝的闭关政策与第一次鸦片战争

（一）中央及地方制度、兵制

清朝沿袭明制，仍以内阁作为朝廷的中枢机构，以内阁大学士为宰辅（最

高官员，职同宰相）。内阁大学士满、汉各一人（均为正一品），协办大学士满、汉各一人（从一品），学士满六人、汉四人（从二品）。内阁官员有权代表皇帝预先阅看大臣的题章奏本，并提出处理意见，写在小纸票上呈送皇帝裁定（这种用小纸票预先标写批签之辞叫票拟或票签）。清初，内阁之外，又有议政王大臣会议，皆由满族大臣组成，凡军国机要重务均由其策划，皇帝裁决。同时，康熙时设南书房，凡特颁诏旨由该房翰林撰拟。雍正时设立军机处（乾隆五十六年废议政王大臣会议），一切军国大政改由军机处办理，内阁仅办理一些寻常事务，内阁官员职权缩小。军机处的设立是清朝中枢机构的重大变革，标志着清朝君主集权发展到了顶点。军机大臣由皇帝从满、汉大学士及尚书、侍郎等官员中任命，定额三至十人不等。他们总军政两项大权，无日不被召见，无日不承命办事，随侍皇帝左右。军机处完全在皇帝掌握之下，在权力上是执政的最高国家机关，但在形式上始终处于临时机构的地位，军机大臣既无品级，也无俸给。

清中央机构还设有各部、院衙门，分掌各事。吏部掌全国文职官员任免考核；户部管全国土地、户口、田赋、关税；礼部掌国家典礼、学校、科举等事；兵部掌全国军事及武职官员的考核任免；刑部主管全国刑罚的政令；工部掌全国工程事务。六部外有理藩院，掌管边疆少数民族事务的机关，凡有关少数民族的政令、爵禄、朝会、刑罚等由其管理，还兼理与俄罗斯的外交事务；都察院，为监察机关；大理寺，为平反刑狱的机关。清廷内部还设有内务府，掌皇家事务，凡宫廷典礼、祭祀、库藏、财用、服御、赏赐、建造、供应、刑律等由内务府大臣管理。

在地方，清廷分设省、道、府、县四级，另外又有厅、州。清初设十八行省。清末，台湾、新疆改为行省，东北改设奉天、吉林、黑龙江三省后，总计23个省。行省内总督和巡抚为最高长官，大致两省或三省设一总督，每省设一巡抚。他们同为封疆大吏（正二品）。省下设道，设有道员（三四品不等）；道下为府，设知府一人（正四品），全国有215个府；府下有县，设知县一人（正七品），全国设有1358个县。

清朝军队主要有八旗兵和绿营兵两种。二者中大致八旗兵 20 余万、绿营兵 60 余万。八旗兵是清朝特有的兵制。入关前，已形成满、蒙、汉各八旗，共二十四旗，可是习惯上仍称"八旗"。它是原来兵民合一的组织，既是军事组织，又是行政组织和生产组织。八旗成员既是兵又是民，出则征战，入则务农。但到后来兵民分离，兵是兵，民是民，各司其职。清建都北京后，八旗兵为京营（保卫皇帝、拱卫京师）和驻防（分驻各地，坐镇守卫地方）两大部分，兵力各是 10 余万人。绿营兵又称绿旗兵，因使用绿色旗帜得名，是清兵入关后改编和新招的汉人部队。绿营兵配合八旗兵驻守北京和各省。在北京的巡捕营，在各省的绿营兵兵制分标、协、营、汛四级。标分"督标"（总督管辖）、"抚标"（巡抚管辖）、"提标"（提督管辖）、"镇标"（总兵管辖）、"军标"（八旗驻防军统辖）、"河标"（河道总督管辖）、"漕标"（漕运总督管辖）；协由副将统领；营由参将、游击、都司、守备分领；汛由千总、把总、外委分领。清朝将八旗兵和绿营兵交错分布在京师和各省重镇要地，在全国构成军事控制网，既便于防御镇压人民反抗，又便于八旗兵监督和控制绿营兵。

（二）清朝的闭关政策

清朝在统一台湾以前，曾经严厉实行海禁政策，严禁商民出海贸易，片板不许下海，犯禁者一律处死，货物没收入官。同时对西洋商船也限制得很严，只许其驶泊澳门，在澳门进行贸易，并规定大小船只不得超过 25 艘。这种海禁政策的实施，主要是为了对付郑成功及其子孙在海上的抗清势力，并不是针对外国的。1683 年（康熙二十二年）清朝收复台湾后，逐渐放宽了海禁，准许民间装载 500 石（每石 120 斤 × 500 石 =60000 斤）以下的船只往海上贸易、捕鱼；并将广州、漳州、宁波等地开放为贸易港口，准许外国商船前来贸易。但是，到乾隆年间（1735—1795 年）前期，针对英国等西方列强贪得无厌的要求，清政府又加强了贸易限制，下令关闭除广州以外的其他通商口岸，并且颁行严格约束外国商人的条例和章程，这样便形成了所谓的闭关政策。此政策历经乾隆、嘉庆年间，一直延续到鸦片战争前夕（道光二十年，1840 年）。所谓闭关政策，就是严格限制对外贸易的政策。其内容一是限定一口通商，即只允许外国商船在广州一个地方通商贸易。二是严格约束外商活动：规定外商赴广州只能同行商（清特许商人）打交道，专营对外贸易；外商买卖货物、纳税、居住、陈请事务等均由行商负责办理、担保；此外清对外商有许多清规戒律：不得擅出，必须住洋行附近商馆（夷馆），不得携妇住商馆，不得在粤过冬、乘坐轿子、雇中国人役、传递消息等。三是限制中国商民出海，经允许出海的商船不得载重超过500石，违者充军。出海商船必须详细登记姓名、年龄、履历、籍贯等，以供官兵稽查。

那么，清实行闭关政策的主要原因在于：第一，自然经济。当时中国是自给自足的自然经济，因而限制外贸。清廷将允准外商在中国贸易看作是一种恩赐。第二，为了安全。清统治者既害怕西方资本主义国家前来侵害，又怕中国人民出海结聚反抗，故将闭关政策当作是一种防御手段，以对付外国人，也防御中国人。第三，保守自大。清统治者盲目自大，在世界形势已改变的情况下，依然坚持传统的天朝大国观念，认为别的国家都是"蛮夷小邦"，西方国家的科学技术不过是"奇技淫巧"（雕虫小技）而已，抵不上中国的大经大法（如孔孟之道）。所以看不到西方资本主义国家的进步和我国封建经济文化的落后，看不到中外经济文化交流的必要和好处，关起门来孤芳自赏。

清闭关政策的后果是十分有害的。对外来说，闭关政策只能是一种消极的防御手段，只能暂时抑制西方资本主义国家的侵略活动，而不能根本阻挡西方资本主义国家的入侵。相反西方资本主义国家如果恃强来攻，这种政策便会立刻被打破，后来的事实也证实了这一点。因为这种政策不是真正的防御力量，真正的防御力量应当是富国强兵。此外，闭关锁国政策也限制了中外正当贸易的发展，对内来说，它起到了作茧自缚的作用，限制了中国外贸和航海事业的发展，阻碍了我国资本主义因素的增长，妨碍了我国吸收外国先进的思想文化和科学技术。这种政策长期推行的结果，使清统治者更加闭目塞听、保守自大、拒绝进步，形成了一股顽固阻碍中国社会前进的反动势力。

（三）第一次鸦片战争

1840年，英国发动了侵略中国的鸦片战争。在这次战争后，帝国主义列强又接连不断地发动了多次侵略中国的战争。例如：1857 年的英法联军侵华战争，1884 年的中法战争，1894 年的甲午中日战争，1900 年的英、德、美、法、俄、日、意、奥八国联军侵华战争等。这些侵略强盗在打败我国之后，强迫清政府订立了许多不平等的条约，侵占了我国许多领土，取得了许多经济、政治和军事上的特权：任意在中国驻扎军队、开办工厂、银行；控制中国的海关、对外贸易、通商口岸；随便在我国传教、办报纸、办学校以及进行其他文化侵略；等等。为了压制中国人民的反抗，外国侵略强盗和中国反动的封建统治者勾结起来，使中国的封建地主阶级变为他们统治中国的支柱。就这样，中国从一个独立的主权的封建国家，逐步变成了一个半殖民地国家。

从经济基础和阶级结构上看，1840 年前后也发生了急剧的变化。鸦片战争前，中国封建社会是小农业和手工业相结合的、自给自足的经济占主要地位，男耕女织是这个经济基础的基本形式。农民不但生产自己所需农业品，且生产所需大部分手工业品，商品经济不是很发达。鸦片战争后，封建经济在外国资本主义的冲击下，受到了破坏，农民和手工业者大批破产，城乡商品经济有了发展，出现了新的资本主义经济关系。中国社会除了原先的地主阶级和农民阶级外，又出现了资产阶级和无产阶级两个新的对立阶级，所以中国社会已经不是一个完整的封建社会，而是半封建社会了。可是，帝国主义侵略中国的目的，不是要把中国变成资本主义国家，而是要变中国为他们的殖民地。因而他们和中国腐朽的封建势力勾结在一起，压迫阻碍中国资本主义的发展，使之一天天走上了半殖民地半封建的道路。在这一过程中，中国人民生活日益贫困，促进了他们的革命觉悟，迫使其坚决起来同帝国主义和封建势力进行不屈不挠的斗争，如太平天国运动、义和团运动、反法战争、反日战争、反八国联军斗争等，使中国革命运动进入一个新的时期——伟大的民主主义革命时期。因此，1840 年不仅是中国社会半殖民地半封建社会的开始，而且是中国人民反帝反封建的伟大民主革命的开始，鸦片战争作为一个起点，成为中国近代史开始的一个标志。

第四节　明清时期的社会生活

一、明清时期的服饰和饮食

（一）服饰

明朝建立后，朱元璋即下令禁穿胡服，其服制大都取法周汉唐宋之旧。和历代封建王朝一样，为了维护封建等级制度，明朝对服饰也作了许多烦琐的规定。如洪武二十三年（1390年）定制，"文官衣自领至裔，去地一寸，袖长过手，复回至肘"，"武官去地五寸，袖长过手七寸"，"儒士生员衣，自领至裳，去地一寸，袖长过手，复回不及肘三寸"。此外，文武官服皆以花纹、颜色、束带和补子等来严格区分等级，如一品至四品服绯色，五品至七品服青色，八、九品以下服绿色。束带则一品玉带，二品花犀，以下用金、银、乌角，备有等差。补子则是缀于胸、背，用以表示官阶的一种纹章，文官饰以鸟，武官饰以兽，公、侯、驸马绣以麒麟。

明朝的男服仍以袍衫为主，除了官服外，士人多着直缀或曳撒，前者又称直身，与道袍相似，是一种宽大而长的衣，后者腰部以下有褶，亦颇宽大。至于一般平民百姓，最通行的服饰是青布棉袄，紫花布给衣，白布裤、蓝布裙、青布鞋。

明人的冠服，上自天子，下至庶民，均以网中罩发髻，然后戴上表示不同身份的帽子。除皇帝用冕、通天冠外，比较通行的是乌纱帽、四方平定巾和六合一统帽等。乌纱帽是官帽，无官职的平民不得使用，其式样类似唐五代的幞头，前低后高，两旁各插一翅，多用于常服视事。四方平定巾为儒士所戴。六合一统帽又称六合帽，是用六块罗帛拼制而成，清朝则称之为瓜皮帽，戴者多为平民百姓。

明朝妇女的礼服基本沿袭唐宋，但和男子一样，明朝对妇女的礼服也曾在质料、色彩、尺寸等方面作过严格的规定。明朝妇女平时的服饰比定制较为简便。一般说来，主要有衫袄、褙子、霞帔、比甲、裙子、袍服等。衫袄多右衽。褙子可分为两种，平时穿着为直领、对襟、小袖；作为礼服则为合领、对襟、大袖。霞帔形似彩练，披戴时绕过头颈，披挂于胸前，下垂一颗金玉坠子，宛若彩霞，故名。比甲是一种无袖对称马甲，北方妇女大都喜欢穿着，富者还加以织金组绣，罩于衫袄之外。

值得注意的是，明初虽然对男女服饰有种种严格的规定，但到明后期，这些规定很多都名存实亡。明末以及清朝的许多学者都曾指责当时民风世态，江河日下，而表现在服饰方面就是"去朴从艳"的风尚。如明初曾规定一般妇女服装不能用大红、鸦青和黄色，但到明后期，不仅小康人家的闺秀、大户人家的婢女，都以争穿大红丝绣为时髦，就是一些身份低微的优伶、娼妓，也都是遍体绫罗，满头珠翠。而且这种越制的行为，并不仅仅局限于妇女。虽然这种现象主要集中在商业繁荣、消费人口集中的江南和沿海城市，但它却折射出封建社会晚期人们对封建礼教的反叛。

清朝的服饰，循其国俗而与明朝有所不同。崇德二年（1637年），皇太极曾谕诸王贝勒："我国家以骑射为业，今若轻循汉人之俗，不亲弓矢，则武备何由而习乎？"并要求今后"凡出师田猎，许服便服，其余悉令遵照国初定制，仍服朝衣，并欲使后世子孙勿轻变弃祖制"。这可以说是清政府服饰制度的总的原则。清军入关以后，即推行了剃发易服的政策。但因遭到汉人的强烈反抗，不久就暂时停止了这一政策的执行，服制"姑依明式"。到顺治二年（1645年）五月，清军攻占南京，清统治趋于稳固，于是颁布了薙发令，规定"官民俱依满洲服饰，不许用汉制衣冠"，在全国强制推行剃发易服政策。以后，清政府又多次颁行、修订服饰制度，对皇帝、皇后、贵族、官员、士人以及庶民的服饰都作了具体规定，其繁缛、复杂的程度，超过了中国历史上任何一个朝代。

清朝品官的帽子有朝冠、吉服冠、行冠、常服冠、雨冠等名目。一般又分为冬夏两种：冬天戴的称暖帽，夏天戴的称凉帽。暖帽多为圆形，周围有一道檐边，材料有皮、呢、缎、布等，颜色以黑色为主。凉帽为圆锥形，多用玉草、白草或藤丝、竹丝编织而成。品官的帽顶装有顶珠，是区别官品高低的重要标志。如文官朝冠的顶珠一品红宝石，二三品珊瑚，以下至九品，分别为青金石、水晶、砗磲、素金、阴文镂花金、阳文镂花金。在顶珠下，还要有一枝翎管，用来装插翎枝。翎枝有花翎、蓝翎两种。花翎用孔雀毛制成，有一眼、二眼、三眼之分。蓝翎用鹖羽制成，无眼。除了上述规定的冠服外，清朝男子日常戴的帽子主要有便帽、风帽、毡帽等。便帽俗称"瓜皮帽"，系沿袭明朝六合帽而来。

清朝男子的服装，作为规定的官服，有朝服、蟒袍、补服等。其中补服是主要的一种。清朝虽然废除明朝的服饰，但在某些方面还是可以看到明朝服饰的影子，补服的补子即其一，所不同的是，明朝补子顶在圆领袍的前胸和后背，清朝则顶在外褂的前胸和后背，因外褂是胸前对襟，所以补子被分为左右各一半。另外，明朝文官补子绣有双鸟，清朝则减为一只。至于清朝男子的日常穿着，主要有衫袍、袄、马褂、马甲、裤等。长袍多开衩，皇族宗室开四衩，官吏、庶民开两衩，一般市民的长袍也有不开衩的。清人在长衣袍衫之外，上身都加穿一件马褂，长仅及脐。马褂有各种式样和颜色，但黄马褂只有皇帝特赐者才能穿。

清初推行剃发易服政策，但并不要求汉族妇女也着满服，故除按规定的品官命妇的服饰外，清朝前期妇女的服饰有明显的满汉之分。

清朝品官命妇的服饰式样，基本与男子类似，只是纹样和冠饰略有差别。其服饰主要有朝褂、朝袍、朝裙、吉服褂等名目，亦以不同颜色纹样和佩饰区别上下等级。不过清朝妇女的袍褂长短相同，不像男服长袍短褂。另外，妇女的补服，皆随其夫之品级，唯满官夫人皆圆形，而汉官夫人仍是方形，与男子没有区别。

除了官定制式以外，满族妇女一般都穿不分衣裳的长袍以及衫裤等，长袍开始极为宽大，后来渐变为小腰身。在长袍外往往喜欢在上身加罩一件坎肩，坎肩又称马甲、背心，有对襟、一字襟、大襟等式样，后来汉族妇女主要服式之旗袍，即由这种长袍演变而来。清朝汉族妇女的服饰则沿用明制，上身以袄衫为主，南方妇女下身束裙，北方妇女则多着长裤，并将裤脚扎紧，裙的式样随时尚经常有所变化。如清朝前期曾流行百褶裙、月华裙、墨花裙、凤尾裙等，中期以后则有鱼鳞百褶裙、金泥族蝶裙、绣凤凰裙等，后来又盛行在裙上系满各色飘带，或在裙的下面缀以小铃，行走时叮当作响。大致在清中期以后，妇女服饰日趋精巧华丽，但也只是官僚富者才有，一般妇女仍以单衣裙、夏布裙为主。

不过满汉妇女在服饰上的差别，主要是清朝前期，中期以后，则开始相互模仿。

（二）饮食

明清时期，我国人民的主食仍以粮食作物为主，不过由于自然环境和生活习惯的不同，长江流域及其以南地区主要食米，而北方主要以小麦、高粱、小米为主食，在一些丘陵和山区，也有以玉米为主食的。清人的副食有各种蔬菜、瓜类、豆类以及各种畜产品和水产品，饮食习惯与后代大体无异。由于明清时期，尤其是清朝，我国人口数量激增，人们惯以食用的稻米和小麦等已不能完全满足需要，故在我国很多地区，又以甘薯为主食。甘薯又称地瓜、番薯，明朝自吕宋传入福建，又向内地传播。因甘薯对土壤、气候、肥料的要求都不高，便于广泛种植，至清朝而成为救饥的主要食物，如两广地区将甘薯作为青黄不接时的主食，而福建一些地区的贫苦人，甚至全靠甘薯维持生命。在清朝，还有不少地方官积极宣传和推广种植甘薯。如山东按察使陆耀著《甘薯录》一书，刊发给各府州县。甚至乾隆帝也曾亲自过问甘薯的生产，要求各地推广种植，以解决粮食问题。以甘薯为主食，可以说是清朝饮食的一个特点。广大劳动者生活贫困的根本原因，固然是地主阶级的残酷剥削，但清人以甘薯为主食的特点，在某种程度上也反映了在耕地面积和粮食产量固定的情况下，人口大量增加对生活质量有很大影响。明清时期还出现了不少荒政类的书，如明永乐年间朱橚的《救荒本草》，正德年间王磐的《野菜谱》以及屠本峻的《野菜笺》等，这些都从一个角度反映出广大劳动者饥寒交迫的社会现实。

我国传统的饮食文化，发展到明清时期，进入了一个新的阶段。这一时期，在总结前人经验的基础上，出现了许多有关饮食烹饪的专著，如明人所著的《宋氏养生部》《遵生八笺·饮馔服食部》《易牙遗意》，以及清人所著的《饮食辨录》《养小录》《调鼎集》《中馈录》《随园食单》等。可以说，明清时期是我国烹饪理论发展的成熟期，其中清人袁枚的《随园食单》，可称得上是清朝烹饪文献之集大成者。袁枚根据自己的饮食实践、厨师的经验以及古代烹饪文献，将中国烹饪的丰富内容进行了高度的概括和总结，形成了这部系统的烹饪学理论著作。书中各种烹饪经验兼收并容，集各地风味特点于一册，既有具体的操作过程，也有抽象的理论阐述，把我国烹饪理论推向发展的高峰，200多年来，被公认为厨者的经典。

明清时期农业的发展，为食品提供了丰富的资源，食物的种类更加广泛。《宋氏养生部》食谱中的各种食物，已达1300余种，仅香料一项就有28种之多。丰富的原料，为烹饪技艺的提高提供了雄厚的物质基础。当时不仅对各种食物原料的选择精益求精，对刀工、火候、调料以及食物的拼配、造型以及食器都十分讲究，充分体现了我国饮食文化讲求色、香、味、形、器的特有风格。与此同时，经过漫长的历史演变而形成的各种地方风味的菜系，如鲁菜、川菜、淮扬菜、粤菜等，在明清时期都有更为显著的发展。各大菜系既相互影响、相互渗透、相互促进，同时又各自保持和发展了自己的特点，极大地丰富了我国饮食文化的内涵。

两宋时期，我国的饮食市场相当繁荣，元朝则相对处于停滞状态。明朝建立后，经过几十年的休养生息，社会安定，经济繁荣，都市的饮食业也随之发展起来。各地茶馆酒楼纷纷出现，这在东南沿海工商业发达地区尤为显著。到了清朝，许多城市"茶坊酒肆，接栋开张"，饮食市场更是日趋繁荣。不仅如此，这时期的饮食业还进一步与娱乐业、旅游业结合起来。很多城市的风景名胜、庵观寺院，往往就是酒楼茶馆集中的地方，如南京秦淮河一带，一些酒店不仅盘馔丰腆，酒味醇厚，而且承应酒茶。每当夕阳西下，秦淮画舫齐集于店阄干外，只需报上所需酒菜，"俄顷胥致，不爽分毫"。清道光年间，苏州虎丘还出现过旅游餐馆，每年在清明前后至十月的旅游旺季开业。另外，明清时期，在苏州虎丘、扬州瘦西湖等地，船宴也作为一种行业兴旺起来。上述地方均有可供馔的游船，称"沙飞船"。船上设灶，酒茗肴馔，任客所指，游客可边观赏边品尝。

　　除了酒楼外，各地还有许多串街走巷、沿街叫卖各种食物的小贩，以满足人们生活上的需要。当时的北京、四川都是茶馆发达的地区。而江南一带更是茶馆遍及城市集镇、大街小巷，以致有"遍地清茶室"之谚。

　　酒楼茶馆不仅是人们饮食消费的场所，也是人们交际应酬、洽谈贸易、交流信息的场所。明清时期饮食业在商品经济发达地区的繁荣，突出地反映出二者之间的密切关系。

二、明清时期的居住和交通

（一）居住

　　明清时期的住宅，无论在数量和质量上与前代相比，都有不少发展。但由于不同的社会地位以及不同的地区和民族，人们的住宅在质量和形式上都有很大的差别，如明初规定官民房屋不许雕刻古帝后、圣贤人物，及日月、龙凤、狻猊、麒麟、犀象之形。洪武二十六年（1393 年）又规定，庶民房屋"不过三间五架，不许用斗拱，饰彩色"。洪武三十五年（1402 年），又重申不许造九五间数房屋。清朝也是如此，顺治五年（1648 年）正月，清政府颁布住宅法规，对不同身份的人制定了不同的住宅规格，如官员家房柱不许涂朱色，庶民家房梁上禁止贴金等。至于民宅的形制，各地也有很大差异。其中汉民族院落式的居住习惯，以秦岭、淮河为界，大体上形成南北两种不同的风格。

　　我国北方的民宅，以北京的四合院最为典型。其基本特点是按南北纵轴对称地布置房屋和院落。四合院的大门一般位于东南角，进入大门，迎面是影壁，其作用是使外人看不见院内的活动。向西拐过影壁是前院，院内房屋坐南朝北，通常作为客房、书塾、杂物间或男仆住房。穿过设于纵轴线上的中门，即进入内院。内院是全宅的核心部分，院内坐北朝南的正房供长辈居住，正房的左右附有耳房和小跨院，置厨房、杂屋和厕所。内院东西两边的厢房，一般为晚辈住所。有的在正房后面再建罩房一排。全宅的四周，由各座房屋的后墙及围墙所封闭，一般不对外开窗。院内多栽植花木或陈设盆景，形成了安静舒适的居住环境。四合院的这种布局，充分体现了传统儒家思想所推崇的中和、含蓄的美学观念和封建社会内外有别、长幼有序的礼制要求。

河南、山西、陕西、甘肃等省的黄土高原，为适应当地的地质地形，以及气候条件，以窑洞式住宅为主。在我国南方，住宅的类型，主要有长江中下游平原地带的院落式住宅，浙江、四川等地的山区住宅，以及分布于岭南的客家住宅。长江中下游平原地带的住宅，其朝向不限于正南正北，但仍以纵轴为中心布置房屋。浙江、四川等地的山区住宅，其特点是因地制宜，利用地形，垒成高低错落的台状地基，然后建房于上，故朝向多取决于地形，在布局上也很少有严谨的对称性，院落形状、大小也不具一格。岭南的客家住宅，是一种特异的形式，由于长期以来客家聚族而居，因而形成巨大的群体住宅。一个大家族系统内的数十户人家共同居住在一幢四五层的环形土楼内，整个土楼外观坚实雄伟，形同一座堡垒。客家族原为中原移民，在岭南一带客居，其住宅采用这样的结构，主要是出于安全的目的。

在各少数民族地区，住宅因民族习俗、地理环境和气候条件的不同而形式各异，但在部分少数民族地区，像维吾尔族、藏族等过定居生活的，其住宅虽不同于汉族地区，却仍可归入院落式住宅一类。而比较具有特色的是蒙古族、哈萨克族等适应游牧生活的毡包，以及云南、两广一带少数民族的干栏住宅。干栏住宅多为竹木结构，下部架空，用作畜圈、碾米场及贮藏室、杂屋等。上层前部为宽廊和晒台，后部是堂屋和卧室。这种住宅的布局和结构富于变化，同是干栏住宅，不同的地区、不同的民族也是形态各异。干栏住宅是我国古代百越文化的一大特色，即使是今天，我国南方许多少数民族仍在不同程度上保留了这种居住遗风。

随着建筑技术的进步，室内举高和空间也不断增高、扩大。我国古代室内家具也经历了一个由矮到高的发展过程，早期供席地起居习俗使用的家具，到了唐宋时期基本上已被淘汰，而代之以新式的高足家具，明式家具正是在这一基础上发展起来的。明朝城镇经济繁荣、商品经济发达，不但对家具的需求量增加，而且兴起了家具陈设的风气。加之海外交通发达，东南亚一带的木材如花梨、紫檀、红木等大量输入中国。这些产于热带的木材，不仅质地坚硬、强度高，色泽和纹理也十分优美，所有这些，都为明朝家具的制作提供了有利条件，并使之达到了中国古代家具的最高水平。

明朝家具最主要的特点是用材合理，既发挥了材料性能，又充分利用和表现材料本身的色泽和纹理，达到了结构和造型的统一，体型稳重，比例适度，线条利落，端庄而又不失活泼。

清朝的家具在造型与结构上仍然继承明朝的传统。但宫廷中的家具，至清朝中期以后，造型日益繁复，装饰也趋于豪华。制作时常运用各种工艺美术手法，出现了雕漆、填漆、描金家具。还利用玉石、象牙、陶瓷、珐琅、贝壳等做成镶嵌，反而有损于家具的整体造型、比例和色调的统一和谐。这种趋势到清朝后期更为明显。

明清时期家具的种类也十分丰富，大致可分为椅凳、桌案、床榻、柜架等几大类，每一类又分为多种，如桌案类，就有炕桌、炕案、酒桌、方桌、条案、书案等数十种之多。家具的类型和式样除满足生活起居的需要外，也开始考虑和建筑的联系，出现了成套家具的概念。在宫廷中和一些官僚士大夫的府第，还常常把家具作为室内设计的重要组成部分，在建筑房屋时就根据建筑式样、进深、高度及使用要求设计家具。当然，具有这样居住条件的，只是少数富者，至于一般家庭，尤其是广大农村的劳动者，住宅仅能遮风避雨，室内陈设也十分简陋，和富者是有天壤之别的。

（二）交通

交通是人们社会生活的重要内容之一，明清时期的封建政府在这方面也有一套相应的制度。如洪武元年（1368年）定百官乘车之制："凡车不得雕饰龙凤文，职官一品至三品，用间金饰银螭绣带，青缦；四品五品，素狮头绣带，青缦；六品至九品，用素云头青带，青缦。"至景泰四年（1453年），又规定："在京三品以上得乘轿。"至于庶民百姓所用的车轿，"并用黑油，齐头平顶，皂缦，禁用云头"。清朝也有类似制度，唯满官除亲王、郡王、大学士、尚书以及贝勒、贝子、公、都统和二品文臣年老者可乘舆外，其余文武官员皆乘马。明清虽有严格的车舆制度，但违者也时有之。如永乐元年（1403年），驸马都尉胡观越制乘轿，结果被给事中周景所劾。在清朝，至乾隆时代，也有许多人不遵守定制，即使街上拉脚的车，也有用绸绫做窗帘的。又如京官三品以上用车，原来都由前门上下，殊不方便，且座位正在轮轴之上，乘者备受颠簸之苦，大学士纪昀改设旁门，又将车轮移后，时人称为"后档车"。后来乘车者欲图安适，皆竞相乘之。

在交通方式上，我国传统的交通工具是车、船、轿。但由于地理条件的不同，北方以车为主，南方则以船为主。这一点明清亦然。不过随着社会经济的发展和人们社会生活的丰富，交通工具的种类日益增多，各种提供专门服务的交通工具也应运而生。如清朝京城有专供人雇用的"口儿车"，言其在胡同口，以待过客雇用。人们如有急事长途旅行，则有"包程车"提供服务。这种车可日夜兼程，千里之途，数日可达。又如北方的塌车，车身以一寸以上的厚木板制成，一次可载货数千斤之多。

在南方，各种舟船，名目繁多，有提供水上交通的载客船；有打鱼、放鸭、运输货物的生产用船；还有各种游乐船，如游船、龙船、灯船、沙飞船、戏班船等。这类船往往将载客、饮食、游览以及一定的文化娱乐融为一体，形成江南水乡的特有风貌。

此外，各种人力车也是常见的交通工具，其中应用最为广泛的是独轮车，这种车的车架设于车辆两侧，因其只有一轮着地，故能通过田埂和小道，从华北平原到江南水乡的广大农村，都能看到这种独轮小车。

轿又称步辇、肩舆，是从辇车发展而来的，是我国独有的交通工具，在山区尤为常见。在封建社会，轿往往体现了一种地位和等级，故明清两朝都曾对朝廷命官乘轿车作过严格规定。如明朝规定在京三品以上的官员得乘轿；清朝规定三品以上大官在京城内只能坐四人轿，出京才允许坐八人大轿，而四品以下的官只能乘二人轿。对于普通百姓来说，一生难得有坐轿的机会，故结婚时必以花轿迎送，并形成一种风俗。

交通在明清时期的经济发展中起着重要作用。除了陆上交通外，长江和大运河是当时贯通东西南北的两条交通大动脉，明清两朝商品经济发达的城市，如北京、扬州、德州、淮安、苏州、武汉、杭州等，大都集中于长江、大运河沿线。特别是苏州，因地处太湖水系的中心，又临近长江、大运河，为其经济的发展提供了优越的交通条件，成为明清时期商品经济最发达的城市之一。此外，像盛泽的丝绸之盛、武汉的大米市场等，也都离不开其便利的交通条件。

三、明清时期的婚姻和丧葬

明清婚丧习俗，在很大程度上承接了从前的传统习惯。在婚姻形态、婚姻程序及丧葬礼俗方面，颇难与前代严格区分开来。

（一）婚姻

明清两朝沿袭古代的"六礼"制度。"父母之命，媒妁之言"是决定绝大多数男女婚姻关系的关键。媒人作为撮合婚姻的中介人，穿梭于男女两家之间，双方须交换写有男女生辰八字的庚帖，请算命先生算定有无纠克，名为合婚。明清的媒人有私媒、官媒之分，官媒即官府指定的媒人。合婚后，男家须向女方交纳聘礼，称纳聘。纳聘后，不可轻易翻悔，否则可向官府起诉官断。纳聘之后，男方通过媒人征得女家同意后，选定两个出嫁日期，由女方确定其一，谓请期。然后女家送过嫁妆。及至亲迎之日，夫妻拜堂，然后合卺、坐帐、成婚。婚礼举行之时，有许多习俗，比如撒帐、闹新房，在明清相当流行。所谓撒帐，乃于新夫妇坐床时撒花果豆谷于帐，以取多子之吉利。成婚次日，新妇拜见舅姑，然后回门，婚姻程序大抵如此。

明清婚姻，自洪武十七年（1384 年）弛世婚之禁后，世婚制度较为普遍。和此前一样，婚姻素重门当户对，婚姻重财也屡见不鲜，有时男方因家境贫寒纳不起聘礼而蹉跎岁月。早婚现象也十分普遍。童养媳制度在明清以后广泛推广，女子在孩提时代往往即送往男方家中做童养媳，童养媳在婆家大多受到虐待，这种婚姻是一种奴隶式的买卖婚姻，很大程度上是由农民的绝对贫困造成的。

此外，古代婚俗中的冥婚和典妻现象在明清抑或有之。冥婚是指生时已有婚约，未成亲而死，家人亲友代为完婚或迁葬一处。明朝陆容《菽园杂记》载山西石州（今吕梁离石区）有此俗。典妻即无力妻亲或妻无生育能力者向他人借妻生子，须交给他人以一定钱财，并协议年限。此为陋俗。

寡妇再嫁，在明清时期相当困难，统治者倡导"贞节"，旌表守节之妇，史志记载节妇名氏，连篇累牍，寡妇牌坊处处林立，民间对寡妇再适也多持歧视态度。

（二）丧葬

自洪武（1370年）朱元璋下令禁止火葬之后，土葬风俗在明清占主要地位。人死之后，即须报丧，在外地做官或从事其他事务的亲属接到凶讯后要奔丧。先后小殓、大殓之日，须告知亲友，报择日开吊，姻、世、年、寅、乡、谊均应通知到。逢"七"均有仪式，"五七"为回趋日，至出殡、下葬而礼毕。有的人户在丧后延请僧道念经做道场超度亡灵。出殡之日，送葬之人须戴孝。在丧期内经常为死者烧纸钱、买地券。在明朝，妃嫔妻妾殉葬之俗在帝王及达官家族仍或有之。服丧时日，父母三载，其余为一年及以下。丧服在身，为官者须停官，待丧期满后重新安排上任。丧服之制，依宋朝。

四、明清时期的文化娱乐

明清时期，人们的业余文化娱乐活动较前朝更为丰富。其间除了继承此前民间文化娱乐的传统方式之外，又出现了一些为人民大众所喜爱的新的娱乐项目。

在文艺领域，明清小说、戏曲、音乐、舞蹈日臻繁荣；各类神话传说、民间故事、民歌民谣广泛流传，深入民间；琴、棋、书、画久盛不衰，还出现了新的娱乐项目"叶子戏"。各式各样的娱乐活动纷呈异至，给社会的文化娱乐增添了绚烂的色彩。

在明清两朝，有许多知识分子创作和整理了大量优秀的文艺小说。有的以历史史实为背景，加以想象，使之艺术化，如《三国演义》《西游记》《水浒传》《儒林外史》便是这类体裁的小说；有的以反映日常生活为主，把普通的故事情节化，阐发思想，教育来者，如著名的"劝善惩恶"类小说集"三言二拍"和《金瓶梅》《红楼梦》等。这些小说新奇、易懂，通过读者本人的阅读或说书人的解说，很多人从中得到消遣和启迪。

我国的古典戏剧，在明清之际达到鼎盛。上自宫廷，下至市井及偏僻乡村，都以戏剧为主要娱乐方式。明朝后期，地方戏中的弋阳腔、余姚腔、海盐腔、昆山腔流行于黄河、长江流域广大地区；清初，昆腔属雅部，居诸戏之首，京腔、秦腔、弋阳腔、梆子腔、罗罗腔、二黄调属花部，统称乱弹班。大量剧种在京城融合，互相吸收，促进了戏剧的发展，深得人民喜爱，使观赏水平提高。

戏曲在流传的过程中，得到人民大众的接受和支持，社会上的许多人对戏剧有参与意识。明清时期，苏州群众性昆曲活动十分普遍。人们于八月中秋节举行虎丘千人石上歌唱大会，年年如此。大会场面雄伟壮观，参加者有各阶层人物，从初夜唱至三更，由万众齐唱到一夫登场。"席席征歌，人人献技"，"听者寻人针芥，心血为枯，不敢击节，唯有点头"，很有感染力。此外，当时扬州城中群众性唱曲活动也很活跃。

观剧是明清士大夫阶层的嗜好，许多有财势的人家都备有戏班，于是在江南地区出现了诸如阮大铖家班、冒襄家班、徐氏家班、赐金班等著名戏班。同时，还有大批业余戏曲爱好者不满足于观剧，便登台演戏，俗称"串戏"，串戏者即"客串""票友"。他们"串戏"，还要付给内场、外场众人赏钱。

明清以来，民间乐工在民间音乐的基础上创作了具有艺术价值的"十番"和"江南丝竹"等音乐。十番又称十样锦或十番鼓，明朝万历以后在江南流行；江南丝竹始产生于明朝苏州一带，有《梅花三弄》等八大名曲。欣赏音乐也是人们文化娱乐活动的一个组成部分。

在人们的日常娱乐活动中，围棋和中国象棋也是闲暇之际的娱乐项目。围棋在明朝以前已经发展成今天的格局。象棋在明清两朝发展很快，出现了不少著名的棋书。如明朝的《梦入神机》《适情雅趣》《桔中秘》，清朝的《梅花谱》等，皆为颇有价值之古谱。清初之象棋有满、汉之分，满方 11 子，其中一子能兼三子之功，汉方 16 子往往难以敌之，实则是满族歧视汉人之产物，后来未被推广。乾隆时，棋界出现毗陵、吴中、武林等九派，高手颇多。长期以来，象棋作为"贩夫走卒"之戏，颇为劳动人民所青睐。

第六章 中国史学科建设的缘起与发展

第一节 学科建设与学校发展

学科是高等学校发展的基础，是高校的立足之本。学科建设是高校发展的龙头，是高校根本性的战略任务。学科建设不仅是高校教学、科研和人才培养的结合点，而且是提高教学、科研及社会服务能力和水平的重要基础，同时也是体现高校学术地位和社会声誉的重要标志。学科建设水平的高低不仅代表着高校办学水平、培养质量，更决定着高校的办学特色和优势。

加强学科建设是高等学校的永恒主题。学科建设是高校的生命线，是大学办学成败的关键。高等学校只有按照"以高水平的学科为支撑，以学科建设为主线"的发展思路，把学科建设作为各项工作的龙头，把加强学科建设，提升教学、科研水平，提高办学层次和水平作为高等学校发展的主要任务，才能从根本上促进高等学校的发展。

一、学科与学科建设界定

一般而言，学科本身具有三种含义：第一是指相对独立的知识体系或学术分类体系。此意义上的学科，应具备四大基本条件：一是有较为完整的理论体系和专门的研究方法，二是有科学家、学者群体出现，三是有研究机构和教学单位以及学术团体的建立并展开有效的活动，四是有专著和出版物问世。即从生产知识、学问研究的角度理解，学科的含义则是指"学问的分支即科学的分支或知识的分门别类或亦可称之为研究方向"。第二是指为培养人才而设立的教学科目。即从传递知识、教育教学的角度理解，学科的含义指的是"教学的科目"。第三是指从事教学和科研或开展教学和科研的机构。即从教学与科研的组织角度理解，学科是指学界的组织或学术组织。由此可见，学科是学问分支、教学科目、学界或学术组织的统称。

学科建设主要是指高等学校围绕学科方向的选择与确立、科学研究、人才培养、师资队伍建设、基地建设、国际合作与交流、人文环境建设等而展开的各项工作。国务院学位委员会 1997 年 6 月颁布的《授予博士、硕士学位和培养研究生的学科、专业目录》是高等学校学科建设的基本依据。该"目录"以 1990 年 10 月国务院学位委员会和国家教育委员会颁发的"学科、专业目录"为基础，遵循科学、规范、拓展的原则，以逐步规范和理顺一级学科、拓展和调整二级学科为目标，形成了学科门类为 12 个、一级学科为 88 个，二级学科（学科、专业）为 381 种的分类体系。

学科建设具有鲜明的时代特征，有着深刻的内涵，同时也紧密联系着学校所处的时间和空间环境。学科建设中的学科，实质上是指正式列入上述"目录"的学科及其所包含或对应的本科专业，所讨论的内容应包括学科基础建设和学科层次的建立与完善。学科建设就是要遵循学科发展的内在规律，结合学校的实际，使学校的学科结构和布局更加合理。同时，要集中人力、物力，对若干个重点学科和具有发展潜力的学科，在学科方向、科学研究、梯队建设、人才培养和条件建设等方面加大力度进行建设，形成优势和特色。

二、学科建设与学校发展的关系

"大学者，研究高深学问者也。"无论是从认识论的哲学出发来认知还是从政治论的哲学出发来诠释，高等学校都是以知识为载体，以学科为单元，服务于学习者，服务于国家和社会，并服务于知识本身的。伴随着科学技术的高速发展，学科知识日益精细并分化，大学学科的专业性特征更趋明显和强化。在今天，学科与专业的质量水平不仅成为一所大学水平的根本标志，也是大学所在地区和国家综合实力的重要表现之一。

学科建设要有创新，就要有所为有所不为，针对自身优势，抓好特色和支撑点。这样，学校才有竞争力，才能适应社会发展和需求。所以各高等学校都应该把学科建设作为各项工作的龙头。也就是说，只有舞活学科建设这个龙头，才能加快学校事业的全面发展。

（一）学科建设是高等学校赖以存在和发展的基础

教学是高等学校经常性的中心工作。高等学校的主要任务就是搞好教学，通过教学传播知识、培养适应社会需要的各种高级专门人才。大学要完成这一光荣使命，不仅需要建设一批专业，开设一大批高质量的课程，组建一支高素质的师资队伍，而且还需要一定的图书资料、实验设备设施做保障。而所有这些条件的满足都需要以学科建设为基础。

首先，学科建设是专业建设和课程建设的基础。任何专业和课程都是建立在一定的学科基础之上的，学科是"纲"，专业、课程是"目"，"纲举"才能"目张"。没有学科，专业和课程就成了无源之水、无本之木，只有建设高水平的学科才能开设高质量的专业和课程。

其次，学科建设也是师资队伍建设的基础。大凡一流的学科都有一批优秀的教师。如斯坦福大学的心理学、教育学，哈佛大学的商业管理、政治学，牛津大学的古典文学、数学，剑桥大学的物理、化学，加州理工学院的航空学、天文学等，都拥有一支世界一流的师资队伍。正是这样高水平的师资队伍，才为学校创造了一流的教学质量，培养了一流的人才。可见，高水平的学科才能吸引优秀教师，并使其有所成就。

最后，学科建设也是图书资料建设、实验室建设的基础。因为大学是以学科为基础建构起来的，大学的资源包括图书资料和实验室，只有建设出高水平的学科，才能积聚起丰富的图书资料，才能有高、精、尖的实验室。

（二）学科建设是体现学校办学层次的显著标志

学科是高等学校组织结构中的基本骨架，高等学校的学术梯队、学术研究基地都是以学科为中心组建起来的，高等学校的专业设置、人才培养数量、人才培养质量及人才培养模式等都是围绕学科来考虑的。作为科研成果和社会服务的载体，学科实力是衡量高校办学层次和发展水平的主要标志。

一所知名大学发展水平的基础是由若干个知名学科或学科方向构成的。这些学科的研究水平基本能反映学校的发展方向和在学科前沿的占有程度。学科建设可以为学校今后的长远发展目标和自身定位提供坚实的基础和可靠的依据。

实际上，学科建设涵盖了科学研究、人才培养、社会服务三大领域，即高校的三大职能。抓学科建设可以推动教师开展科学研究，而科学研究的进展又可极大地提高教师的学术水平和教学质量，从而提高学校教学水平、科研水平及办学质量。通过学科建设还可以带动专业建设（特别是名牌专业建设）和课程建设（特别是精品课程建设），形成"品牌效应"，获得认可。另外，学校对于学科建设的足够重视，对于学科布局的合理安排，对于学科前沿的占有程度，都将对学校办学水平和高校学生（特别是研究生）培养质量起到关键性的作用。

（三）学科建设是提高学校办学水平的核心竞争力

核心竞争力是 20 世纪末期提出的现代企业管理新理论。其核心内容是现代企业如何发挥优势与潜力，获取最大经济效益。该理论同样可以应用到大学的发展与建设上，即形成一种特有的、别人无法模仿的、具有巨大潜能的竞争力，加速学校实现跨越式发展。

在国家"211 工程"建设中，重点学科建设已经成为其核心内容。高校之间的激烈竞争，很大程度上表现为学科优势、学科特色和学科水平的竞争。任何一所高校，没有自己的优势学科和特色学科，都将在激烈的竞争中处于劣势。

高校的重点学科一般都有自己显著优势特色的学科方向。高校要提升学科的核心竞争力，只有结合自身实际，从学科方向入手，组织全校教师认真分析各学科的学术前沿、发展动态，自身的特色优势、主要的竞争对手以及应采取的最有效对策等，从而选准方向，集中力量，异峰突起，出奇制胜，坚持创新，形成特色，才能在现有基础上取得更大突破，才能有效地扩大学校的知名度和影响力，实现学科建设的跨越式发展，进而推动学校的可持续发展和整体水平提升。

学科建设是高等教育中一项极其复杂的基础工程，它的内涵丰富，包括学科规划、师资队伍建设、人才培养、学术研究、教材建设、实验室建设、图书资料建设等。同时，学科建设的长期性和成果的滞后性等都增添了它在实际工作中的难度，往往是"领导和教师普遍重视到天而无从立地"，而实际被弱化和虚化，难以有所作为。树立"学科立校"的治校理念，从战略的高度规划学科建设，建立目标责任制和运行项目管理机制，能使学科建设在实际工作中既"顶天"又"立地"，从而推动高校的学术进步，实现高校的跨越式发展。

三、以学科建设为龙头，提升学校办学层次和整体水平

第一，以学科建设为龙头，统领学校发展改革的全局。学科发展的状况对于高校的发展具有战略性和全局性的影响。学科是高校的立校之本，它不仅代表着高校的办学水平，更决定着高校的办学特色和优势。只有把学科建设好，才能从根本上提高高校的教学质量和学术水平。抓学科建设，必须正确认识学科建设在高校建设中的地位与作用，把握学科建设的内涵与要求，明确学科建设的基本环节。必须客观分析高校学科建设的现状和学科发展定位，明确办学特色和特色学科，突出重点学科，制定学科建设规划，加强学术队伍培养和对学科带头人的选拔，以学科点建设为示范，全面带动高校各项建设，提高办学层次和办学质量，推进高校的改革与发展。

第二，抓学科建设，着眼于提升科研的核心竞争力。学科的地位和高水平的科学研究密不可分。高水平的科研成果是学科建设长年积累的结晶。同样，学科建设要上水平，必须以高水平科研为抓手和载体。高等学校应积极鼓励各学院（系）、各学科争取高等级重大科研项目，调整学科布局，扶植新的学科增长点。按照突出重点、凝练方向的要求，组织重点学科充分发挥基础教育研究和培训基地的作用，确立重点研究方向，整合相关系科力量，形成多项学科建设项目。

第三，按学科建设的要求优化配置各类资源。由于学科自身等主客观条件的限制，在一定时期，应该根据各学科自身的基础条件、发展前景和社会需要等情况，集中抓好若干个学科的建设，在政策、资金、师资等方面予以倾斜，

而不能搞平均主义。充分认识人在事业发展中的根本作用，资源要朝着干事业、容易出成果的人那里集中，政策要朝着有利于调动人的积极性的方向制定和调整。此外，学校还应根据学科建设的需要，着力吸引海内外优秀人才，加强攻坚力量，从注重个人的学术能力，转向注重整体学科发展潜力和科研活力。

第四，按照学科建设的要求配置财力资源。资金的投入是学科建设整体提高必不可少的"硬件"，是学校学科建设的保证。无论是新学科还是基础学科，对其创新群体都要不遗余力地支持。要用有限的投入争取最好的建设成果和建设水平是保证投入的出发点。因此，在经费有限的前提下，坚持重点投入的原则，相对集中资源搞好优先发展的学科，并尽快形成自我良性发展的能力。

第五，按照学科建设的要求进行体制创新。学校一方面根据学科建设的需要，努力构建有利于学科交叉的研究平台。另一方面，顺应科技发展和国家经济建设的需要，对这些学科的发展基地进行体制创新，努力造就一种开放、流动、灵活、富有活力的机制，促进各学科交叉渗透和学科自主调整和发展。

总之，学科建设是学校各项工作的核心，是学校全面发展的龙头，是提高学校层次水平和推动学校全面建设发展的原动力，是调动全校师生员工的着力点。只有切实做好学科建设工作，才能推动高等学校各项工作的发展。

第二节　70 年来关于中国古代史的研究

随着我国社会主义建设的逐步推进，历史学科包括中国古代史研究在内，也厚积薄发，成果宏富。

一、唯物史观研究

唯物史观在中国的传播早在五四运动以前就开始了，但在民国时期的历史研究中，还只是其中一个派别，除此之外，还有其他一些"史观"，如"民生史观"等。随着中国革命的发展，唯物史观日益深入人心，影响越来越大，直到中华人民共和国成立，唯物史观在历史研究中的主导地位得以确立。

唯物史观是关于人类历史发展的科学，是马克思主义理论的重要内容，致力于科学解释人类社会的发展规律，解决历史上的重大疑难课题。中华人民共和国成立后，史学家们满怀对中华人民共和国的热情，真诚地投入到对马克思主义的学习中去，用以指导学术研究，成效非常显著。特别是在中国古代史领域，围绕被称为"五朵金花"的中国古代史分期、封建土地所有制、封建社会农民战争、资本主义萌芽、汉民族形成等重要问题的热烈讨论，就是对唯物史观学习和运用的直接成果。这些成果极大地拓展了中国古代史研究的视野，深化了人们对中国历史发展特性的认识，为改革开放后对中国历史进行更深入、更系统的考察奠定了基础。

不过，其中经历了很大的曲折。政治运动接连不断，严重影响了正常的学术研究，很多学术讨论被上纲上线，当成政治问题处理。这主要还是由于当时人们对马克思主义唯物史观的认识水平普遍较低，简单化、公式化、功利化的倾向比较严重。教条主义对当时的政治和学术活动也产生了不利影响，严重阻碍了历史研究，留下的教训是非常惨痛的。

1976年之后，在"解放思想，实事求是"路线的指引下，历史研究恢复正常。中国古代史领域的新材料、新成果喷薄而出，发展之迅速、著述之丰富，仅从发表论文的数量上就可以看出来。据中国学术期刊网的不完全统计，这70年来，有关中国古代史的期刊学术论文就有13万篇左右，前30年共发表三四千篇，1980年至2000年达3万余篇，21世纪以来更是达9万余篇。

改革开放之初，史学工作者主要围绕"五朵金花"，以及亚细亚生产方式、中国封建社会的长期性、历史发展动力等问题进行讨论。随着研究的深入，人们逐渐认识到，坚持唯物史观不能僵化、教条地理解，更不能简单化、公式化地套用，中国历史在遵循马克思主义所揭示的普遍规律的同时，也有其自身的特点。进入20世纪90年代，特别是新世纪以后，研究中国历史和中华文明的特性成为学术主潮，重点领域实现突破。这些突破大多是对原有重大问题的深化和拓展。如为揭示中国是否经历奴隶制社会，开启对文明起源的探究；为研究中国有无资本主义生产关系的萌芽，发掘历史时期市场经济、城市化等近代性的因素；为更全面地理解农民战争，注意从自下而上的角度、人地关系的视野考察历史，间接推动了社会史、环境史的兴起；等等。取得这样的成绩，与改革开放后一些新的观念、方法的引入有关，而唯物史观的指导则是最关键的因素。这些成绩同时也是对唯物史观的充实与发展。

二、新史料发现与史料整理

史观和史料是历史研究的双翼。20 世纪中国现代史学的兴起，就伴随着殷墟甲骨文、秦汉简牍、敦煌文书和明清档案这"四大发现"。中华人民共和国成立后中国古代史研究的突飞猛进，也离不开规模空前的史料发现和整理。

一是考古发掘全面展开。时间上，远至距今 200 万年左右的旧石器时代，近至明清，历代都有重大发现；空间上，从内地到边疆，从陆地到水下，发掘遗址遍布全国；内容上，有遗址，有器物，有图像，有书籍，无所不包。这些考古发现，与传世文献相印证，有效地推动了历史研究向纵深发展。陶寺遗址、二里头遗址、偃师商城遗址、安阳殷墟等考古发掘为研究中国古代国家形成提供了重要线索，也使得我国古史真正成为"信史"。

二是重要文献不断被发现。这些文献有的来自考古发掘，如甲骨文、金文、吐鲁番文书、简帛、碑刻等；有的则是重新发现，或源自公私收藏，或源自域外。如徽州文书，是由民间收集而来，被称为"第五大史料发现"，一门新学科"徽学"随之兴起；明抄本北宋《天圣令》，原藏于宁波天一阁，它的发现使人们对唐宋制度与社会变迁有了新的认识；巴县档案、南部县档案、黑龙江将军衙门档案等，收藏于地方档案馆或博物馆，为人们了解清朝地方社会与地方治理提供了翔实的资料；域外收藏敦煌文献，原藏于英、法、俄、日等国，其中包含大量藏文、回鹘文、吐火罗文、西夏文、粟特文等民族文字史料，史学工作者经过数十年系统整理和研究，使得敦煌学与隋唐史相映生辉。

三是存世史料得到系统整理。中华人民共和国成立后不久，就从国家层面把史料整理放在重要位置。1951 年中国史学会成立后，将编印资料作为一项主要任务，之后一大批有关思想史、文学史、农民战争史、经济史、少数民族史等的资料汇编先后推出，为此后历史研究打下史料基础。1955 年第一历史档案馆成立，1000 多万件明清档案得到更为有效的管理和利用，直接推进中国乃至世界的明清史研究。1958 年，国务院成立古籍整理和出版规划小组，启动对二十四史等典籍的点校工作，用 20 年的时间完成了这一旷古未有的文化工程。1981 年，中央下达《关于整理我国古籍的指示》，古籍整理进入一个新阶段。据不完全统计，自中华人民共和国成立以来，整理出版的古籍图书已达 3.6 万种左右。国家清史纂修工程启动以后，在史料的收集整理方面投入了巨大力量，仅收集清人文集就达 4 万余部。截至目前，清史工程已对数十万件档案进行了数字化整理。70 年间，从国家到单位以及学者个人，都在史料整理方面作出了巨大贡献，不少大型史料丛书如《甲骨文合集》《甲骨文合集补编》《唐代墓志汇编》《续修四库全书》《四库全书存目丛书》《全宋文》《全元文》《中国地方志集成》等，往往要花费几年、十几年甚至几代学者的持续努力才能完成。

四是史料数据库不断开发。进入 21 世纪以后，计算机技术在历史研究中的应用越来越广泛，其中数据库开发为学者收集、处理、利用史料提供了极大便利。20 年来学术论著呈井喷之势，与此不无关系。传统的基本文献，如十三经、二十四史、地方志、明清档案，新发现的史料如甲骨金文、墓志碑刻、民间文书，几乎在各个领域，都已建有专门的史料数据库。

三、古代史学科体系渐趋成熟

中华人民共和国成立前，中国古代史研究发展不平衡，距现在越近，越相对薄弱，对历史整体面貌的认识还比较模糊。经过 70 年的发展，学科体系日趋成熟。

马克思主义把历史看作是整体，分析历史的发展大势，尤其强调通史的研究。中华人民共和国成立后，先后有尚钺《中国历史纲要》，翦伯赞《中国史纲要》，郭沫若《中国史稿》，范文澜、蔡美彪《中国通史》，白寿彝《中国通史》等问世，这些都是在唯物史观指导下有关中国通史研究和撰述的重要成果，也是学科成熟的第一个表现。

断代史研究均衡发展是中国古代史学科成熟的第二个表现。一些以前较少受到关注的时段，如十六国史、五代史、西夏史、辽金史、南明史等，都有了深入研究，清史研究成长尤为迅速。每个断代都有标志性著作出版，其中上海人民出版社用50年时间推出的"中国断代史系列"颇引人瞩目。还有不少以断代史名目出版的大型丛书，如"商代史丛书""敦煌学研究丛书""唐研究基金会丛书""宋史研究丛书""南宋史研究丛书""明清史研究丛书""清史研究丛书"等。大部分断代史领域都成立了学术团体。

学科成熟的第三个表现是各专业史的兴起。首先是经济史获得了空前的地位。唯物史观将生产力的发展视为历史发展根本动力，因此"前17年"集中讨论的"五朵金花"，其中"四朵"是围绕经济史展开的。改革开放后，经济史作为经济学和历史学的交叉学科，获得了更大发展。政治史作为传统的优势学科，在讨论中国古代国家形成、中古政治文化演进、中央集权制度变迁等方面都有不凡的建树，并从单纯的制度研究深化到对制度运行进行考察。社会史于20世纪80年代中期重新兴起，反思传统研究的不足，促进历史学的改革和创新，成为30多年来重要的学术增长点。思想史方面，中华人民共和国成立后，史学工作者在马克思主义指导下重新诠释中国古代思想文化，出版了侯外庐主编的《中国思想通史》、任继愈主编的《中国哲学史》等重要著作。改革开放后，在先秦政治思想史、魏晋玄学、宋明理学、乾嘉汉学、经世实学等方面，创获尤多。此外，文化史、法律史、民族史、军事史、外交史、边疆史、海疆史、历史地理、科技史、水利史、历史文献学等领域都取得长足的发展。

四、跨学科研究蔚然成风

史学是一门研究人类整体的学问，它不孤立于其他学科之外，与经济学、社会学、政治学等学科的联系尤其紧密，这就要求史学工作者在学术研究的过程中，善于"左顾右盼"，掌握广博的知识，吸收相关学科的养分。

中华人民共和国成立以后，以马克思主义史学为指导的中国古代史研究取得了辉煌的成绩，但也有过教条化、片面化的惨痛教训。改革开放以后，学者们意识到，要继承传统的治史方法，但更要突破其局限性，才能满足史学自身发展和社会主义文化建设的需要。这一时期，史学界开始积极倡导跨学科的研究理念，借鉴海外学者的研究方法，既包括史学与社会科学的交叉，也包括史学与自然科学的结合，诸如中西历史比较、计量分析、心态史学等新方法不断引入，系统论、控制论、信息论的讨论曾风靡一时，一批海外史学家的前沿作品被译介到国内。

进入 2000 年以后，史学界在借鉴海外史学理论与方法方面所取得的成绩更为显著。这一时期，随着海内外学术交流日益频繁，海外史学理论与方法更深刻地影响着中国古代史研究，人类学、社会学、文学等学科纷纷介入史学研究之中，并提出了相当新颖的研究议题。中国古代史研究面临着新的研究方法的刺激，也努力吸收其他学科研究方法为我所用，跨学科研究逐渐成为中国古代史研究工作者的自觉追求。

新研究方法的引入极大地改变了中国古代史研究的基本面貌，新材料被不断发掘，旧的结论被重新解释，新的领域不断涌现，新概念、新模式、新方法层出不穷，研究范围不断扩大，诸如环境史、性别史、历史人类学、医疗史、口述史、公共史学、数字人文等新的学科领域纷纷建立，宏观与微观、通史与专史有机结合，一定程度上克服了传统历史学内容狭隘、方法陈旧的缺陷，促进了史学研究多元化的进一步发展。当然，对于海外理论与方法，要注重对其产生语境的整体把握。同时，更应注重从中国历史经验中提炼具有本土特色的概念和解释体系。

五、国家对历史研究的支持与推进

70 年来，国家对历史研究的支持力度越来越大，经费投入与日俱增，资助方式呈现出多层次、多途径、多领域的特点，大到国家级文化工程的启动，小到学者个人研究兴趣的实现，都离不开国家力量的支持。

其一，国家研究基金发挥重要支撑作用。比较重要的如 1991 年设立的国家社科基金，其中中国古代史的研究课题一直占相当大的比重。教育部人文社会科学基金、各省和各个学校所设立的科研课题，数量更是难以估计。这些基金项目为推动中国古代史研究，特别是其中一些相对冷门领域的研究，发挥了积极作用。

其二，重点科研机构建设助力特色学科发展。教育部确立的人文社会科学重点研究基地中，与中国古代史关系较为密切的就有 10 个，分别是：北京大学中国古代史研究中心、中国人民大学清史研究所、复旦大学历史地理研究中心、北京师范大学史学理论与史学史研究中心、中山大学历史人类学研究中心、南开大学中国社会史研究中心、河北大学宋史研究中心、安徽大学徽学研究中心、兰州大学敦煌学研究所、宁夏大学西夏学研究所。在 2011 协同创新中心建设中，清华大学等高校成立的"出土文献与中国古代文明研究协同创新中心"获得批准。

其三，国家重要文化工程推进重点领域创新。近年来，比较重要的文化工程有：1996 年启动的夏商周断代工程与 2004 年正式启动的中华文明探源工程，极大地推进了对中华早期文明的探索；国家清史纂修工程自 2003 年启动，先后有近 200 位学者参与，不仅完成了 3500 万字的文稿，而且整理了数以亿计的文献资料。

其四，国家建设需要引导史学研究趋向。70 年来，主要史学热点的形成，大都与国家建设的需求相关。如中外关系史的研究成为热点，中国边疆学迎来发展高潮，西夏学、契丹小字、满文等"绝学"后继有人；环境史研究迎来前所未有的发展契机，丝绸之路研究、海洋史研究趋于繁荣。2019 年年初，中国历史研究院成立，这是中国历史学发展中的一件大事，对于推动史学各领域包括中国古代史研究具有重大意义。国家宏观文化政策与具体的学术研究相结合，史学经世功能更能得到充分发挥。

学术研究需要发挥个人的长处，写出富有个性的作品，但大型集体项目和文化工程依然是推动学术进展的重要工具。它有助于学界对重大问题的聚焦，有助于克服研究的"碎片化"，推动国家文化事业发展，同时可以有效调动各方面资源，既出成果，也出人才。

六、国内学术界与国际交流增进文明对话

中华人民共和国成立之初，国内学术界与国际交流较少，在一定程度上影响了中国古代史的研究进展。改革开放以后，国内外学术交流日益频繁，促进了中国古代史研究领域的推陈出新。近年来，中国学界组织翻译的大量海外关于中国史研究的优秀作品，为中国学者了解海外研究进展提供了很大帮助，如商务印书馆的"汉译世界名著"、江苏人民出版社的"海外中国研究丛书"系列等。随着年轻一代外语水平的提高，互联网时代也带来了全球学术信息的便捷传递，使中国古代史研究越来越成为一门国际性学问。近20年来，随着国家教育经费投入的快速增长，中国史学界举办的国际学术会议数量迅速增长，越来越多的海外研究者来到中国参加学术会议，促进了中国与国际学术界的直接对话。

日益频繁的国际交流促进了中国古代史研究的国际化，但国际化程度仍有待提高。今后仍然需要进一步拓宽国际视野，特别是要从全球史和文明体系的高度来重新思考和定位中国古代史研究，把中国史的研究置于世界的范围内，避免就中国而论中国。同时，应力争将基于中国历史经验提炼出的一些原创性概念和解释，辐射到对其他文明和地域的历史研究当中，建构中国史学话语体系，为全球文明史的研究作出中国学者应有的贡献。

第三节　中国史学科建设的发展前景分析

随着中华人民共和国历史的不断演进，作为中国历史的当代部分，国史研究具有广阔的发展前景。作为一门新学科，国史学科也必将随着国史研究的推进而不断发展和完善。对于国史，党和国家历来高度重视，近年来更是力度空前。

2019年7月，中央"不忘初心、牢记使命"主题教育领导小组在《关于在"不忘初心、牢记使命"主题教育中认真学习党史、新中国史的通知》中再次强调"要把学习领悟党史、新中国史作为牢记党的初心和使命的重要途径……做到知史爱党，知史爱国，做到常怀忧党之心、为党之责、强党之志"。这些重要讲话和指导意见，为国史学科发展提供了新的契机，为国史研究和国史学科建设指明了方向。

一、进一步明确学科定位与研究边界

建设以马克思主义为指导、理论与方法特色鲜明的国史学科，既是学术发展的需要，也是现实的需求。当前，国史学科政治上姓"马"，学术上姓"史"，已经成为普遍共识。在指导思想上，国史研究必须坚持以马克思主义为指导，国史工作者应当自觉站在人民大众的立场上，运用历史唯物主义的立场、观点、方法，坚持实事求是的原则，反映真实的历史。在研究内容上，国史是马克思主义普遍真理与中国实践相结合的历史，是马克思主义在中国实践的历史，是马克思主义研究中的重要问题之一。在学科划分上，国史学科的本质是历史学科，是中华人民共和国成立后的中国历史，是中国历史的当代部分。

国史学科具有历史学科的一般特点，国史研究适应于历史学科的一切方法，同其他历史学科一样，必须坚持实事求是的科学态度，遵守严格的学术规范，通过收集、整理、考证、分析历史资料，探寻历史规律，总结经验与教训。国史作为一门新兴学科，还处于成长期，在一些领域还存在明显的研究短板甚至空白点，但充满生机活力。

二、找准抓手与着力点

从学科发展的角度看，国史是一门新兴学科，还有很多空白领域需要开拓，比如社会史、环境史、交通史、边疆史、科技史等领域都需要从多视角进行探讨。这些领域研究的不足，也从另一个方面表明，国史学科有着广阔的发展空间。

首先，需要继续从史料上进行突破。史料是史学研究的基础。与其他历史学科相比，国史学科最大的优势就是当代人能直接观察、亲身感受、耳闻目染历史本身，因此可以从当今社会亲历者的口述中获取更多翔实的资料；同时，中华人民共和国成立以来留存的大量音像影像也极大地拓展和丰富了国史研究的史料来源与内容。可以说，国史研究资料及种类之丰富是一些传统的历史学科所无法企及的，其对于国史研究的深入发展必将起到巨大的促进作用。

其次，需要继承和发扬重视研究当代史的传统。重视当代史研究，是中国史学的一大优良传统。西汉司马迁的《史记》记载起于传说中的黄帝，讫于西汉武帝时的历史，共130篇。其中，完全写西汉史的51篇，重点或大部分写西汉史的15篇，共66篇，超过全书篇幅的半数以上。唐朝史学家刘知几说《史记》"虽叙三千年事，其间详备者，唯汉兴七十余载而已"。中华人民共和国史是中国历史的当代部分，距离现实近，研究的意义尤其重大。

最后，需要更加注重人民立场。每个史学研究者都会自觉或不自觉地站在一定阶级、一定政治力量的立场上，这是阶级社会中不以人的意志为转移的客观事实。研究国史，只有始终站在人民的根本利益的立场上，坚持以唯物史观为指导，自觉抵制唯心主义和历史虚无主义的各种干扰，坚持以真实为原则，以事实为基础，以材料为根据的根本学术方法，才能正确处理学术研究与贯彻党的方针、政策的关系，发挥当代人写当代史的特长，克服当代人写当代史的局限；才能把握好国史研究的方向，还原真实的历史，澄清是非曲直，正确总结历史经验与教训；才能探索历史发展规律，取得经得起实践、人民、历史检验的研究成果，充分发挥国史研究的存史、资政、育人和护国功能。

三、走好借鉴和创新的道路

随着中国综合国力和国际影响力的显著提升，中华人民共和国的历史引起国内外越来越多人的极大兴趣。学术界长期存在的"当代人写不好当代历史""研究国史不是学问"等认识上的偏见正在被逐步纠正，国史研究和国史学科建设迎来了最好的发展机遇。尽管如此，国史在学科理论等基础建设方面仍然存有不足之处，进一步加强国史学科建设工作，必须认真学习传统历史学科的学科建设经验，借鉴政治学、经济学、社会学、人类学、心理学、公共行政管理学等多学科的研究方法，建立健全严格的学术规范，促进资源共享，建立国史学科研究体系、逻辑体系、把创建新理论、建立新体系、发现新方法、树立新范式作为治学的重要目标，充分发挥国史学科应有的学理功能、阐释功能、实践功能。

当今世界正处于百年未有之大变局，当代中国已日益走近世界舞台的中央。随着中华人民共和国历史的不断演进，国史研究和国史学科建设必将实现大发展、大突破。

第七章 70年来中国古代史学科建设反思

第一节 新时期古代史学科发展的重要推力

许多前辈学者，如王国维、陈寅恪等在谈到历史学进步时，都谈到新材料和新问题两大因素的意义。回顾改革开放40余年来中国古代史学科的进步与发展，除了思想解放、恢复实事求是的学风等因素之外，同样离不开这两大因素的推动。

所谓新材料，应包括两个方面：一是通过考古发掘出现的新材料；二是依据新理论的理解从旧材料中发掘出新解释价值的材料。

中华人民共和国成立后，随着社会主义建设的展开，一些有计划的、有组织的、科学的考古发掘和整理有序进行。然而，从前17年的情况看，其成果对古代史学科的影响远远没有改革开放后来得深刻。这里既有发掘规模的问题，也有整理的时差问题。

改革开放后，随着国家经济现代化建设，事关国计民生的基础建设大规模展开，由此加快了考古出土材料的频率和数量。从甲骨卜辞和金文、战国至晋简牍、魏晋南北朝及隋唐碑文墓志到唐宋律令等均有所发现，而且其数量之巨，年代覆盖之长，类型涵盖之广，都是前所未有的。其中，仅就出土的简帛文献来说，著名者就有湖北包山楚简和郭店楚简、湖南里耶秦简、湖北江陵张家山汉简、长沙走马楼西汉简牍、成都老官山汉墓医简、江苏连云港尹湾汉简、湖南长沙东牌楼东汉简牍和湖南长沙走马楼吴简等。这些新材料的发现，为解读中国古代的观念世界、生活世界提供了大量的新佐证，拓展出不少新的课题和新的研究领域，简牍之学一时成为显学，吸引众多的学者加入。至于被称作"史上最完整"的宋代"干部档案"的《武义南宋徐谓礼文书》的出土和整理出版，则对南宋官制及政务系统运转提供了翔实的资料。

新材料的发现，除上述考古出土材料外，原收藏于国内外各机构以及地方的文书、谱牒的整理，也成为某些领域专题性研究值得一提的促进因素。例如，1999 年发现的天一阁藏明钞本北宋《天圣令》，就为唐宋礼制史和法制史等相关研究提供了极有价值的新材料。大量"发掘"整理出来的宋元明清"纸背文书"和明清徽州、清水江、太行山等地方文书，以及更路簿、谱牒等，这些非传统意义上的文献已成为研究元明清地方组织结构和区域史的重要材料。此外，域内非汉文史料和域外史料，如《夏汉字典》《天盛改旧新定律令》及黑水城文书等非汉文文献的整理、翻译与出版，也为当下的相关研究提供了较之前辈学者更多的视角来讨论相关问题，是颇有价值的史料。

对于中国古代史研究来说，较之新材料的发现影响更大的，应属海外学术交流的开展以及随之出现的介绍和引进海外学术著述的热潮。这对于打破长期与外界隔绝的状态，挣脱教条主义和过度意识形态的禁锢，改变理论贫乏、问题单调和研究范式陈旧等，意义可谓十分重大。

随着对外开放的逐步扩大，到 20 世纪 80 年代末期，中国史学界与海外的学术交流越来越活跃，大批海外研究中国史的著作先后被译介到国内。其中，不计零散翻译的论著，仅江苏人民出版社组织翻译出版的"海外中国研究丛书"，从 1989 年出版了第一批开始，到 2018 年已先后翻译出版了 176 种，其中大部分属于古代史论著。此外，诸如社会科学文献出版社的"阅读中国系列"等，也多有海外研究中国古代史的论著。加上 20 世纪 90 年代由中国社会科学出版社组织翻译引进的《剑桥中国史》等，使得国内学人对海外汉学的研究有了更加直观、全面的认识，这为中国古代史的研究从问题意识到解释框架，从叙述方式到研究视角和方法，都提供了富有启发的范例。在打开学术视野的同时，也活跃了对问题意识的思考。

40 余年以来，受国外运用各种社会科学理论和方法研究事例的影响，中国古代史学者不断开拓出新的研究领域，诸如妇女史、心态史、区域史、民间信仰史、城市史、日常生活史、环境史、医疗史、身体史、书籍史、传播史、阅读史等不同名目的研究领域，皆有新的研究成果。例如，在环境史方面，一些学者依据考古材料和传世文献，对中国远古时期环境、历代农业的耕作以及不同时期农业的开发与环境演变等方面展开研究；一些学者则将环境、医疗与日常生活结合研究，探讨古人对医疗卫生知识的认识及其日常应对措施和起居安排。又如，在书籍史方面，突破传统的出版史和文献目录学的研究路径，以社会文化史的视角审视中国古代书籍的生产、受众和传播等，使之有可能成为古代史研究的新热点。此外，在区域史方面有些学者提出从区域的脉络解释中国历史结构，并引进人类学、社会学的理论和方法，对一些区域作系列研究，并于2019年创办《区域史研究》作为研究成果发表阵地。而近年域外史料的"发掘"和从域外看中国的提出，则对中国古代史一些问题的认识提供了一个"他者"视角。同时，历史认识论研究的突破，导致史料批判方法流行，促使研究者从知识社会学的视角重新审视传统史料。总之，40余年来，这种新材料、新问题、新理论和新方法的范例，层出不穷，在推进中国古代史研究的进程中扮演了不容忽视乃至可以说是关键性的角色。

第二节 保持中国古代史研究的必要张力

关于40余年中国古代史研究的梳理与反思，在2018年改革开放40周年之际，诸多学术期刊都组织刊载了相关研讨文章予以系统总结。其中，中国社会科学院历史研究所主办的《中国史研究动态》还将该刊组织的专题综述文章结集为《与时同辉——改革开放40年来的中国古代史研究》，于是年底由凤凰出版社出版。由这些综述性研究文章来看，改革开放40余年，伴随着新出史料的增加以及各种史学观乃至社会科学理论的引入，中国古代史研究获得了新视角和新途径。今日的中国古代史研究，不仅与世界同步，而且在很多领域已经出现了引领世界学术的新趋向。老一辈学者所发出的要将敦煌学等汉学研究中心夺回中国的宏愿，在新一代学者的手中大致可以说是实现了。当然，回顾40余年的中国古代史研究，我们在为取得的成就感慨万分的同时，也确实感到其中还存在许多有待改进的问题。

关于目前中国古代史研究所存在的问题，应该说学术界的基本判断还是基本一致的。其中《中国史研究》主编彭卫的表达相对明确，他在《近十年中国古代史研究之观感》（《史学理论研究》2012 年第 2 期）一文中归纳了三点：一是学术资源获取更加便捷与对数据库、检索工具的过度依重；二是出土文献对古史研究强有力的推动作用与对新出史料的过度依赖；三是中国古代史研究出现若干薄弱领域，亟待均衡发展。与此同时，彭卫还提出了对未来研究的三方面展望：一是关注宏观论题，关注中国古代史研究的基本问题；二是重视学术评论的积极作用；三是整合相关研究，推出新的通论性成果。应该说，回顾40 余年中国古代史研究尤其是近十几年来的研究状况，我们大致赞同彭卫的判断。在此基础上，我们认为在今后的中国古代史研究中还有必要在以下几个方面注意保持必要的张力。

一、保持吸收国外史学理论和方法与建立中国古代史自身话语体系之间的张力

随着新时期改革开放的深入，所谓新文化史、新社会史、新政治史、新观念史等，一个个标榜着"新"的"主义"走马灯似的被引入中国古代史研究的舞台。这对于解放思想、开拓学术视野以及推进中国古代史学科建设无疑具有很大意义，然经过三四十年的引进和吸收，当前的中国古代史研究已到了考虑如何建立自己学术理论体系和话语体系的时候了。保持对外吸收与建立自己体系之间必要的张力，不仅是关乎中国古代史研究主体性的问题，也是有可能促进中国古代史研究进一步深化的问题。因为我们所研究的对象，毕竟是中国古代史。对于自己国家和民族的历史，中国人自有自己的家国文化情怀，也有我们理解问题的视角与考量。更重要的是，这里除了学术话语权问题，还涉及国家安全和民族文化自尊，所以有必要保持必要的警觉。

古代历史虽是过去的事实，但也是与今天丝丝相连的史实。域外者的研究，毕竟是以"他者"文化立场的视野投射，其中必然潜伏有其不曾言明的自我中心的预设，例如西方人的"西方中心论"之预设。在一些欧美人眼中，最不能

理解的是中国历史之长和统一疆域之大，因而总是以其民族国家的视角、帝国征服与殖民的视角来理解中国古代历史。一些人更是以其别有用心的政治意识形态，试图解构中国历史的长与大。如欧美学术界提出的"内陆亚洲"概念，原初本是单纯的地理概念，后来又被用来作为一个跨国界的历史文化概念来讨论中亚史。近来，这个建立在欧美人而非中国人历史视角的概念，却频频被欧美汉学界用于一些涉及辽、金、元及清朝等中国古代历史的讨论。尤其值得注意的是，目前在一些讨论中有些欧美学者往往将此异化为政治概念，以所谓"内亚性"否认历史上的"中国"一直是作为跨内亚、多民族政治实体这样的客观存在，否定古代中国对边疆地区和非汉民族统治的合法性、正当性、历史性。在这中间，美国汉学界兴起的"新清史"，就是按照此论来强调清朝的满洲特性，认为清朝是一个内亚政权，不属于中国历代王朝序列之中，从而否定清朝与中国传统王朝之间的连续性。然而一些中国学者却不明就里，盲从引述跟进，这就不能不引起我们的高度警觉。

也许这样一些观点确实是出于欧美学者的学术认识，我们只能说他们对于中国历史文化不理解或浅薄无知。所以说，我们很有必要在吸收外来学术理论与建立自己的中国古代史话语体系之间保持清醒的头脑和必要的张力，一旦丧失阅读和思考的主动性，陷入别人的话语场中而无力自拔，就有可能被别人特有的问题意识所覆盖，乃至从此难以名状自己的切身体验，暴露出文化分析的失语和学术洞察的失明。

二、在细节研究和宏观贯通性的论述之间保持必要张力

这个问题实际也是上述建立中国古代史研究理论和话语体系问题的具体延伸。

关于史学研究碎片化的问题，早已引起学术界的关注。自从 20 世纪 90 年代初，在各种因素的影响下，学术界提出了"思想淡出，学术凸显"和"回到乾嘉"的口号，受此思潮影响，中国古代史研究的重心也开始从宏观论题讨论转向对具体问题的研究。同时呼应海外史学潮流，提出"眼光向下的革命"，

从此中国古代史的研究开始越做越细，课题越做越小，问题越做越深，但也难免由此走上宏观空洞讨论的另一个极端——碎片化之路。

应该说，具体历史问题做具体研究，并没有错，揭示历史细节，有助于对事关历史宏观问题的讨论，也有助于建立对历史的整体认识。但若走上碎片化之路，则有失历史研究的原本目的。事实上，任何断代的、具体问题的研究，都需要通史的视野。所以，如何保持细节研究与宏观、贯通阐述的张力，便成为今后中国古代史研究中有必要深度思考的问题。

对于中国古代史来说，宏观问题与贯通性的阐述，关联密切。改革开放40 多年来，除白寿彝主持编纂于 20 世纪 80 年代的多卷本《中国通史》外，迄今没有几部有影响、在理论观点上有重大突破的通史著作出版。究其原因，很大一部分是对于诸如古代社会基本结构、性质和分期，中国古代历史演进的基本轨迹，中国古代社会演变及其向近代社会的转变，中国古代文明在世界文明中的相对位置，中国统一多民族国家的发展等宏观问题，长期未能形成充分的理论探讨。这中间，重大的理论突破是中国通史撰述的关键所在。例如，如果依旧沿袭本不符合中国历史实际的所谓"奴隶社会""封建社会""资本主义萌芽"等旧理论教条框架去阐述，要获得突破，显然是行不通的。这就需要围绕上述宏观理论，以"中国主体意识"为中心，从中国自身历史中概括出符合历史实际的认识，在获得宏观问题认识的突破后，才能为最终的通史整合奠定坚实的学术基础。可喜的是，现在已有一批学者着手这方面的工作并发表了相关论文。一些学术刊物，如《文史哲》《史学月刊》和《中国史研究》等，也分别以"古典学""秦至清末中国社会形态""封建社会形态"以及"唐宋变革论"等为题组织文章讨论，说明这个问题已开始引起史学界的关注及重视。

三、保持中国古代史研究的其他张力

（一）保持"阶级革命"视角与国家视角的张力

1949 年至今这种"阶级革命"的历史分析方法，尽管在改革开放后已经极大减弱，但是在长期的思维惯性作用下，在某些学者的表述中仍时有痕迹可寻。如在评价某古人思想的价值时，往往竭力强调他对现实及统治者的批判，似乎不如此便不足以构成其思想的进步性。这里的评价者似乎没有考虑到，这样的评价标准如何评价当今的思想者？思想文化史涉及的问题一般还算简单，但是遇到一些地方性的尤其是涉及民族地区骚乱时，我们是否可以转换一下立场，改变以往一味追求正面的价值判断或正误之分，注意把握一下"阶级革命"视角与国家视角间的张力，适度把握其中事实判断和价值判断之间的度，重新建立对中国古代史的叙述模式及话语体系，以避免与对现实问题乃至未来问题的解释发生矛盾。

（二）保持地方叙事与国家叙事之间的张力

通观中国古代史研究，会发现一个有趣的现象：研究地方史和民族史的往往会竭力突出地方性或民族性，而研究边疆史地的则过度强调国家的统一性。因此，在这种情况下，如何保持地方性和国家整体性之间的张力，也是一个关乎国家安全的问题。尤其是在当代国际环境背景下，周边一些国家往往会出于维护本国利益的目的，以歪曲或臆造、捏造历史事实的方式来建构其民族主义倾向的历史叙事。在这种情况下，我们对一些边疆区域特别是一些边疆民族区域的历史表述，就有必要小心、谨慎、公正地处理，保持地方与国家之间利益诉求的张力。

（三）保持在中国古代史的研究中使用不同史料之间的张力

首先是传统文献史料的使用。近来，受现代历史认识论尤其是后现代主义对历史书写讨论的影响，国内古代史学界也出现了从史料批判的视角分析史料文本形成背后"影响和制约这一过程的历史图景"。应该说，这种带有知识社会学性质的方法，是一种历史认识和方法论的进步，但一些人由于受后现代相对主义的影响，而忽视历史记载的客观性和历代史家对"实录"的追求，在证据并不充分的情况下，以臆想代替实证，或动辄以"虚构""制造"说去质疑以往历史文献的真实性，将史料批判的方法推向极端，结果是动摇了古代史研究的实证根基。因此，如何保持客观实证与史料批判之间的张力，已成为中国古代史研究者很有必要严肃对待的问题。

此外，对于中国古代史研究来说，大量简帛文献的出土，带来了如何处理传世文献与出土文献使用中孰轻孰重的问题。从目前的情况看，普遍重出土文献、轻传世文献，这种倾向有必要引起高度重视。至于电子时代专业数据库联网检索，在便捷获取资料的同时，也带来一些研究者过分依赖信息检索而不去认真读书，引文断章取义，或有意不关注上下文间的必要联系等弊端，这同样值得中国古代史学科建设注意。

总之，回顾一路坎坷走过来的 70 年，总结成就，反思问题，瞻望未来，中国古代史学科的发展可能还需要做不少的工作，可谓任重而道远。

第三节　新时期中国古代史学科建设的路径

党中央决定成立中国社会科学院中国历史研究院，习近平总书记致信祝贺其成立，是对全国史学工作者的巨大鼓舞，是推动中国史学发展的强大动力。对于如何建设新时代中国古代史学科，需要注意以下几点。

第一，以发展的马克思主义为指导，深入探索中国历史发展道路。习近平总书记在十九大报告中明确提出了当前建设新文化的总方针："以马克思主义为指导，坚守中华文化立场，立足当代中国现实，结合当今时代条件……坚持创造性转化、创新性发展，不断铸就中华文化新辉煌。"这也是我们思考如何加强新时代中国古代史学科建设的总方向。中国是拥有五千多年历史的文明古国，历史传承绵延不绝。中华民族走过漫长曲折而又波澜壮阔的发展道路，中间有升平盛世，也有坎坷劫难，但又终于衰而复振，浴火重生。中国历史中蕴涵的经验、智慧和创造精神，无比丰富。中华民族的发展既符合全人类历史发展的普遍规律，又有本民族鲜明的特点。新时代中国古代史学科建设的第一项重要任务，就是在发展的马克思主义指导下，进一步深入探索中国历史发展道路。中国几千年历史的演进经历了哪些阶段？各个阶段的基本特点是什么？在世界各国中，中国封建社会经历时间最长，发展程度最高，其主要的运行机制是什么？有什么规律？几千年中促进中华民族融合的内部动力是什么？古代中国创造了辉煌灿烂的文化，成功的真谛是什么？中国应如何加强与世界各国的联系，并为人类文明作出自己的重大贡献？围绕"中国历史发展道路"这个总题目，在前辈学者既有成果的基础上，进一步深入探讨，能够激发民族自豪感和自信心。我们应当从历史发展连续性的视角，阐明古今之间的内在关联，为当前坚定"四个自信"提供历史依据和智力支持。这项课题意义重大，任务艰巨，我们可以采取举行多种形式研讨会和开展合作研究的形式，不断向前推进，最终写好这篇大文章。

今天的中国是由历史上的中国发展而来的，研究历史可以使我们更深刻地认识国情，总结历史上兴亡盛衰的经验教训，对于今人具有重要的借鉴意义。近年来，已有大量立足于当今时代主题、从多方面总结历史经验的课题立项，如古代治国理政经验、廉政文化、礼治与法治的理论与实践、官吏诠选与奖惩制度、边疆开发与治理、生态文明、水利建设、"一带一路"沿线国家的历史与文化等。这些项目的实施取得了十分可喜的成绩，彰显了历史研究与实现国家现代化的关系。今后推进古代史学科建设，对此还需持续高度关注，以进一步发挥历史学服务现实的作用。

第二，打造精品力作，提高学术影响力，进一步推动中华学术走向世界。史学名著是一个时代学术进展的标志性成果，集中体现了史家的史识、史学、史才，继往开来，启迪后人。改革开放以来，许多史学名家精心撰成优秀之作，产生了广泛的社会影响，如白寿彝《中国通史》，夏鼐《中国文明的起源》，杨向奎《宗周社会与礼乐文明》，侯外庐、邱汉生、张岂之《宋明理学史》，田余庆《东晋门阀政治》，胡如雷《中国封建社会形态研究》，漆侠《宋代经济史》，宁可《中国封建社会的历史道路》，刘泽华《中国古代政治思想史》等。我们当前正处在社会主义学术文化发展的黄金期，应当以前辈学术名家为榜样，潜心钻研，志存高远，发奋努力，继续奏出21世纪中国史学的华彩乐章。名著的产生，还需要有学术部门领导的支持和同行的关心，应当进一步优化学术评价体制，发展健康的、热情关心学术新秀成长的学术评论。中国社会科学院和全国不少高校、科研机构已经建立起鼓励优秀科研人才多出成果的良好机制，并且积累了支持首席专家贯彻其构成体系的学术思想、充分发挥团队成员的学术专长、取得具有领先水平科研成果的好经验，值得总结推广。

第三，加强理论创新，这是许多专家共同呼吁的问题。理论和学说，是对一种历史现象或是对某一历史时段的恰当概括和本质性认识，对具体的研究工作有指导意义。一种理论的形成又需要提升、完善的过程。改革开放以来，古代史领域已经提出了一些理论主张并发挥了良好作用。譬如，中华民族多元一体（或"中华一体"）格局、历史文化认同与统一多民族国家发展、中国封建社会发展地区不平衡性和广大边疆地区封建化进程、大宋史观和新"宋学"观、明清时期江南地区早期工业化、清朝前期的历史地位等，足以说明我们在理论创新上有很好的势头。20 世纪 50 年代学术界提出了明朝后期江南地区资本主义萌芽的观点，对明清经济史研究起到了良好的促进作用。而后来有的研究者对此加以讥评，认为是"教条式地套用"五种生产方式原理。近年来又有学者提出"江南地区早期工业化"的观点，虽然比之前者探讨范围更广、时段更长，但同样是指明朝后期及其以后江南地区商业活跃、商品经济发达，较之传统社会已有了新的经济因素，说明这一观点是对客观存在的历史现象的概括，具有学术创新价值。至于如何定名，如何恰当估价，可以自由讨论，各抒己见。

同样应当重视的是，中国传统史学高度发达，包含着古代史家观察历史而形成的深邃智慧，正如习近平总书记所指出的，应当把其中跨越时空、超越国度、富有永恒魅力、具有当代价值的文化精神弘扬起来。譬如，司马迁著史的多维视野，春秋公羊学说的历史阐释学特色，刘知几构建历史编纂学体系的建树，章学诚对历史哲学（"道"）的探索，不同史书体裁的互相补充和"新综合体"的创造，传统史学向近代史学的转变等，我们都能从中得出具有中西学理融通意义的新概括，值得大力挖掘，进行创造性阐释。

第四，拓展新的研究领域，创新研究方法。既拥有极其丰富的传世典籍，又拥有大量出土史料，是我们的最大优势。新史料能带来大量新的研究成果，学者们利用丰富的出土简牍史料，在研究古代事件、官制、赋役、乡里、律令、土地关系、交通、习俗、宗教信仰等领域获得了大量有价值的新成果。敦煌、吐鲁番文书和西夏文史料、多种古文书的利用，其收获也堪相媲美。同时，学者们对大量传世史籍进行创造性阐释，也相继开拓了中国古代历史理论、古代史学思想、历史编纂学、历史文献学、经史关系等领域的研究，成绩斐然，呈现方兴未艾之势。研究方法也多有创新，如采用传世文献、出土新史料与民族史调查三结合的方法，以及比较研究法、历史分析法、区域研究法、田野调查等。以上这些，都应给予大力支持。

第五，坚持以科学理论为指导的正确方向，发扬严谨扎实、勇于创新的优良学风。坚持以马克思主义为指导，才能在复杂散乱的史料中发现历史现象之间的本质联系，才能在各种主张纷至沓来之际保持清醒的头脑。历史研究应当重视史料的搜集、考辨等基础性工作，但不能满足于细小问题的考证。应将实证性研究与贯通考察相结合，将局部的、具体的史实考辨与一个时期的政治局面变迁、社会演进趋势相联系，揭示出具体史实内在的价值，有效地防止研究工作的"碎片化"。正确的理论指导加上严谨治学的优良学风，能不断求得真知。当今普遍使用的电脑检索使得查找资料变得方便，但这只能作辅助手段。重要的是认真读书，深入钻研，要对研究的这一阶段历史或这一领域有总体认识和深刻体悟，才能得出真知灼见。我们要热情帮助青年史学人才成长，其中尤为重要的是，启发他们认真学习前辈学者严谨务实、攻坚克难的治学精神，塑造优良的学术品格。

参考文献

［1］高强.秦汉文化元素的当代呈现［J］.美术观察，2021（1）：154-155.

［2］史索.继往开来：2019年的中国古代史研究［J］.中国史研究动态，
　　　2020（6）：5-10.

［3］马新月.中国古代史学会通思想探研［J］.史学史研究，2020（3）：
　　　19-31.

［4］白松梅.中国古代史官制度的历史沿革及史官精神［J］.中国民族博览，
　　　2020（14）：95-96.

［5］佟河山.隋唐宋时期的言谏故事［J］.文史杂志，2020（4）：112-116.

［6］李立民.明清时期的民间"海上丝路"［J］.历史档案，2020（2）：
　　　53-57.

［7］李荣辉，董睿勇.浅谈中国古代史教学中的文献精读［J］.内蒙古师范
　　　大学学报（教育科学版），2020，33（2）：150-153.

［8］戴逸.新中国70年来的中国古代史研究［J］.社会科学文摘，2019（12）：
　　　94-96.

［9］朱小略，杨佳伟.春秋时期诸侯国的主权特征［J］.国际政治研究，
　　　2019，40（6）：31-58+6.

［10］王政军.春秋战国时期北方海上丝绸之路形成基础述论［J］.青岛职业
　　　技术学院学报，2019，32（6）：9-14.

［11］江枰.南宋与金、元对峙时期的苏学与程学盛衰论［J］.文学遗产，
　　　2019（5）：85-96.

［12］刘成赞.春秋战国时期梁宋地区农业发展述论［J］.安徽农业大学学
　　　报（社会科学版），2019，28（5）：115-120.

［13］向燕南，戚裴诺.70年来中国古代史学科建设历程的回顾与反思［J］.
　　　河北学刊，2019，39（5）：44-50+73.

［14］朱汉国.70年来中国近代史学科建设的成就与新使命［J］.河北学刊，2019，39（5）：50-58+73.

［15］李正华，秦颖.中华人民共和国史学科建设的缘起、发展与展望［J］.河北学刊，2019，39（5）：58-63+73.

［16］戴逸.新中国70年来的中国古代史研究［J］.历史研究，2019（4）：4-10.

［17］吴连才.元明清时期云南水利概述［J］.保山学院学报，2019，38（4）：17-23.

［18］丁海斌，杨璐璐.先秦时期商业文书研究［J］.档案，2019（3）：4-11.

［19］向子莲.隋唐时期龟兹乐的发展及演变［J］.黄河之声，2019（2）：40-41.

［20］陈其泰.新时代中国古代史学科建设问题［J］.历史研究，2019（1）：7-9.

［21］白松梅.中国古代史中农业发展的史实对现代农业开发的意义［J］.文化学刊，2019（2）：224-225.

［22］史索.2017年的中国古代史研究［J］.中国史研究动态，2018（6）：17-21.

［23］孙妙妙.国际视野：中国古代史研究的路径选择［J］.产业与科技论坛，2018，17（23）：109-110.

［24］翟飞.隋唐宋元时期黄河银川平原段河道位置探究［J］.西夏研究，2018（4）：121-128.

［25］朱凤祥.春秋战国时期宋国农业稽古［J］.渭南师范学院学报，2018，33（19）：64-69.

［26］胡建华.中国高等教育学科发展40年［J］.教育研究，2018，39（9）：24-35.

［27］聂甘霖，陈纪昌.加强中国古代史教育　增强大学生文化自信［J］.人民论坛，2018（25）：126-127.

［28］牛利利.宋元明清时期秦州地区的灵湫信仰［J］.华北水利水电大学学报（社会科学版），2018，34（2）：11-15.

［29］吴宗国.关于中国古代史研究生培养的一些做法和体会［J］.历史教学（下半月刊），2018（1）：3-7+2.

［30］柴一禾，郑思阳.元明清时期中外饮食文化交流特色研究［J］.兰台世界，2018（1）：130-132.

［31］李治安，李振宏，彭卫.中国古代史研究的国际视野笔谈［J］.古代文明，2018，12（1）：3-13+125.

［32］王山青.中国古代史官制度及文化［J］.山东农业工程学院学报，2017，34（8）：183-184.

［33］白云翔.隋唐时期铁器与铁器工业的考古学论述［J］.考古与文物，2017（4）：65-76.

［34］林琳，李诗元.明清时期气候变化对客家迁徙的影响［J］.经济地理，2016，36（12）：15-20.

［35］许檀.明清时期华北的商业城镇与市场层级［J］.中国社会科学，2016（11）：187-204+209.

［36］陈支平.中国古代史研究的创新与回归传统［J］.史学月刊，2016（4）：130-133.

［37］史索.2014年度中国古代史学科发展综述［J］.中国史研究动态，2015（6）：35-46.

［38］张黎辉.论中国古代史家之修养［J］.高教学刊，2015（19）：263-264+266.

［39］李宗俊.试论《中国古代史》课程体系改革［J］.教育教学论坛，2015（23）：265-266.

［40］邢铁，夏一哲.中国古代史研究的"整合－分散－再整合"——以"五朵金花"为中心的观察［J］.河北师范大学学报（哲学社会科学版），2015，38（1）：43-48.

［41］史索.2013年度中国古代史学科发展综述［J］.中国史研究动态，2014（5）：46-60.

［42］魏影.论高校历史学科教师课程意识——以中国古代史课程为例［J］.
黑龙江教育（理论与实践），2014（10）：10-11.

［43］唐芒果，蔡仲林.明清时期武术从业者群体研究［J］.武汉体育学院
学报，2014，48（7）：47-52+77.

［44］王思明.如何看待明清时期的中国农业［J］.中国农史，2014，33（1）：
3-12.

［45］彭卫.21世纪初的中国古代史研究［J］.浙江大学学报（人文社会科
学版），2014，44（1）：64-75.

［46］史索.2012年度中国古代史学科发展综述［J］.中国史研究动态，
2013（5）：5-19.

［47］王秀琴.浅谈高校中国古代史课程教材的开发与改革［J］.吉林广播电
视大学学报，2013（8）：80-81.

［48］李瑞杰，王小丽，宁玮婷，等.从现代教育理念谈中国古代史教学新模
式的构建［J］.河北北方学院学报（社会科学版），2013，29（4）：
98-101+116.

［49］张连银，李迎春.当前高校中国古代史教学中的问题及对策［J］.历史
教学（下半月刊），2012（10）：60-65.

［50］瞿林东.中国古代史家的通识与智慧［J］.史学史研究，2012（3）：1-4.

［51］钱国旗，任才，王彧，等.秦汉文化政策：社会转型期的探索［J］.青
岛大学师范学院学报，2012，29（2）：114-124.

［52］发展于三国、魏晋、南北朝时期［J］.中华民居，2012（1）：89-90.

［53］中国古代史学科简介［J］.青海师范大学学报（哲学社会科学版），
2011，33（5）：157.

［54］曹小波.论南宋与金对峙时期淮河下游的榷场贸易［J］.南昌教育学院
学报，2011，26（3）：18-19.

［55］张朔，肖礼琴，赵云虎.从中国古代史谈环境教育［J］.环境教育，
2011（2）：53-55.

［56］宋艳梅.中国古代史课程实施研究性教学之思考［J］.长治学院学报，
2010，27（6）：58-61.

［57］陈长琦，范兆霖.魏晋南北朝史研究三十年［J］.史学月刊，2009（10）：
107-125.

［58］张晓玲，李庆丰，王晶.改革开放以来高等学校学科建设的发展阶段及
其特点分析［J］.学位与研究生教育，2009（7）：49-55.

［59］James Z Lee，林文勋，秦树才.元明清时期中国西南地区的交通发展
［J］.思想战线，2008（2）：70-75.

［60］何兆华，童广运.学科建设与高等学校的发展［J］.陕西教育学院学报，
2007（2）：1-4.

［61］李世平.中国古代史教学中的民族问题［J］.西南大学学报（人文社会
科学版），2006（4）：146-147.

［62］徐难于.浅议中国古代史教学的教材建设［J］.西南大学学报（人文社
会科学版），2006（4）：151-152.

［63］赵明正.元明清时期的汉乐府研究［J］.湖南大学学报（社会科学版），
2006（1）：96-100.

［64］陈文华.宋元明清时期的饮食文化［J］.南宁职业技术学院学报，
2005（4）：12-17.

［65］杨文胜.妇女成为母系氏族公社中心的原因新探［J］.荆门职业技术学
院学报，2004（4）：50-53.

［66］谢桂华.关于学科建设的若干问题［J］.高等教育研究，2002（5）：
46-52.

［67］宋会群，龚留柱，程民生.中国古代史课程体系改革和教材改革设
计［J］.河南大学学报（社会科学版），2001（1）：110-118.

［68］周作明.中国古代史教学管理的研究与实践［J］.广西民族学院学报
（哲学社会科学版），1998（S1）：7-58+60-65.

［69］吴宏岐，党安荣.隋唐时期气候冷暖特征与气候波动［J］.第四纪研究，
1998（1）：31-38.

［70］姚伟钧．三国魏晋南北朝的饮食文化［J］.中南民族学院学报（哲学社会科学版），1994（2）：90-93.

［71］王思治．中国古代史分期问题分歧的原因何在？［J］.历史研究，1980（5）：27-36.

［72］曾国庆．中国古代史教程［M］.北京：民族出版社，2011.

［73］李天石，王建成．中国古代史教程［M］.南京：南京师范大学出版社，2011.

［74］詹子庆．中国古代史·上册（第二版）［M］.北京：高等教育出版社，2011.